KB231134

6개월 만에 싱글 골퍼로 가는 길

하규태

6개월 만에 싱글 골퍼로 가는 길

초판 1쇄 인쇄   2013년 05월 15일
초판 1쇄 발행   2013년 05월 22일

지은이   하 규 태
펴낸이   손 형 국
펴낸곳   (주)북랩
출판등록   2004. 12. 1(제2011-77호)
주소   153-786 서울시 금천구 가산디지털 1로 168,
          우림라이온스밸리 B동 B113, 114호
홈페이지   www.book.co.kr
전화번호   (02)2026-5777
팩스   (02)2026-5747

ISBN 978-89-98666-75-0   13690

이 책의 판권은 지은이와 **(주)북랩**에 있습니다.
내용의 일부와 전부를 무단 전재하거나 복제를 금합니다.

이 도서의 국립중앙도서관 출판시도서목록(CIP)은 서지정보유통지원시스템 홈페이지(http://seoji.nl.go.kr)와
국가자료공동목록시스템(http://www.nl.go.kr/kolisnet)에서 이용하실 수 있습니다.
(CIP제어번호 : 2013006031)

6개월 만에 싱글 골퍼로 가는 길

하 규 태 저

book Lab

제6장   6개월 만에 **싱글 골퍼**로 가는 길 **6라운드**

서
론

　골프를 잘 치고 싶은가? 싱글 골퍼가 빨리 되고 싶은가? 이 책이 도움이 될 것이라고 필자는 믿고 싶다. 기존의 복잡한 이론을 벗어나 각 스윙의 핵심 요소만을 뽑아서 보다 쉽게 이해하고 쉽게 배울 수 있도록 골프 스윙의 핵심 기준을 제시하고자 노력하였다. 현장에서 발생하는 실제 상황들에 맞추었기 때문에 좀 더 공감할 수 있는 레슨이 될 것이라 확신한다. 그러나 싱글 골퍼가 되고 싶다고 해서 모두가 될 수는 없다. 필자의 생각이 아니라 세상 이치가 그렇지 않은가? 하지만 열정이 있다면 누구나 될 수 있다고 믿고 싶다.

　올림픽에 출전한 선수가 금메달을 목표로 도전한다고 해서 모두 금메달을 딸 수는 없다. 하지만 금메달을 목에 건 모든 선수의 목표는 금메달이었다는 사실을 알아야 한다. 목표와 열정이 없으면 무엇 하나 이룰 수 있는 게 없다. 목표와 열정이 있으면 어떤 일이든 이룰 수 있다고 믿는다. 그게 언제가 되느냐의 차이일 뿐…. 자, 출발해보자.

제 1 장

6개월 만에
싱글 골퍼로
가는 길
1라운드

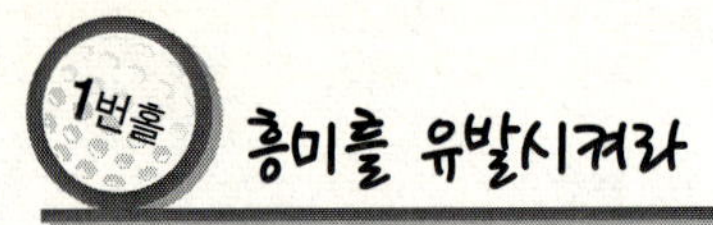

1번홀 흥미를 유발시켜라

모든 스포츠가 그러하듯 열심히 노력하면 결과가 좋을 것이다. 게다가 이왕이면 기분 좋게 즐기면서 연습하는 건 어떨까. 노력하는 사람은 즐기는 사람을 못 이긴다느니, 뭐 그런 말도 있지 않은가. 혹시나 원하는 샷이 안 나와서 한번 휘두를 때마다 짜증내고 있지는 않은가? 6개월은 긴 시간이다. 3일을 못 넘기는 결심이 수두룩한데 6개월을 지속하려면 결심만으로 되지는 않는다. 즐겨야 한다. 그러면 어떻게 즐길 수 있나 한번 보자.

연습장에 오면 꼭 한쪽 구석에 박혀서 2시간 동안 쉬지도 않고 스윙만 하다 가는 골퍼가 있다. 타인이 말이라도 걸라치면 "아! 됐고요." 하고 정중하게(?) 외면한다. 다시 한 번 강조한다. 6개월은 긴 시간이다. 이런 골퍼들은 한 달 바짝 하다 쉬고, 하다 쉬고를 반복하는 경향이 있다. 주위 골퍼와 눈이 마주치면 가벼운 목례라도 하자. 안 잡아먹는다.(으잉?)

추운 겨울철에는 커피라도 한 잔 마시면서 주위 골퍼들의 스윙도 둘러보면서 자기 스윙과 비교할 줄 아는 지혜와 여유가 절실하다 하겠다. 오죽하면 골프 격언에, 실력이 절대 향상되지 않는 방법 베스트에 탑이 '혼자 열심히 친다'이겠는가.

마음이 맞는 동반자와 함께 하는 것 또한 좋은 일이다. 요건 아마 여성 골퍼들에게 특히 권할 만하다. 연습 중간 중간 수다도 떨고, 네 샷이 좋니, 내 샷이 좋니, 티격태격 비교해도 좋다 하겠다. 단, 연습할 때만큼은 동반자에게 해가 안 되게 진지 모드를 유지해 주어야 함은 물론이다. 솔로 여성 골퍼에게 집적대는 간 큰 남성분들을 피하는 방법이기도 하다. 물론, 매너 좋은 미남이라면 친절이 될 수도 있겠지만 그건 본인이 알아서(?) 하면 되겠다.

소속 프로들과 인사 정도는 트는 것도 권할 만하다. 커피나 이온음료 등 가벼운 음료를 두 손에 들고서 "저… 스윙이 안 돼서 미치겠어요." 하면 백에 백 모두 "함 봅시다." 하며 친절하게 설명해준다. 그때 조목조목 해주는 몇 마디가 시가(잉?)로 따지면 십만 원짜리 레슨이라고 보면 된다. 비싼 레슨비 아끼는 동시에 언제든지 레슨을 할 수 있다는 기대를 품게 하는 잔머리(응?)라 하겠다.

연습장에서 유독 스윙이 좋은 골퍼에게도 위 방법을 적용해도 무난하다. 골프라는 운동이 다른 운동과는 차이가 있는 특징 중에 한 달만 먼저 배워도 남에게 자기의 지식을 알리고 싶어 안달이 난다는 점이다. 여기서 주의할 점은 프로와 지적질맨(마땅한 표현이 없어 이렇게 부르도록 하자)의 차이가 매우 크다는 것이다. 프로든 지적질맨이든 잘못된 스윙을 캐치하는 것은 비슷하나, 프로는 올바른 스윙이 될 수 있는 방법을 알고 있고 올바른 방향을 제시하지만 지적질맨은 그저 "밀어치라니깐, 당기라니깐, 돌리라니깐, 하라니깐, 하지 말라니깐" 대충 이런 말만 되풀이한다. 이것이 프로가 돈을 받는 이유다.

자, 연습을 열심히 하고 집에 갈 시간이다. 클럽을 캐디백에 딱 넣어버리는 순간 골프 생각을 싹 잊어버려야겠는가? 물론 아니다. 남자들의 경우 당구를 처음 배울 때 누워만 있어도 천장이 당구 다이(절대 써서는 안 되는 용어어지만 이해를 돕기 위해서…)로 보인 적이 있을 것이다. 틈만 있으면 스윙을 생각하는 골퍼와 연습장만 벗어나면 싹 잊어버리는 골퍼 중 누가 앞서가겠는가. 당분간은 드라마는 잊고 골프 채널을 보자. 샤워 후 몸을 닦은 수건을 이용해서 빈 스윙 한 번 해보자. 물기가 촉촉하여 무게감도 느낄 수 있다. 컴퓨터 오락을 하더라도 골프게임을 하자. 컴퓨터 바탕화면은 당연히 타이거 우즈여야 한다. 술자리에서는 은근슬쩍 골프 얘기를 꺼내어 일어날 때까지 골프 얘기만 하자. 골프 안 치는 친구는 술자리에 끼워 주지도 말자.(앗! 오버다)

골프를 즐기는 골퍼들의 공통된 의견은 골프만큼 재미있는 운동은 없다고 단언한다. 유명한 어떤 분이 임종 전에 남긴 말이 "내 죽는 건 괜찮은데 더 이상 골프를 못 치게 돼서 안타깝다."고 했다지 않은가.

이제까지의 요점이 뭐겠는가. 그만큼 재미있는 운동이니 몸과 마음을 모두 뺏겨보란 말이다. 재미없는 공부도 10여 년간 했으면서 이 재미있는 골프를 왜 아무렇게나 하려고 하는가. 초보든 벌써 시작한 분들이든 6개월 동안만이라도 새로운 마음으로 골프의 블랙홀에 푹 빠져보자.

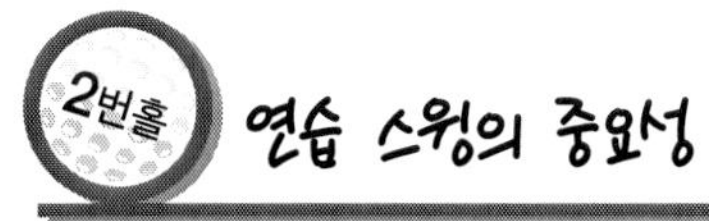

2번홀 연습 스윙의 중요성

대개 초보 골퍼들의 특징은 연습장에 와서 캐디백을 열자마자 아이언 꺼내들고 몇 번 빈 스윙을 하다가 2시간 동안 공만 두드린다. 아니라고 자신 있게 말할 수 있는가? 골프도 하물며 운동인데 준비운동부터 하자. 팔도 뻗어보고, 다리도 꼬아보고 허리도 틀어봐야 요놈의 몸이라는 놈이 '아! 주인님이 드디어 운동을 하는가 보다' 하고 준비를 한다. 준비운동 후에는 뭘 해야 될까? 바로 연습 스윙이다. 연습 스윙도 일종의 준비운동이잖은가?

충분한 연습 스윙이 필요한 이유를 적어보았다.

1. 몸의 균형감각을 키워준다.

2. 스윙을 부드럽게 해준다.

3 공을 맞춰야 하는 부담감이 없어 온몸으로 큰 스윙을 할 수 있다.

4. 리듬 감각을 키워주어 서두르거나 불필요한 힘을 줄이는 효과가 있다.

시작이 반이라고 하듯이 충분한 연습 스윙은 그날의 컨디션을 결정하는 첫 단추라고 보면 된다. 한 번 스윙하는 시간을 5초로 잡을 때, 최소한 스무 번은 하도록 하자. 2분도 안 걸린다. 할 수 있겠는가? 해야 한다. 제발 좀 해라. 부탁하자.(응?)

골프 실력은 공을 맞출 때보다 연습 스윙할 때 일취월장한다. 그리고 샷 중간 중간 연습 스윙을 해 주어야 한다. 아주 중요하다. TV에 나오는 프로골퍼들 중에 연습 스윙 안 하고 치는 경우를 본 적이 있는가? 왜 하겠는가? 이유는 앞서 언급한 4가지 이유가 있기 때문이다.

프로들도 하나같이 연습 스윙 후에 샷을 하는데 왜 아마가 공만 두드리고 있는가. 그것도 연습을 하러 연습장에 왔으면서 연습 스윙을 빼먹으면 되겠는가, 안되겠는가아아!(잠시 흥분했다. 용서해라.)

단언하건대 6개월 동안 친 공만큼이나 연습 스윙을 하는 골퍼가 있다면 반드시 싱글된다. 어떻게 아냐구? 필자가 그렇게 해서 성공을 했기 때문이다. 어쩌다가 그리 될 수도 있다고? 우연이라고? 우연은 없다. 자신이 소질이 없다고 생각하는가? 그럴 리가 없다. 나보다 훨씬 소질도 있고, 예전보다 여건도 좋다고 확신한다. 원칙을 따르지 않고 노력을 하지 않는 골퍼의 변명은 실력 향상에 전혀 도움이 되지 않는다는 것을 명심하자.

좋은 레슨 프로란?

처음 골프를 시작하는 초보 골퍼들은 골프의 기본을 보다 체계적으로 배우기 위해 소속 프로에게 레슨을 받곤 한다. 그렇다. 기본을 배운다는 것은 어떤 스포츠든 중요한 일이다. 타고난 저마다의 소질을 개발하기에 앞서, 아직 접해보지 못한 영역을 쉽게 익히기 위해서는 기본 지침서가 중요한 역할을 한다.

좋은 레슨 프로의 조건을 한번 살펴보자. 또한 올바른 배움의 자세에 대해서도 짚어보자. 당연하게도, 레슨을 받는 골퍼 입장을 충분히 배려하여 안내해주는 프로가 좋은 프로라 하겠다. 틀에 박힌 교과서처럼 진도만 나가면서 이거 하세요, 저거 하세요, 한다면 금방 지칠 수 있다. 한 달 동안 똑딱이만 시키는 시대 또한 갔다. 배우는 입장에서는 여간 지루하지 않을 뿐더러 흥미를 잃어버리기 십상이다.

20년 전에 배우고 가르쳤던 방식을 골프 대중화 시대에 똑같이 맞추어서는 안 된다. 똑딱이와 퍼팅, 칩샷, 어프로치라도 병행하여 지루하지 않게 하는 것이 좋다. 골프 스윙은 풀스윙만 있는 것이 아님을 알아야 한다.

시간 계획과 스케줄을 요구해라. 알고 연습하는 것과 모르고 무턱대고 들이 미는 것은 천지차이다. 요즘은 알약 하나를 처방받더라도 증상, 효능, 향후 추이를 의사가 설명을 하여야 환자가 안심하듯이 한 달 동안 연습할 스케줄을 프로와 상의하면 어떨까. 한 달 후에는 어느 정도 실력이 될 것이고, 되면 어떻게 하고, 안 되면 어떻게 한다는 구체적인 계획이 있어야 동기 부여가 된다는 말이다.

그리고 한 달 후가 되면 왜 목표대로 실력이 향상이 되지 못했는지에 대해서도 냉정하게 분석해야 한다. 내 능력이 모자란 건지, 출근(?) 일수가 모자라서인지, 레슨이 불성실했는지 따져보아야 한다. 그런 진찰이 끝난 후에야 거기에 맞게 처방을 할 수 있다.

골퍼마다 신체 조건도 다르고 성격도 다르므로 한 가지 방법만 고집할 수는 없는 것이다. 숏다리, 숏팔이, 배불뚝이 등등, 신체조건도 다르고, 성격이 급하거나 팔 힘이 세다거나 긴장을 많이 한다거나, 모든 것이 같은 조건일 수만은 없다. 이런 조건들을 캐치해 부족한 부분을 메워주는 프로가 좋은 레슨 프로라 할 만하다.

골프 프로는 직업 분류상 교수나 선생님이 아니라 서비스 업종에 가깝다고 본다. 이거 해라, 저거 해라, 지시하는 위치가 아니라 길을 안내해주는 파수꾼이다. 되도록 올바른 길, 빠른 길을 안내해주는 역할을 맡는다. 서비스 정신을 가져야 진정한 프로라는 것이다. 좋은 레슨이 되려면 상호간에 의견 교환이 중요하다. 모르면 무식하다고. 막 나가서는 안 될 것이고, 모른다고 해서 시키는 대로만 따라 해서도 안 된다.

모든 게임의 제1법칙이 있다. 고수는 하수를 바로 알아보지만, 하수는 고수를 전혀 알 수가 없다. 고수가 되는 숨은 방정식을 모르는 채 그저 따라 하기만 하면 되는 줄 아는 경우가 많다. 타이거우즈 스윙을 슬로우 모션으로 몇천 번 보고 따라해 보아도 안 되는 이유가 여기에 있다.

레슨 프로는 골퍼에게 서비스 마인드를 가지고 성실히 가르쳐야 하고, 배우는 입장에서는 고수를 믿고 따름으로써 이 숨은 방정식을 보다 빨리 찾을 수 있다고 본다.

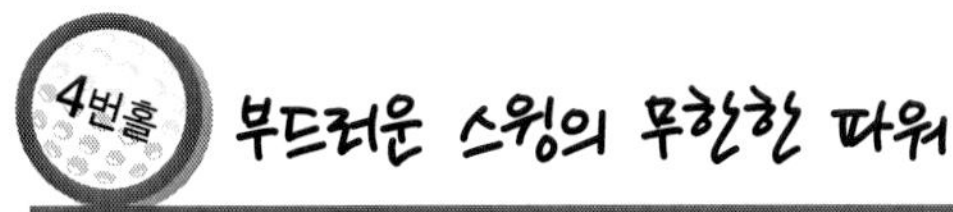

4번홀 부드러운 스윙의 무한한 파워

지금까지 골프를 대하는 마음가짐에 대해 알아보았다. 역시 마음이 가야 몸이 가듯이, 어떤 마음가짐을 갖느냐에 따라 빠른 실력 향상에 영향을 준다고 본다. 이제부터는 구체적인 기술에 대해 짚어보도록 하자

골프 고수들의 공통점이 있다. 스윙이 부드럽다. 왜 부드러운 스윙이어야 되는지를 한번 보자. 훌륭한 골퍼들의 특징은 일정한 스윙을 한다. 아크(궤적)가 일정하다. 온몸을 이용하여 360도 클럽을 회전시키는 작업(?)이 여간 어려운 일이 아닐진대 그들의 스윙은 놀랍게도 일정하다.

당연히 클럽헤드의 스윗스팟을 맞추는 비율이 높고 중심축이 흐려지지 않는다. 그러기 위해서는 인위적인 힘이 들어가서는 안 된다. 힘이 들어가지 않으려면 궤적이 커야 한다. 궤적이 크면 일정한 힘으로 부드럽게 스윙할 수 있게 된다.

이렇듯 모든 동작들이 연관되어 있다. 스윙 연습의 목적은 공을 세게 맞추는 것이 아니라, 일정한 궤도의 스윙을 만들어서 그 궤도에 공만 놓고 치면 되도록 만드는 것이다. 이것이 바로 연습 스윙의 목적이다. 맞추는 것이 아니라 맞아나가도록 하는 것이다.

부드러운 스윙을 위해서는, 첫째, 그립을 쥐고 있는 손가락의 악력이 어드레스 할 때와, 임팩트, 피니쉬까지 일정해야 한다. 이것만 지켜줘도

부드러운 스윙에 엄청 도움이 된다. 둘째, 스윙의 처음과 끝이 같은 힘으로 회전해야 한다. 공을 맞출 때 힘을 더 줘야하는 것이 아니라는 말이다. 손목, 어깨, 허리, 무릎에 주어지는 힘이 세지거나 약해지지 않도록 주의하자.

'그게 쉽게 되면 얼마나 좋겠수'라고 염려하는 골퍼 분들. 그럼 여기서 한 가지 질문 있겠다. 스윙을 할 때, 무슨 생각을 하는지 스스로에게 물어 보길 바란다. '어떻게 하면 요놈의 공을 맞출 것인가, 또는, 조금 전보다 더 멀리 보내야지' 이런 생각으로 스윙을 해서는 안 된다는 말이다. 위에 제시한 두 가지 '일정한 악력, 일정한 힘의 회전'을 염두에 두고 스윙을 하기를 간곡히 권한다.

스윙의 처음인 어드레스부터 피니쉬까지 주의해야 할 동작들이, 흔히 틀리기 쉬운 동작들이 대충 15가지가 된다. 하나를 신경 쓰면 다른 하나가 안 되고, 이것을 고치면 저게 안 되는 게 당연하다. 15가지 모두 신경 써서 스윙하려면 스윙하기도 전에 지친다.

자, 모든 복잡한 마음의 짐을 내려놓고서 위 두 가지만 신경 쓰자. 그 결과가 어찌 되겠는가? 15가지 모두가 업그레이드된다.

부드러운 스윙의 의미는 빠른 스윙도 아니고 파워 있는 스윙도 아니다. 그러나 부드러운 스윙은 스피드, 파워를 높이는 기본 토대가 된다. 부드러운 스윙 〉 빠른 스윙 〉 파워 있는 스윙, 이 세 가지의 순서를 절대로 바꾸어서는 안 된다.

스윙에서 가장 중요한 동작은?

한 번 스윙하는 데 지켜야 할 기본, 즉, 주의하여야 할 점, 틀리기 쉬운 점이 얼마나 많은지 살펴보자. 자가 진단을 해보기를 바란다. 얼추 세어 봐도 서른 가지가 넘는다. 기존 책자나 지식을 전혀 참고하지 않았으므로 용어나 전문적인 기술이 다소 다를 수 있다고 미리 알려둔다. 어디까지나 지금껏 배우고 가르치면서 현장에서 몸으로 느낀 바를 정리했다

o 어드레스(워낙 중요해서 다음에 다시 한 번 짚어보겠다)

- 뒤통수, 등, 엉덩이가 일직선인가.

- 팔은 거의 수직으로 길게 내려졌는가.

- 빨래를 안쪽으로 짜듯이 그립이 견고하게 되었는가.

- 엄지손가락과 집게손가락이 자연스럽게 모아졌는가.

- 턱은 당기고 시선은 내려 보고 있는가.

- 오른손으로 리딩엣지를 먼저 맞추고 그립을 잡았는가.

- 양손은 왼쪽 허벅지 안쪽에, 배꼽과 주먹 두 개 정도의 공간을 유지했는가.

o 테이크어웨이

- 체중 이동과 어깨 턴 후 손목을 돌려줬는가.

- 클럽헤드와 손목이 동시에 돌아가는가.

- 클럽헤드가 골반을 중심으로 우측으로 돌아가는가.

- 클럽이 오른쪽에 왔을 때 지면과 평행한가.

- 양팔이 지면과 평행할 때 코킹에 의해 샤프트가 수직이 되었는가.

- 샤프트의 연장선이 공 쪽으로 향하고 있는가.

- 우측 팔꿈치가 옆구리를 스치듯이 지나가는가.

o **백탑**

- 샤프트가 우측 어깨를 넘지는 않았는가.

- 헤드가 목표 방향으로 향했는가.

- 손목이 과도하게 꺾이지 않았는가.

- 왼쪽 팔꿈치가 자연스럽게 펴져 있는가.

- 양쪽 팔꿈치의 간격이 어드레스 때 간격과 일치한가.

- 오른손이 쟁반을 받치는 모양이 되었는가.

o **다운스윙**

- 그립의 강도가 어드레스에서부터 피니쉬까지 동일한가.

- 백탑에서 피니쉬까지 동일한 힘으로 회전했는가.

- 손이 어드레스의 위치와 같은 곳을 통과하는가.

- 하나, 둘 일정한 리듬과 템포로 스윙을 했는가.

o **임팩트**

- 하체의 체중 이동으로 인해 왼발에 체중이 실어졌는가.

- 양쪽 어깨가 으쓱하지 않고 지면으로 쳐져있는가.

- 공을 타격한 후 클럽헤드는 잔디를 파고 있는가.

- 시선이 공을 따라가지는 않는가.

- 릴리스에 의해 다운블로가 되었는가.

지금까지 어드레스와 임팩트까지만 살펴보았다.

릴리스, 팔로우, 피니쉬까지 지켜야 할 동작들이 얼마나 많은지 모른다. 다 지키려면 벌써부터 가슴이 답답하고 머리가 띵하다. 이 많은 기본적인 사항 중에 중요한 것만 지키면 되지 않을까?

안타깝게도 이 중 한 가지만 빠뜨려도 치명적인 스윙 미스로 이어진다. 그렇다면 어떻게 하면 되겠는가. 대부분의 지적질맨은 이 중 하나를 지적하며 그렇게 치면 안 된다고 말한다. 한 가지를 수정하면 그 여파로 여러 개가 망가지게 마련이다. 그게 정상이다.

여기서 한 가지 제안한다. 이것만 지키면 이 모든 동작들이 제자리를 찾아간다.

"크게, 부드럽게, 과감하게"

이것만 지키면 된다. 그러면 모든 동작들이 업그레이드된다.

벌써부터 걱정이 될 것이다. 이렇게 치면 궤도를 벗어난다거나 백스윙이 오버된다거나 상체 하체 스웨이가 생긴다거나, 여러 동작이 무너질 것이 걱정될 것이다. 당연하다.

단언하건대 걱정하지 말고 이렇게 휘둘러라. 그래야 한다. 그래야 제 궤도를 찾아간다. 500번만 이렇게 휘두르면 모든 동작이 제자리를 찾는다. 딱 2시간 걸린다. 그리고 매일 2분만 이렇게 연습 스윙을 해준다.

실력이 늘지 않는 가장 치명적인 이유는, 한 가지 동작에만 얽매여 몸과 마음이 거기에 집중되어 있기 때문임을 명심하자. 이것 때문에 중심이 무너지고, 스윙이 매끄럽지 못하고, 불필요한 힘을 쓰게 된다. 얽매일 만한 한 가지 동작, 그런 거 없다.

연습 스윙의 중요성을 앞서 강조한 바 있다. 연습 스윙할 때 지켜야 할 사항과 실제 샷의 차이점을 한번 짚어보자.

공을 치기 전 연습 스윙을 두어 번 한다. 공을 맞추어야 하는 부담이 없어서인지 부드러우면서도 궤적이 크다. 멋지게 잔디를 쓸면서 피니쉬도 완벽하다. 그런데, 이게 웬일인가. 실제 공을 치려고만 하면 오그라드는 자신감….

연습 스윙에 비해 실제 스윙에서 나타날 수 있는 문제점을 살펴보자.

○ 백스윙이 작아진다.

○ 스윙 템포가 빨라진다.

○ 어깨에 불필요한 힘이 들어가서 당겨치게 된다.

○ 공을 따라 고개가 일찍 들린다.

○ 피니쉬 때 중심이 흔들린다.

○ 빗맞은 샷 때문에 화가 난다.(으잉?)

그렇다면, 연습 스윙과 실제 스윙의 차이점을 줄일 수 있는 방법은 없을까?

실제 스윙에 비해 연습 스윙 때 지켜야 할 사항들을 우선 살펴보자.

o 80% 힘만으로 스윙한다.

o 제발 서둘러서 치지 말자. 실제 스윙보다 더 여유를 가지고 치자.

o 지면에서 둥글게 원을 그린다는 느낌으로 백스윙과 팔로우를 해준다.

o 피니쉬 동작을 끝까지 해 준다.

o 백스윙과 다운스윙의 힘을 동일하게 준다. 그렇게 되면 백스윙에 비해 다운스윙의 속도가 자연스럽게 두 배가 빠르게 스윙된다.(필자의 추측이 아니고 미셸 위의 스윙을 과학적으로 측정한 결과이다.)

o 클럽헤드가 가상의 공을 지나칠 때 추가적인 힘을 주지 않는다.

자, 그렇다면 실제 스윙은 어떻게 칠까. 연습 스윙과 똑 같이 스윙한다. 100%의 힘으로 스윙하지 않는다. 가장 중요하다. 힘을 주지 않아도 자연스럽게 힘이 들어가며 자연스럽게 빨라진다. 이것은 어쩔 수 없다 하더라도 임의로 힘을 절대 주지 않는다.

자, 이제 연습 스윙과 실제 스윙의 차이점을 극복하는 연습 방법을 알아보자. 연습 스윙 두 번, 실제 스윙 두 번. 6개월 동안 절대 지켜야 할 사항이다. 왜 이렇게 연습을 해야 하는지 묻지도 말자. 처음에는 차이점이 있겠지만 하루 이틀 지나면서 점점 같아지게 된다. '연습을 실전처럼, 실전을 연습처럼' 어디서 들어본 말이잖은가. 이틀만 이렇게 해보면 달라진 나의 스윙을 발견할 것이다.

7번홀 고수와 하수의 3가지 다른 점

연습장에 줄지어 열심히 스윙하는 골퍼들의 실력이 어느 정도인지는 잘 모를 것이다. 8번 아이언으로 160미터쯤 때리면 대개 '아, 고수구나' 이 정도다. 그러나 레슨 프로 경력이 1년만 되어도 스윙 서너 번 보면 대략 그들의 핸디를 오차 범위 5타 이하로 맞춘다. 칩샷, 어프로치 등 숏 게임 위주로 연습을 하고 있으면 고수, 드라이브만 주구장창 휘두르고 있으면 하수, 이런 걸로 아는 게 아니라, 같은 스윙을 하더라도 고수와 하수의 스윙은 분명히 다르다. 이제부터 오리지널 싱글 골퍼와 초보자 스윙의 차이점을 살펴보자.

왜 이것이 중요하냐면, 당구로 예를 들자면, 200수지 정도 치는 데는 일이 년 걸리는 데 비해 300을 치려면 엄청 어렵다. 왜냐하면, 열심히만 친다고 해서 300이 되는 게 아니라 그들의 자세나 공을 보는 시각이 너무나 차이가 난다. 단적으로 말하자면 200 치던 폼을 가지고는 절대 300이 될 수 없다. 모든 폼을 다 버려야 300이 될 수 있다는 것을 알고는 허탈해 한다. 그리고는 '200 정도만 쳐도 동료들과 어울리는 데 전혀 지장이 없다'고 스스로 포기한다. 아주 현실적인 현명함인 동시에 참으로 안타까운 일이다.

골프도 마찬가지, 고수가 되기 위해서는 하수의 스윙을 열심히 연습

한다고 되는 게 아니라 고수의 스윙을 어설프게나마 배우고 따라해야 한다. 그러다 보면 남들이 평생 쳐도 안 되는 오리지널 싱글의 문으로 들어가게 된다.

프로를 꿈꾸며 열심히 연습을 하고 있는 중 고등학생들의 스윙을 보면 어쩜 모두가 스윙이 똑같을까 신기할 것이다. 자기 몸을 주체하기도 어려울 정도로 크게 스윙을 하며 피니쉬 또한 끝까지 한다. 결론부터 얘기하자면 그들의 목표는 6개월 안에 싱글이 되는 것이 아니다. 스윙도 싱글 스윙이 아니다. 그들의 목표는 5년 후에 3언더가 목표이다. 그래서 3언더 스윙을 연습하고 있는 것이다.

다시 돌아와서, 싱글스윙을 하는 고수 누구라도 이렇게 치고 있으면서, 초보골퍼 어느 누구도 이렇게 치지 못하는 싱글스윙의 대표적인 특징을 살펴보자.

첫째, 공을 바라보는 시선이다. 한 점, 즉 딤플(공에 오목하게 들어간 점)을 보고 친다. 칩샷, 어프로치 등, 아이언을 칠 때는 공의 맨 위 딤플을 본다. 우드는 맨 오른쪽 딤플, 드라이브는 맨 오른쪽에서 약간 안쪽 딤플을 본다. 그렇게 하면 클럽헤드가 맞추어야 하는 정확한 부분을 타격할 수 있다. 이에 반해 초보자는 공 전체를 본다. 공 전체를 보고자 하면 희한하게도 공이 희미하게 보인다.

둘째, 자세의 높낮이다. 백스윙 때 자세를 낮추어서 팔로우 때 상체를 세우거나 평형을 유지한다. 이렇게 하면, 설사 공 뒤 10센티 뒤에 뒤땅이 나더라도 클럽헤드가 땅에 박히지 않고 밀고 나가게 된다. 그에 반해, 초보자는 백스윙 때 무릎을 폈다가 임팩트 때 공을 맞추기 위해 상체를 수그린다. 그렇게 되면, 공 뒤 3센티 뒤에 뒤땅을 쳐도 정확한 임팩을 기대할 수 없다.

볼을 맞추기 위해서는 팔과 손목과 클럽헤드가 다운되는 것이지, 상체를 수그려서 볼을 맞추는 게 아니다. 그렇게도 속을 썩이는 뒤땅의 비밀이 바로 여기에 있다.

셋째, 임팩트할 때 왼쪽 어깨가 오른쪽 어깨에 비해 완전히 위에 있다. 즉, 완전히 기울어져 있다. 어드레스 할 때 자세히 보면 왼쪽 어깨가 오른쪽에 비해 약간 위에 있다는 것을 느낄 것이다. 왜냐하면 왼손이 오른손 그립보다 위에 있기 때문이며, 하물며 손의 위치가 왼쪽 허벅지 안쪽에 있기 때문에 약간 오른쪽으로 상체가 기울어지게 됨으로써 일어나는 자연스러운 현상이다. 공을 때리는 그 순간에는 어드레스했을 때보다 더 왼쪽 어깨가 올라와 있어야 한다.

(그림 1번 어드레스와 그림 8번 임팩트에서의 어깨 기울기를 비교해 보라.)

　그만큼 하체가 왼쪽으로 체중 이동을 함으로써 상체가 반대로 기울
어져야 한다. 이 외에도 싱글 골퍼 스윙과 초보스윙의 차이점은 많을
수 있다. 6개월 만에 싱글 골퍼가 되려면 싱글스윙의 특징을 찾아서 따
라해야 한다. 대표적인 것이 위의 세 가지이므로 되도록 빨리 내 스윙
에 적용시켜야 한다.

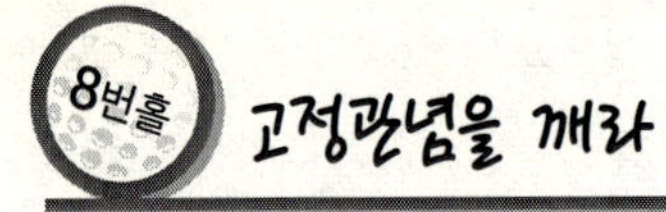

8번홀 고정관념을 깨라

얼마 전 골퍼 한 분의 스윙을 지켜보다가 이상한 점을 보았다. 왼발을 바닥에 딱 붙여서 백스윙을 하는 게 아닌가. 왼발을 바닥에 딱 붙이니 하체가 자유롭게 돌아가지 않는다. 왜 그렇게 치냐고 물어보니 그분 말씀이 '친구가 그렇게 시켰다'고 한다.

"그 친구는 왜 그렇게 해야 된다고 합니까?"

"그건 모르겠어요. 그냥 그렇게 하래요."

"그렇게 치니까 스윙이 편안하십니까?"

"…"

편안하고 부드럽고 매끄러운 스윙에 방해가 되고 있는 고정관념, 즉, 흔히 잘못 알고 있는 동작에 대해 알아보자

백스윙이 작은 골퍼가 있다고 치자. 프로골퍼로는 까밀로 빌레가스 정도 될까. 백스윙이 오버되는 골퍼가 있다고 치자. 프로골퍼로는 요꼬미네 사꾸라 정도 될까. 그렇다면 백스윙은 얼마나 커야 적당할까? 어느 정도가 소위 정석에 가까울까? 백스윙이 작은 까밀로 빌레가스가 비거리가 안 나올까? 알기로 비거리 부문 세계 10위 안에 든다.

그렇다면 무엇이 중요하겠는가. 스윙의 리듬을 방해하지 않는 백스윙 크기가 가장 적당한 백스윙 크기이다. 편안하고 부드럽고 매끄러운 스

윙을 하기에 적당한 크기의 백스윙이 나에게 맞는다는 말이다. 백스윙을 높이 드는 이유는 궤도의 문제이지 파워의 문제는 아니다. 좀 어려운가? 차후 자세히 설명하겠다.

흔히 잘못 알고 있는 동작을 살펴보자.

백스윙 때 오른쪽 팔꿈치를 옆구리에 붙인다? 그렇다면 언제까지 붙여야 하겠는가. 백스윙 탑에 가서도 팔꿈치를 옆구리에 붙일 수 있는가? 정답을 말하자면, 붙일 때 붙이고 떨어질 때 떨어져야 한다. 그리고 다운스윙 때 다시 붙여야 한다. 계속 붙이고 있으니 오른쪽 골반이 하늘로 향하는 게 아니겠는가.

백스윙 때 왼쪽 팔꿈치는 절대 구부리지 않는다? 그렇게 되면 매끄러운 백스윙과 다운스윙이 나오기가 어렵다. 왼쪽 팔꿈치를 구부리지 말라는 것은 어깨 아래에서 스윙의 크기가 줄어들지 않게 하기 위해서, 즉, 회전의 크기, 회전력을 살리기 위해서 그렇게 한다. 왼팔로만 백스윙을 해보면 왼쪽 팔꿈치를 굽히지 않고서는 오른쪽 어깨 위로는 절대 올릴 수 없다는 것을 알 수 있다. 더 이상 팔꿈치를 펴서는 회전이 안 될 지점에서 살짝 구부러지는 것이 더욱 자연스럽다. 단적으로 말하자면, 프로골퍼 80% 이상이 왼쪽 팔꿈치를 살짝 구부린다. 그러니 좀 구부려도 괜찮다. 구부리지 않아야 하는 목적이 어디에 있는지만 알면 된다.

상체가 좌우로 흔들리지 않아야 한다? 특히, 머리는 절대 움직이지 말아야 한다고 강조한다. 좋다. 박찬호 선수의 패스트 볼을 예로 들어보자. 한때 150km 넘는 공을 던진 박찬호 선수가 제자리에 두 발을 모으고 팔로만 힘껏 던졌다고 치자. 얼마나 공이 빠르겠는가? 과연 시속 80km나 나오겠는가?

하지만, 다리를 벌리고 상체를 시속 5km로 앞으로 나가면서 던진 결과가 어떤가. 쐐애애애액 소리를 내면서 날아간다. 그때 박찬호 선수의 머리는 세트 포지션에서 전혀 움직이지 않았는가? 아니다. 체중이 이동한 만큼 앞으로 움직였다. 하지만 머리와 어깨는 체중의 중심에 딱 버티고 있다.

머리와 상체가 좌우로 흔들리지 말아야 하는 이유는 하체의 체중 이동에 방해가 되기 때문이며, 또한, 클럽헤드가 빠르게 빠져 나가는 것을 방해하기 때문이다. 좌우로 쏠리지 않는 범위 내에서 좀 움직여도 괜찮다. 그러다가 리듬이 잡히면 자동으로 덜 움직이게 되는 것이다

특히, 여성골퍼나 시니어 골퍼 분들은 절대 그러지 말기를 권한다. 상체를 고정하고 스윙을 하게 되면 허리를 쓸 수밖에 없다. 결과는? 부드러운 스윙에 방해가 됨과 동시에 몸이 상한다.

이상, 잘못 알기 쉬운 동작들을 몇 가지나마 살펴보았다. 결론이 뭐겠는가. 부드러운 스윙을 방해하는 동작은 아무리 정석이라는 타이틀을 가지고 있다고 해도 얽매이면 안 된다. 골프에서 정석은 없다고 한다. 기본이 있을 뿐이다. 기본은 그야말로 말 그대로 기본이다. 기본을 토대로 나의 스윙을 만들어가는 것은 각자 몸에 맞게 만들어 가야 한다. 과한 동작은 줄이고, 모자라는 동작은 채워가면서….

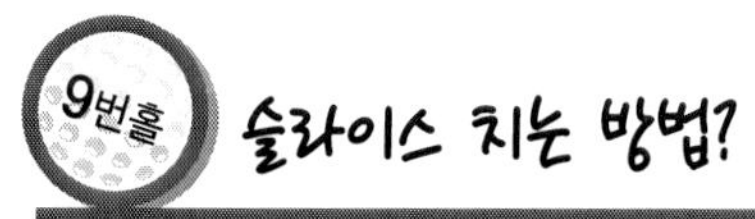

골프를 시작한 지 1년 정도 된다는 분이 드라이브 슬라이스가 심하다고 하소연한다. 친구들과 라운딩 가서도 '이번에는 꼭 혼내줘야지' 하면서도 결정적인 순간에 슬라이스가 나서 드라이브에 주눅이 든다고 한다. 열 번을 치면 서너 개가 심한 슬라이스가 났다. 나머지도 운 좋게 슬라이스가 조금 덜 난 것뿐이지 자세는 완전히 슬라이스 자세였다. 고칠 생각을 안 해보셨느냐고 하니까 고치고야 싶지만 어떻게 해야 할지 몰랐단다. 주위에서 여러 가지 조언을 많이 들어도 쉽게 몸에 적용이 안 된다나.

"그렇지요, 왜냐하면 1년 동안이나 슬라이스 스윙을 연습하셨으니 쉽게 고쳐지겠어요?"

연습장에 와서 두 시간 동안 드라이브 슬라이스만 연습하다 가시는 분들이 종종 있다. 당장 스윙을 바꾸어야 한다. 그렇지 않으면 그야말로 슬라이스의 달인이 되어 버린다. 골프를 치는 마지막 순간까지 슬라이스는 단 한 번도 안 치겠다는 각오를 해야 한다.

슬라이스의 원인은 여러 가지이다. 대부분의 경우 클럽헤드가 열려서 맞기 때문에 발생한다. 클럽헤드가 열리는 이유는 또 여러 가지다. 대부분의 경우 손이 어드레스 때보다 왼쪽으로 앞서 나가기 때문이다.

손이 앞서 나가는 이유는 또 여러 가지다. 대부분의 경우 상체로 스윙을 하기 때문이다. 지금부터 드라이브 슬라이스를 고치는 방법을 한번 보도록 하자.

오른발에 체중을 두고 스윙하라.

드라이브가 아이언 스윙과 다른 가장 두드러진 특징은 헤드가 위로 올라가면서 쳐야 한다는 것이다. 그런데 왼발로 체중 이동이 다 된 상태에서 위로 칠 수는 없다. 백스윙 때 체중이 오른발로 이동한 상태에서 왼발로 이동하려는 순간, 왼발을 딛고서 바로 쳐야 한다.

오른쪽 어깨를 중심으로 스윙하라.

왼쪽 어깨를 중심으로 치면 헤드의 궤적이 오른쪽 어깨로 칠 때보다 어깨 넓이만큼 왼쪽에서 돈다. 그렇지 않은가? 그렇게 되면 임팩트 순간 헤드가 내려가면서 치게 된다. 오른쪽 어깨를 중심으로 오른손으로 돌려 치게 되면 임팩트 될 때 자연스럽게 양손이 공보다 우측에 놓이게 될 뿐 아니라 인사이드 아웃스윙이 가능하게 된다.

오른손과 오른 손목을 이용하라.

임팩트 할 때 오른손목을 돌리려면 이미 늦는 경우가 많다. 임팩트 되기 전에 벌써 손목이 돌아가야 한다. 오른손 엄지손가락을 목표방향으로 재빨리 돌려주어야 한다. 페이드샷과 드로샷을 결정하는 중요한 기능이 바로 오른손 엄지손가락을 목표 방향으로 언제 돌리느냐에 달려 있다.

그 외에도 슬라이스를 방지하는 방법이 여러 가지가 있다. 왼쪽 겨드랑이를 붙이고 스윙하는 방법, 어깨를 열리지 않게 치는 방법, 상체를 기울여서 위로 치는 방법, 1시 방향으로 손목을 미는 방법, 백스윙을 크게 하는 방법, 오른발을 약간 뒤로 빼서 치는 방법 등…. 하지만 이런 것들은 억지로 끼워 맞추는 방법이 될 소지가 높다. 정석을 먼저 배우지 않고 응용동작을 먼저 배우는 만큼이나 위험한 결과가 나올 수 있다는 것이다.

앞서 제시한 세 가지의 공통점이 무언가? 그렇다. 바로 오른쪽을 이용해야 한다. 이것은 아이언 샷에도 적용이 된다. 모든 스윙은 왼손이 아니라 오른손으로 한다고 해도 과언이 아니다.

골프는 왼손으로 치나요, 오른손으로 치나요, 묻는다면 망설임 없이 오른손으로 친다고 해야 정답이다.

10번홀 필드에서 도움이 되는 습관

연습장에서는 잘 맞던 공이 필드에서는 잘 안 맞는다고 넋두리를 늘어놓는 골퍼가 많다. 왜 그럴까? 그라운드 사정이 달라서이기도 하지만 실전에서 필요한 동작들을 연습장에서 연습을 안 하기 때문이기도 하다. 어떤 것이 있는지 한번 보자.

어드레스 자세에서 양발을 교대로 굴러주며 좌우로 가볍게 흔들어 준다.

아이언으로 볼을 끌어와서 매트 위에 딱 놓았을 때, 공과 발 사이의 간격이 정확할 확률은 제로다. 양발을 구르면서 앞뒤로 조금씩 움직여 마음에 들 때까지 간격을 맞춘다. 경직된 몸을 풀어주는 효과가 있어 스윙을 부드럽게 해주고 리듬감을 준다. TV에 나오는 프로들 중 드라이버에서 퍼트까지 이 동작 안 하는 프로 없다. 잘 봐라.

타깃을 정해서 어드레스 후 타깃을 한번 본다.

연습장에서야 여러 번 스윙을 해보았기에 대충 목표가 어딘지, 어디로 스윙을 해야 할지 느낌이 있다. 사격으로 치자면 벌써 영점 잡은 상태다. 그러나 필드에서는 목표 방향을 보지 않고서는 칠 수가 없다. 바로 필드에서 해야 할 일을 미리 연습하는 것이다. 고개를 어느 정도 돌리고 시선을 어느 정도 돌리니까 목표가 보인다는 느낌을 미리 연습하는 것이다.

현대 스윙에서는 모든 신체들이 피니쉬 자세에서 목표를 향하게 되어 있다. 몸과 마음 모두 목표를 향해야 하는데 목표를 보지 않고 어떻게 스윙을 하겠는가. 어드레스 자세에서 타깃을 한번 쳐다보는 골퍼는 분명 고수다.

양발을 모은 상태에서부터 루틴을 시작한다.

스윙을 하고 나면 처음 어드레스 자세 때보다 양발 간격이 넓어지게 된다. 그 자세에서 또 때리고 또 때리고 하다 보면 처음 어깨 넓이이던 양발 간격이, 심할 경우 두 배로 벌려지는 수가 생긴다. 안타까운 일이다. 스윙이 끝났으면 그립도 풀고 허리도 펴야한다. 쉴 틈을 주지 않고 휘둘러대니 손가락도 허리도 아픈 것 아니겠는가.

볼이 그라운드나 그물에 떨어질 때까지 시선을 떼지 않고 피니쉬 자세를 유지한다.

골프 스윙은 모든 근육을 다 써야 하는 다이내믹한 동작이다. 이 동작을 몸에 익혀 똑같이 반복하여 스윙할 수 있게 하려면 처음과 끝이 항상 일정해야 한다. 이렇게 해야 균형감과 리듬감을 느낄 수 있다. 피니쉬를 풀어버리는 골퍼는 스윙을 한 것이 아니라 타격을 했다고 보면 된다.

〈Golf is swing, not hit〉

위 사항들을 모두 지키게 되면 어떻게 되겠는가. 한번 스윙하는 데 걸리는 시간이 길어지게 된다. 즉 인터벌이 길어지게 된다. 골프 실력은 연습장에 머무는 시간에 비례하는 것이지 공 많이 때린다고 빨리 느는 게 결코 아니다.

공 하나하나를 소중히 여기는 습관을 갖게 되면, 그렇게 두들겨 맞고서도 그 공이 다시 주인에게로 온다. 소중히 여기지 않으면 숲이나 물로 도망가 버리는 수가 생긴다.

퍼팅이 뭐길래

골프는 홀에 넣어야 끝이 나는 게임이다. 구멍에 넣는 상황을 빙자해서 야한 농담을 하곤 하는데 좀 자제했으면 한다. 특히, 여성 동반자나 캐디가 있는 상황에서는 상당히 큰 실례가 될 수도 있다. 자연을 벗 삼아 유쾌하게 라운딩하다 보면, 재미있는 농담도 하면서 즐거움을 나누며 동료애도 키우는 건 좋다. 많고 많은 얘기 중에 심한 농담은 좀 빼자. 건설적인 사업 얘기라든지, 정치 얘기, 연예인들 흉보기 뭐 이런 게 좋지 아니한가?

그게 아니라고? 재미없다고? 진짜 아닌가? 정 그렇다면 야한 농담 좀 해도 되겠네. 그래 하도록 하자. 그런 거 빼면 무슨 재미로 라운딩을 한단 말인가. 마음대로 해라. 그 정도도 이해 못 해주는 동반자라면 밴댕이 콧구멍이다.

각설하고, 오늘은 퍼팅에 대해 알아보자.

유독 퍼팅에 자신이 없는 골퍼들이 많다. 어떻게 쳐야 할지 도무지 감을 못 잡겠단다. 퍼팅할 때마다 바짝 긴장하게 되고 자신감이 없다. 이 모든 원인은 기준이 없기 때문이다. 기준이 없으니 그날그날 감에 의지할 수밖에 없다.

모든 스윙에는 기준이 있다. 양발은 어깨 넓이로 벌려야 된다든지, 허리는 곧게 펴야한다든지, 이런 것도 어찌 보면 하나의 중요한 기준이 된다. 물론, 기준대로 안 해도 공은 맞아 나간다. 그러나 일정한 스윙을 하기 위해서는 기준을 세워서 그 기준대로 따르게 되면 일정한 샷을 하게 되는 것이다.

퍼팅에서도 기준이 있다. 그것도 엄청 많다. 공은 양 발끝과 정삼각형 되는 위치에 놓는다든지, 어깨를 회전해서 스윙을 한다든지, 공이 떨어질 때까지 쳐다보지 말라든지, 정석적이든 개인적인 취향이든 각자 기준을 세운다. 그리고 매 샷 그 기준대로 쳐야 한다.

바로, 그 기준을 몇 가지 추천한다. 아니, 딱 세 가지다. 이것만 지키면 퍼팅 엄청 쉽다. 그립? 아무렇게나 잡아라. 괜찮다. 나름대로 심각하게 결정해서 잡은 그립인데 왈가왈부하기 싫다. 허리를 얼마나 굽혀야 되는지? 굽히든지 말든지 알아서 해라.

첫째, 어깨를 회전시켜서 왼쪽 팔로만 밀어서 백스윙하고 양쪽 팔(어깨)로 스윙해준다. 이렇게 해주면 일정한 궤도를 유지할 수 있다. 똑바로 치려고 해도 백스윙 궤도가 삐뚤해지면 원하는 방향으로 밀어줄 수 없다.

둘째, 피니쉬 위치를 정해서 과감하게 스윙하고는 피니쉬 위치에서 3초간 멈추어 준다. 물론 스윙은 천천히 중력에 의해서 춘향이가 그네를 타는 것처럼 리듬을 준다. 여기서 가장 중요한 것은 피니쉬 위치를 미리 정하는 것이다. 퍼터헤드가 공을 치면서 회전하는 것이 아니라, 목표 지점까지 멈춤 없이 스윙이 되어야 한다.

마지막으로, 6미터 퍼팅만 연습한다. 거리에 대한 기준이 없으니 항상 불안하다. 6m만 수천 번 연습하다 보면 6m만은 자신감이 생긴다. 눈 감고도 붙일 수 있어야 한다. 그 다음에야 6m를 기준으로 삼아 3m와 10m를 연습한다. 다시 말하지만 한 달 동안만이라도 6m만 연습하자. 그렇게 되면 10개 중 10개 모두 홀 50cm 가까이 붙일 수 있다. 그걸 100번만 하자.

어떻게 되겠는가. 자신감이 생길 것이다. 퍼팅은 자신감이다. 그게 다다.

12번홀 비거리 늘리는 방법

비거리를 늘리고 싶은가? 같은 힘 들여서 어떤 골퍼는 비거리가 엄청 나는 데 비해, 안간힘을 써도 드라이브 200m도 안 간다고 짜증내는 분들, 잘 읽어보고 적용해보기를 소망한다. 이론상으로는 간단하다.

한 가지 질문 있겠다. 골프공을 어깨가 치는가, 손이 치는가, 아니면 클럽헤드가 치는가? 당연히 클럽헤드의 면이 친다. 그렇다면 어깨가 빨리 돌아야 할까? 손이 빨리 돌아야 할까? 클럽헤드가 빨리 돌아야 할까? 묻는 내가 바보다. 당연히 클럽헤드가 빨리 돌아야 한다. 클럽을 빨리 돌리는 데 방해가 되는 동작을 줄여야 한다. 한번 보자.

그립을 꽉 쥐고 있다.

이유는 여러 가지가 있다. 클럽이 자꾸 미끄러질 것 같아서이기도 하고, 실제로 헤드의 스윗스팟에 맞지 않으면 순간적으로 돌아가기도 한다. 좀 돌아가도 괜찮으니 느슨하게 잡아라. 습관이 되었으니 느슨하게 잡는 것이 어려울 수도 있지만 과감하게 실행해야 한다.

백스윙탑과 피시니 동작에서 클럽이 놓지 않도록 어느 정도 그립을 견고하게 잡아주어야 하는 것은 사실이나 회전 동작에서는 절대 꽉 잡지 않는다. 스윙의 처음과 끝이 같은 악력으로 회전되어야 한다. 아주 중요하다.

체중 이동이 안 된다.

이런 분들은 주로 상체 즉, 허리를 돌려서 스윙하는 경향이 많다. 허리 자체는 회전력이 없다. 허리는 어깨와 팔이 회전하도록 지주가 되어야지 허리 자체를 돌려버리면 어깨와 팔에 힘을 쓸 수가 없다. 자연스럽게 하체가 체중 이동이 되도록 부드러운 빈 스윙 연습을 많이 하도록 한다.

서두른다.

몸에 힘이 들어가면 자동적으로 몸을 움츠리게 된다. 움츠리면 궤도가 작아져서 급하게 스윙을 하게 된다. 특히, 백스윙 탑에서 부정 출발(?)하여 급하게 내려오면 가속도가 붙지 않는다. 또한, 힘을 쓰면 손이 빨리 회전할 뿐이지 클럽헤드가 회전하는 것이 아니다. 양손은 처음부터 피니쉬까지 같은 속도로 스윙하는 느낌이어야 한다. 클럽헤드의 회전력을 높이려면 느슨하게 잡고서 손목이 자유롭게 돌아가도록 느긋하게 회전시켜야 한다는 것이다.

이렇게 연습하다 보면 하나~ 두울~ 세엣 리듬이 생긴다. 리듬을 타게 되면 어떻게 되겠는가. 힘을 들이지 않고도 스윙이 자연스럽게 리듬을 타며 빨라지게 된다. 임팩트 되는 순간 공이 '깡~' 소리를 내며 하늘을 날고 있을 것이다.

릴리스의 중요성

릴리스에 대해 알아보자.

드라이버건, 칩샷이건, 퍼팅이건 릴리스 동작 없는 스윙은 스윙이 아니다. 앙꼬 없는 찐빵이다. 릴리스가 무엇인가. 말 그대로 풀어주는 것이다. 코킹의 반대 개념이기도 하다. 기껏 코킹을 해놓고서 그대로 팔을 돌려버리면 손이 빨리 돌게 될 뿐 클럽헤드가 빨리 돌지는 않는다. 어드레스 때 손의 위치에 오기 전에 벌써 릴리스가 진행되어야 한다.

양손을 자연스럽게 교차하면서 클럽헤드가 백스윙 때 열어지는 것과는 반대로 닫아주는 동작이 왜 이렇게 어려울까? 대부분의 경우 세게 치려다 보니 닫아주는 동작이 늦어지기 때문이며, 더 큰 이유는 아예 릴리스를 해야 한다는 생각조차 않기 때문이다

프로들이 왜 헤드업을 하지 않고 볼을 끝까지 보는지 아는가. 끝까지 봐야 똑바로 가기 때문에 보는 것이 아니라, 이 릴리스 동작을 충실히 하기 위해 고개를 돌리지 않는다. 날아가는 볼을 볼 새가 없다는 것이다. 릴리스를 하면서 클럽헤드가 공과 스퀘어가 되는지 집중하게 되면 당연히 헤드업을 할 수가 없다. 습관이 되어야 하는 중요한 동작들을 보면 이렇듯 해야 한다가 아니라, 이렇게 할 수밖에 없도록 만들어져야 한다.

퍼팅에도 릴리스는 있다. 공을 친 다음 헤드가 목표 지점까지 간 다

음 3초간 머물러주는 이 동작이 바로 릴리스이자 팔로우이자 피니쉬이다. 이 3초 동안 스윙이 부드럽게 되었는지, 헤드가 목표 지점까지 왔는지, 헤드가 열리거나 닫히지 않았는지 확인을 해야 하기 때문에 헤드업을 할 수가 없게 되는 것이다.

릴리스는 코킹만큼이나 자연스럽게 이루어져야 한다. 릴리스를 하라고 하니 억지로 손목을 돌려서도, 힘으로 돌려서도 안 된다. 헤드가 가장 중력을 많이 받는 시점이 지면과 가장 가까이 다가갔을 때이므로 이때 자연스럽게 헤드가 스피드를 이어갈 수 있도록 손목이 돌아야 하겠다.

자, 지금까지는 부드러운 스윙과 자연스러운 피니쉬를 목표로 두었다면 이제는 자연스러운 릴리스를 염두에 두고 스윙을 해야 할 때이다. 그렇다고 스윙의 기본 즉, 크고 부드럽고 과감한 스윙을 놓쳐서는 안 된다.

릴리스는 어디까지나 고급(?)동작이거니와 초보자가 쉽게 익히기 위해서는 무던한 노력과 집중이 필요하다. 하지만 익혀 놓으면 스윙의 메커니즘을 새롭게 정립할 수 있으며 한층 업그레이드 된 스윙으로 가는 길임에는 틀림없다고 믿는다.

크게 세 가지 경영(매니지먼트)이 있다.

스윙 매니지먼트

주로 연습장에서 줄기차게 연습을 하는 모든 동작이 이 스윙 매니지먼트에 들어간다. 퍼팅, 칩샷, 피칭샷, 어프로치샷, 아이언샷, 우드샷, 드라이버샷을 각각 클럽 특성에 맞게 연습한다. 스윙에는 드라이버, 아이언 풀샷만 있는 것이 아니므로 다양하게 연습해야 함에도 초보자는 드라이버와 아이언만 무진장 두드린다. 그러다가 필드 한번 다녀오고서는 이른바 숏게임의 중요성을 알게 되고 나서야 칩샷, 퍼팅, 어프로치를 연습한다.

각 샷마다 특징이 있는데도 불구하고, 칩샷인지 피칭샷인지, 또는 어프로치인샷지 아이언샷인지 헷갈리거나 뒤섞여서 국적 불명(?)의 샷을 휘두르게 된다. 뭐 괜찮다. 빨리 익힌 만큼이나 빨리 잊게 되는 것이 인지상정인지라 시행착오를 두려워하지만 않으면 된다. 하지만 되도록 빨리 각 샷의 특성을 이해하고 각 클럽에 맞게 구사할 줄 알아야 한다.

클럽 매니지먼트

각각의 클럽에 맞는 스윙을 익히고 나면 거리별로 클럽을 정하게 되는 클럽 매니지먼트를 익혀야 한다. 예를 들어 칩샷은 20m를 기준으로 친다든지, 피칭샷은 30m, 어프로치 샷은 50m에서 90m까지, 아이언 별로 100m에서 150m까지 거리별로 클럽을 정하고 클럽에 맞는 스윙을 구사하여야 한다.

그러다 보면 각 클럽별로 자신 있는 거리가 생길 것이다. 나는 6m 퍼팅은 눈 감고도 붙인다. 이런 자신감이 있어야 된다는 말이다. 나는 8번 아이언은 툭 치면 무조건 130,야. 무슨 말인지 이해할 것이다. 좀 오버하는 골퍼는 나는 8번 아이언으로 쎄리 치면 160은 날아간다고 계속 쎄리 치고 있는 골퍼들 참 많이 본다. 그러지 좀 말자.

한 샷 한 샷을 할 때마다 반드시 목표 지점을 정해서 그 목표 지점에 탄착점을 만들면서 쳐야 한다.

코스 매니지먼트

자, 이제 각 클럽에 맞는 스윙과 거리를 익히고 나서 드디어 필드에 우뚝 섰다. 배운 대로 클럽을 정해서 스윙을 하면 되는데 그게 잘 안 된다. 130m는 8번 아이언인데 이런 젠장, 공이 발보다 높은 언덕에 박혀 있네. 이를 우쩨. 그리고 보니 연습장 매트같이 평평한 곳은 한 곳도 없네. 그린은 또 어떻고. 왜 꾸불꾸불 종이 구겨놓은 것 같이 만들어 놓은 거야. 불평해 봐도 들어줄 사람 없다.

칩샷 거리에도 어프로치를 해야 할 경우도 있고, 아이언 한두 클럽 더 크게 잡아야 할 경우도 있고, 아이언 거리를 두고도 눈물을 머금고 칩샷 해야 할 경우도 생긴다. 8번 아이언을 가지고 피칭샷을 해야 할 경우도 있고, 어프로치 클럽으로 풀샷 해야 할 경우도 생긴다. 이게 정상이다. 이걸 두고 코스 매니지먼트라고 한다.

여기에서 한 가지 알아두어야 할 사항은 창의적인 코스 매니지먼트를 해야 한다는 것이다. 이제껏 익혀두었던 각 클럽별 거리, 스윙을 기본으로 하되 얽매이지 말기를 권한다. 기본은 그냥 기본일 뿐 모두 적용되는 것은 아님을 일찍 깨달아야 한다. 자연을 받아들이라는 얘기다. 왜냐하면 코스 설계를 그렇게 해놓았기 때문이며, 더 큰 이유는 자연은 이길 수가 없기 때문이다.

왜 벙커와 호수를 그렇게도 많이 파놓았으며 페어웨이를 왜 꾸불꾸불하게 만들어 놓았으며 그린은 왜 또 기울어지게 만들어 놓았겠는가. 자연과 좀 더 가깝게 만들려고 노력하였듯이 거기에 맞게 순응을 해야 하는 것이다. 그러면 어떻게 되겠는가. 이기려고 하면 미스 샷과 신경질만 얻게 되지만 순응하게 되면 보람과 즐거움을 얻게 된다.

그러면, 이기고자 하는 의지는 포기할까? 아니다. 가슴에만 비수처럼 품고서 자연이 눈치 못 채게 하면 된다. 순응하는 척하면서 부지런히 칼을 갈아야 한다. 이 글을 읽고 있는 모든 골퍼들이여, 가슴에 칼 하나 시퍼렇게 간직하길 바란다.

골프는 인생이다

　바쁘게만 달려온 김길동 과장은 여전히 매일매일 일상에 쫓기며 살고 있다. 회사 걱정, 자식들 진로 걱정, 마누라 잔소리는 오늘도 여전하다. 가끔씩 동료나 친구들과 만나서 스트레스 한번 풀려 해도 뭐가 그리 대단한건지 술자리에서 빠지지 않는 안주가 있으니 바로 골프다. 골프 얘기가 나왔다 하면 피를 토하며 토론한다. 이 기회에 골프 배워라. 그럴 때도 됐다. 우리 나이에 당구를 치겠나, 볼링을 하겠나. 친구들은 끊임없이 재촉한다. 그런데 아직 여건이 좀….

　술 먹고 늦게 들어왔다고 아내는 바가지 대신에 침묵시위를 한 채 방으로 쏙 들어가 버린다. 진정 남자가 설 자리는 없단 말인가. 에라, 모르겠다. 그래! 질러버리는 거야. 저번에 아내가 내 똥배 나온 거에 대해 뭐라 한 적도 있으니 운동하겠다는데 뭐라 그러지는 않겠지. 마음을 다잡아먹고 다음 날 골프 연습장에 등록을 해버렸다.

　스윙 기초 배우느라 정신도 없는데다가 손바닥 물집부터 어깨 무릎 옆구리까지 안 아픈 데가 없다. 그래도 가끔씩 주위에서 "스윙 좋네요. 남들보다 빨리 느는 거 같아요." 한 마디에 '아 그래, 난 타고난 거야.' 생각하며 용기를 내어 7번 아이언을 휘두른 지 어언 6개월이 되어 갈 즈음, 은근히 친구들 사이에 제법 오리지랄? 싱글이라 불리는 말뚱이란 놈이 자꾸 거슬리기 시작한다. 스윙에 대해서 열심히 토론이라도 할라치면 그놈 눈치를 보며 은근히 조심스럽다. 그놈이 한마디 하면 아무도 반박할 수 없는 무서운 포스를 가진 놈.

은근히 자존심이 상했다. '그래, 한번 혼내주는 거야, 나라고 맨날 그놈한테 지란 법이 없지. 운 좋은 날에는 나도 팔십대 초반은 나오니까 그놈이 조금만 컨디션이 안 좋으면 가능성이 있어.'

기대는 항상 기대로 끝이 나고, 내가 잘 치면 그놈은 또 그만큼 앞서가는 것이 아닌가. 할 수 없이 다시 프로 레슨을 찾는다. "요즘 스윙이 잘 안 돼서리…" 라고 말은 하지만, 은연중에 친구 얘기를 하게 되고 그놈은 잘 치는데 나는 왜 싱글을 못 치는지 하소연할 때쯤 되면 레슨 프로는 모든 것을 알았다는 의미로 "아, 그렇지요." 한마디 해준다.

드디어 칼을 갈고 D-데이를 잡고 들러리도 초대해서 필드에 출정한다. 오늘따라 드라이버 스윙도 부드럽고, 운도 억세게 좋다. 나는 81타 싱글을 친 데 반해 그놈은 82타. 드디어 이겼다. 그것도 싱글 스코어로.

'우하하하하' 속으로 쾌재를 부르고 "점심은 내가 쏜다." 오늘은 기분이 최고조다. 내가 잘 쳤다기보다는 어제 과음을 한 친구 놈이 못 쳐준 까닭에 이기기는 했지만, 어쨌든 골프는 결과가 말해주는 것 아니겠는가. 공정하게 이긴 거라고 스스로 위안을 한다. 드디어 나도 싱글 골퍼 대열에 우뚝 서게 되었구나. 이제는 두 팔 두발 쭉 뻗고 잠을 잘 수 있겠구나.

며칠 뒤, 기분 좋게 스윙연습을 하고 있는데 주위에서 언성을 높여 떠드는 소리가 들린다. 싱글 한 번만 쳐도 싱글이다. 아니다. 평균 싱글을 쳐야 싱글이다. 아니다. 평균 79타를 쳐야 오리지널 싱글이다. 등등….

'아, 갈 길이 멀구나. 이놈의 골프는 어디가 끝이란 말인가.'

그때 갑자기 하늘에서 구름을 헤치고 용 한 마리가 골프공을 입에 물고 연습장으로 사뿐히 내려오더니 "길동아, 골프는 인생과 같은 고로 너의 욕심을 채워줄 바구니는 이 세상에 없단다. 그 대신 너의 마음을 비움이 어떠하뇨." 가라사대, 그제야 길동이는 깨달은 바 있어 무릎 꿇고 아뢰되 "그러하겠나이다. 저의 무지를 용서하소서."

그 다음 날부터 길동이는 연습장에서 신체를 연마하고 산에 올라가서는 호연지기를 키우니 몸과 마음이 천하를 얻은 듯이 만족의 기쁨을 누리게 되었다는 얘기.

16번홀 숏게임을 공략하라

이번에는 숏게임의 중요성과 연습방법에 대해 알아보자.

숏게임은 초보 골퍼들이 가장 못하는 종목이며 싱글 골퍼들이 가장 자신 있어 하는 종목이다. 연습한 만큼 보답을 하는 종목이며 연습 없으면 죽을 쑤게 하는 종목이 바로 숏게임이다.

파4홀을 기준으로 볼 때 드라이버 한 번, 아이언 한 번으로 300미터를 넘게 홀 쪽으로 전진해 오게 된다. 이제 남은 거리는 30여 미터밖에 되지 않는다. 하지만 문제는 여기부터다. 십분의 일밖에 안 남은 거리에서 네 번을 더 쳐서 더블보기로 홀컵에 넣는다면 효율성으로 볼 때 얼마나 황당한가. 이걸 줄이자는 게 바로 숏게임의 중요성을 강조하는 이유 되겠다.

숏게임의 스윙은 여러 가지가 있다. 퍼팅, 칩샷, 피칭샷, 벙커샷, 로브샷, 플롭샷 등등…. 이 중 어떤 샷을 칠지는 거리에 따라 나눌 수도 있고, 공이 놓인 여건에 따라 나누어지기도 한다. 한번 보자.

퍼팅

볼이 그린 위에 있을 경우에 대부분 구사한다. 대부분이라는 의미는 그렇지 않은 경우도 있다는 의미다. 공의 위치와 홀컵 사이에 러프가 조성되어 있는 오목한 땅콩 홀일 경우에 볼을 띄우기 위해 피칭샷을 치는 경우도 있다. 그러나 일반 골퍼가 그린 위에서 퍼터 대신 아이언으로 그린을 파버리게 되면 캐디에게 엄청 욕을 먹을 뿐만 아니라 바로 쫓겨나는 경우가 생길 수도 있다. 이럴 경우 어떻게 해야 할까. 그냥 알아서 해라. 흠!

단, 골프에서의 예의는 대부분의 경우 동반자들의 이해를 구하고, 캐디로 대변되는 로컬룰을 따라주면 아무 문제가 없다. 일단, 아이언으로 치겠다고 우겨라. 캐디가 괜찮다면 그대로 치면 되고 안 된다고 하면 분하다는 표정을 지음으로써 어쩔 수 없이 한 타 손해 본다는 것을 동료들에게 어필하는 것이다. 그러면 한 타 봐줄 수도 있다.

퍼팅을 잘하는 방법은 이미 언급했으니 참고하시기 바란다.

칩샷, 피칭샷

진짜 중요하다. 얼마나 중요한가 하면, 프로와 아마의 차이가 칩샷에 달려 있다고 해도 과언이 아닐 만큼 중요하다. 칩샷과 피칭샷의 차이점은 인터넷에서 각자 알아보기 바란다. 여기서는 뭉뚱그려 칩샷이라고 하자.

한 가지 질문 있겠다. 잘못된 방법이지만 연습을 많이 한 골퍼와, 옳은 방법이지만 연습을 거의 하지 않는 골퍼 중에 누가 잘 칠까? 정답은 잘못된 방법이지만 연습을 많이 한 골퍼가 이긴다. 그러나 칩샷만은 예외이다. 올바르지 않은 방법으로는 한계가 있다는 의미이다. 그렇다면 칩샷의 잘못된 두 가지 방법을 알아보자.

첫째, 공과 스탠스가 멀리 있으면 안 된다. 아이언 클럽이 길어질수록 양발의 간격이 넓어지는 것은 알 것이다. 그리고 한 가지 더 중요한 점이 있다. 볼과 발끝 사이, 즉, 볼과 양발 스탠스의 간격이 커진다. 역으로 말해서 짧은 아이언일수록 스탠스와 볼의 간격이 좁아진다. 그렇다면 가장 짧은 A 아이언의 경우 얼마나 가까워야 할까?

보여줄 수 없으니 말로 표현하자면, 오른발 엄지발가락에 거의 붙여버린다는 느낌이 들 정도로 붙인다. 이 말이 무엇이냐면, 칩샷을 일반 아이언 샷처럼 볼을 멀리 두고 치지 말라는 얘기다. 칩샷의 볼과 스탠스의 간격은 퍼팅 다음으로 가까워야 한다.

멀리 있는 공을 치려고 하니 자꾸 엎어 쳐서 임팩트 된다거나, 내려치게 되어 뒤땅이 발생한다. 연습장에서야 안 맞으면 다시 치면 되니 멀리 떨어져 있어도 결국은 정확한 임팩트가 가능하다. 하지만 필드에서는 단 한 번의 기회밖에 없다. 절대로 안 맞는다.

둘째, 절대 때리지 않는다.

저번에 얘기했다. 골프는 스윙이지 히트가 아니라고. 프로들이 히트하듯이 칩샷이나 퍼팅을 구사하는 것을 자세히 보면, 스윙을 해준 다음 피니쉬 동작 순간 목표 방향으로 멈추어 주기 때문에 히트한 것처럼 보이는 것일 뿐 임팩트 시에는 절대 공을 때리지 않고 스윙이 된다. 최소한 공을 히트한 다음 10cm까지는 중단 없이 가속도가 붙어야 한다. 그런고로 칩샷의 목표 타격점은 볼이 아니라 10cm 앞이어야 한다는 아주 중요한 결과가 나온다.

셋째, 백스윙 때 절대 클럽을 열지 않는다.

골프 스윙은 백스윙 때 열었다가 다운스윙 때 닫았다가 하는 것이 아니다. 퍼팅할 때 클럽이 열리는 만큼만 열리도록 백스윙한다. 이건 열린다고 할 수도 없다. 몸이 돌아간 만큼도 안 열리게 쳐야 한다.

그 외에도 참 많은 방법이 있지만 위 세 가지, 볼을 가까이 두고 최소

10cm까지는 가속도로 스윙이 되어야 하며, 절대 열지 않는다는 원칙은 절대 지켜져야 한다. 그리고 연습 100번만 하면 칩샷 완전 정복되겠다.

흔히 칩샷이나 벙커샷은 아웃 인 궤도로 스윙해야 한다고들 하는데 제발 그러지 마라. 절대 그래야 하는 이유 없다. 퍼팅 궤도와 같다고 보면 된다. 퍼팅이 아웃 인 궤도로 치는 건 아니잖은가. 그냥 치면 된다. 무슨 아웃 인 같은 소리를 하는지…. 절대 아니다.

벙커샷에서 왼발을 약간 오픈하더라도 절대 클럽헤드는 홀 쪽으로 스윙이 되어야지, 깎아서 왼쪽으로 치면 안 된다. 아웃 인으로 치는 이유는 클럽헤더가 하체와 더불어 매끄럽게 빠져나가기 위해서인데, 일반 골퍼들은 대부분 밑으로 헤드를 박아버린다. 그래서 뒤땅이 심해지는 것이다.

벙커샷도 볼이 놓인 환경에 따라 다르다. 왼발이 높을 경우 아웃인 궤도로 치지 말아야 하며, 모래가 딱딱해도, 모레가 굵어도, 에그 플라이일 때도 아웃인 궤도로 쳐서는 안 된다. 이것저것 다 빼고 나면 아웃 인 궤도를 쳐야 할 상황이 별로 없다.

모래가 아주 가늘고 부드럽고 평지이면서 모래 위에 살짝 얹어진 상태가 자주 나오는가? 공이 놓인 환경이 새파란 잔디에 붕 떠있다면 어떻게 해서든지 히트가 되겠지만, 우리네 골프장 환경이 그리 녹록지 않다. 칩샷 거리의 잔디는 골퍼들이 가장 많이 밟아서 거의 맨땅이 대부분이다. 잔디가 있어도 오히려 잔디가 방해가 될 만큼 딱딱한 바닥이 대부분이다. 이런 극한의 환경에 대비해서 위 방법대로 연습을 한다면 이건 뭐 거저먹는다.

오늘도 즐공하시기 바란다.

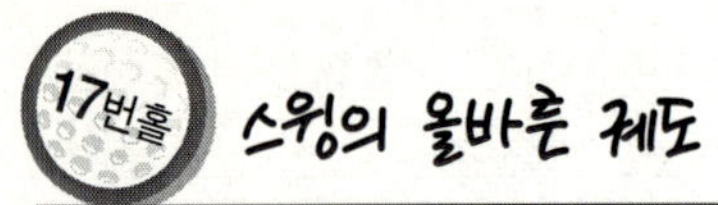

17번홀 스윙의 올바른 궤도

스윙의 올바른 궤도에 대해 같이 고민해보자.

흔히 스윙의 궤도라 함은 인사이드 아웃, 아웃사이드 인, 또는 플랫한 궤도, 업라이트한 궤도를 말하곤 한다. 하지만 지금 말하고자 하는 스윙의 궤도는 이런 궤도가 아니라 위아래의 궤도를 말하고자 한다.

클럽이 짧을수록 공이 발끝에 가까이 있어서 백스윙할 때 위로 들린다. 역으로, 클럽이 긴 드라이브 같은 경우 백스윙할 때 위로 올린다는 기분보다는 오른쪽 뒤로 가게 되어 양발을 중심으로 바닥에 원을 그리듯이 평평하게 된다.

여기서 중요한 점은 골프 스윙의 궤도는 바닥을 중심으로 원을 그리는 것이 아니라, 어깨를 중심으로 위아래로 그려져야 한다. 좌우가 아니라 위아래로 스윙이 이루어져야 한다. 허리를 많이 굽혀 스윙하는 버릇이 있는 분들이 만약 허리를 펴서 스윙을 하면 야구 스윙처럼 양팔 좌우로 스윙을 하게 된다. 스윙의 가속도는 위에서 아래로 스윙할 때 증가한다. 좌우로 스윙하며 가속도를 증가시키자니 어깨에 힘이 들어갈 수밖에 없다.

지금까지 내용을 이해하겠는가? 그렇다. 골프는 바닥에 있는 공을 치는 게임이다. 바닥의 공을 치자면 위에서 아래로 스윙을 해야 한다. 그렇다면 좌우 회전 움직임은 신체의 어느 부분이 담당하겠는가? 바로 하체가 담당한다.

허리가 담당한다고 생각해서 허리를 줄기차게 꺾는 골퍼들이 참 많다. 허리로 돌리게 되는 단점들을 간단히 살펴보면 어깨에 힘을 뺄 수가 없다, 엎어 친다, 갈비뼈가 주기적으로 나간다, 그리고 스윙이 참 없어 보인다, 등등 되겠다.

위아래로의 스윙, 이 당연한 원리를 왜 강조를 하는가 하면, 대다수 골퍼들의 스윙을 보면 이것이 잘 안 되기 때문에 스윙 웨이트를 느끼기 어렵고, 볼을 정확히 히트시키지 못하기 때문이다.

결론을 말하자면, 스윙을 하기 불편할 정도로 공과 발끝 사이는 가까워야 한다. 양손은 버클에 완전히 붙어야 한다. 이렇게 연습해야 한다. 매 샷 이렇게 쳐야 한다. 그래야만 클럽이 위아래로 스윙이 되어 가속도가 자연스럽게 붙게 되어 힘을 적게 들이고도 공을 멀리 보내게 되기 때문에 어깨와 팔이 부드럽게 스윙이 되면서 갈비뼈가 상하지 않으면서 어깨와 자연스럽게 붙어서 돌게 되어 하체와의 밸런스가 맞아들어 간다. 그러면서 체중 이동이 저절로 되어 뒤땅을 방지하게 됨과 동시에 처음과 끝이 일정한 하나의 스윙이 나오게 되어 신체 어느 한 부분 무리가 따르지 않아 아무리 많은 연습에도 절대 지치지 않게 되는 것이다. 하악~ 하악~ 숨차서 더 못 하겠다. 제발 그렇게 좀 쳐주면 안 되겠니?

위아래 스윙을 하지 않고 좌우 스윙을 하기 때문에 어깨에 힘이 들어가 쌩크, 뒤땅이 나오는 것이다. 쌩크, 뒤땅의 근본적인 이유가 바로 위아래 스윙을 하지 않기 때문임을 명심하자. 대부분의 프로들은 어드레스 시에 공을 클럽의 힐 쪽에 놓고서 스윙할 때 중앙을 맞추지만, 아마의 대부분은 어드레스 때 토우 쪽을 놓고서 스윙할 때 중앙을 맞춘다.

뭔가 느낌이 오는가? 그렇다. 프로들은 위아래 스윙을 하기 때문에 히팅 시에 클럽이 몸에 착 붙는다. 클럽이 길어서 위아래 스윙이 불가능하다는 골퍼 분들 많이 본다. 골퍼들이 쓰는 대부분의 클럽은 남자 기준으로 키 180cm 이상의 코쟁이에게 맞추어져 있다고 보면 된다. 설마하니 키 160cm 숏다리 동양인에게 맞추었겠는가. 짧게 잡으면 된다.

필자가 아는 어떤 사람은 클럽을 아예 자기 키에 맞게 잘라버렸다. 매우 훌륭한 발상이지만 뭔가 빠졌다. 앤서니 김은 항상 짧게 잡는다. 질문자가 "잘라버리지 그러세요?" 하니까 자르는 것보다는 짧게 잡는 게 편하다고 했다. 짧게 잡아도 비거리가 줄지 않는다는 것을 앤서니 김이 유감없이 발휘하고 있다.

배드민턴 라켓도 그립 끝에 안 잡는다. 그러니 좀 짧게 잡고 위아래 스윙을 연습하자. 짧게 잡는 만큼 위아래 스윙이 자연스럽게 이루어진다.

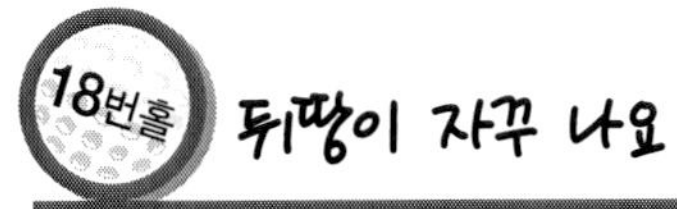

뒤땅이 자꾸 나요

뒤땅이 나는 이유는 몇 가지 소개했다. 오늘은 잘못된 연습 습관을 지적하기보다 조금 더 근본적인 원인을 살펴보자.

질문 있겠다. 클럽이 공을 히트하는 순간 머리와 어깨가 클럽헤드를 따라 공 쪽으로 숙여져야 하겠는가. 아니면 반대로 하늘로 들려야 하겠는가? 질문의 분위기상 공 쪽으로 숙이는 건 아닌 것 같고, 그렇다면 들려야 한다고? 그럼 헤드업이 되잖나?

눈치 빠른 사람은 '아하!!! 위도 아니고 아래도 아니고, 고정이 되어야지.' 요런 답을 내신 분도 있을 것이다. 근데 문제가 있다. 머리와 어깨를 위아래로 흔들리지 않고 고정하려고 하면 절대 고정을 할 수가 없다.

예를 들어보자.

육상대회에 해머던지기가 있다. 해머 공을 들고 헤머사(?)들이 세 바퀴를 돌며 던질 방향으로 전진을 한다. 해머의 원심력을 유지하기 위해 육중한 몸을 헤머 반대로 기울이는 것을 볼 수 있다.

자. 정답에 가까워져 간다. 그렇다. 다운스윙을 하고 있는 1ton의 헤드가 임팩트 직후에 다시 위로 올라오는 클럽헤드 무게의 원심력을 유지하기 위해서는 임팩트 직전 반대로 상체가 벌써 세워지고 있어야 한다. 가슴을 중심으로, 가슴 위인 어깨와 머리가 들려야지만 가슴 아래

부분인 팔과 손과 클럽이 가슴을 중심으로 쉐에엑 돌아간다.

무슨 의미인지 이해하겠는가? 머리와 어깨를 고정하려고 하니 클럽헤드에 끌려가버린다. 1cm 끌려가면 5cm 뒤땅이 나온다. 민감하다. 타이거 우즈, 미쉘 위 스윙을 슬로우로 봐라. 임팩트 순간 어깨와 머리가 숙여지는지 들리는지, 완전히 들린다. 그리고 이 엄청난 힘의 부담은 온전히 왼쪽 다리가 떠 안는다. 그래서 하체가 튼튼해야 스윙의 파워가 난다고 하는 것이다.

박세리 선수의 파워는 하체다. 폴라 크리머와 나탈리 걸비스의 스윙은 따라하지 마라. 허리 나간다. 이 선수들은 스윙 때문에 선수 수명이 짧을 것이라고 해설자가 매서운 지적을 한 적이 있다.

여자 골퍼에게 추천할 만한 스윙이 있다. 한번 맞춰보라. 그녀는 오리지널 여제(여자 황제)이며 스윙 또한 여제의 스윙이다. 힘을 들이지도 않고 공도 멀리 나가고, 정확하고, 스윙이 일정하고, 그래서 더 이상 배워야 할 스윙이 없어서, 재미가 없어져서 은퇴해버린 유일한 여자 골퍼 되겠다. 바로, 아니카 소렌스탐이 그 주인공이다.

그녀의 스윙을 반복해서 보게 되면 참 쉽게 스윙하는 것을 느낄 것이다. 그렇다. 스윙을 좀 더 쉽게 하자. 온갖 똥폼 다 버리고 편안하게 부드럽게 스윙을 해보면 스윙이 그렇게 어렵지만은 않다는 것을 느낄 수 있다. 누가 지적해준 그 어떤 것만 머리에 가득 채우고 스윙을 하니 자연스러운 스윙이 되겠는가, 안되겠는가. 공을 맞추려고 덤비게 되면 절대 뒤땅을 피할 수가 없다. 그냥 스윙을 해버리는 거다. 쿨하게!!

뒤땅을 방지하는 스윙은 다음에 또 살펴보자.

제 2 장

6개월 만에 싱글 골퍼로 가는 길

2라운드

코킹과 스윙 궤도의 원리에 대해 알아보자.

코킹은 그림의 첫 장면처럼 위로 들어서 아래로 내리치는 동작이다. 혹자는 이런 동작을 도끼질이라고 한다. 맞다.

이러한 위아래로의 도끼 찍기 동작은 옆으로 돌려서도 똑같다. 즉 위아래로의 스윙은 팔이 맡는다.

그림처럼 인위적으로 손목을 꺾지 않는다. 좌우로의 스윙은 무릎과 골반이 맡는다. 위 그림처럼 옆으로 돌리는 동작을 하더라도 팔은 그대로 아래로 향해있다. 이때 어드레스에서처럼 도끼질을 한다. 이 도끼질 동작과 좌우 회전 동작이 만나서 스윙이 되는 것이다. 팔을 좌우로 흔들지 않는다. 아주 중요하다. 팔은 어디까지나 위아래로만 움직인다.

구분 동작을 보자면 첫째, 우측으로 그냥 회전한다. 둘째, 손과 클럽을 든다. 셋째, 손과 클럽을 내리면서 왼쪽으로 턴한다.

이해하겠는가? 이 원리는 아주 중요하다. 실제 이렇게 스윙해야 한다. 즉, 백스윙할 때 팔을 먼저 번쩍 드는 게 아니고 우측으로 회전부터 한다는 것이다. 연속동작이라서 회전하는 동시에 팔을 드는 것처럼 보여서 그렇지 절대 팔을 먼저 들면 안 되는 이유가 바로 이러한 원리가 숨어 있기 때문이다.

몸과 클럽을 연결해주는 단 하나의 신체가 바로 손이다. 이 중요한 손을 어떻게 쥐느냐에 따라 스윙이 엄청 달라진다. 오늘은 그립을 어떻게 쥐어야 하느냐를 알아보기보다는 이렇게 저렇게 쥔 그립을 어떻게 사용해야 되느냐, 그것이 나와 맞는가에 포커스를 두도록 하겠다.

"그립을 어떠어떠하게 잡아야 공이 똑바로 갈 겁니다."라고 지적하는 분들의 대부분은 잘 몰라서 하는 말이다. "그립을 스트롱으로 잡아야 슬라이스가 방지되오." 이 말이 틀렸다는 얘기다. 위크그립 잡은 사람도 훅만 잘 난다. 무슨 말인지 알 것이다. 공의 방향성과 공의 구질은 다르다.

프로들 중에 갑자기 슬라이스가 난다고 해도 그립을 스트롱으로 바꿔서 치는 프로는 없다. 구질을 바꾸기 위해 스윙 궤도를 바꾸어서 치면 쳤지, 그립을 바꾸는 모험수는 두지 않는다. 결론을 말하자면, 그립도 스윙의 일부분일 뿐이다. 스트롱으로 잡거나 위크그립으로 잡아도 스윙을 다르게 하면 공은 똑같은 방향으로 간다.

손으로 잡고 있는 상태가 바로 그립이다. 잘된 그립, 잘못된 그립이 있는 것이 아니고, 편의상 이런 저런 그립이 이런 스윙하기에 좋다. 아닌 사람도 있고…. 뭐 이런 정도다. 그렇다면 이 그립을 어떻게 활용해야 하는지가 중요하다.

공의 구질을 변경하기 위해 그립을 바꾸는 게 아니라, 인아웃, 아웃인 스윙에 따라 구질이 바뀐다. 그립을 조절해서 최대한 부드럽고 매끄러운 스윙이 되게 하기 위해 어떤 그립이 도움이 되느냐에 따라 그립이 정해져야 한다.

사람의 신체는 참 정밀하게 설계되었다. 팔 길이도 딱 맞다. 너무 길지도 않고 너무 짧지도 않고 적당하게 길다. 하지만 골프 클럽을 손으로 쥐는 순간 갑자기 팔이 길어져 버린 결과가 벌어진다.

여기서 잠깐, 잘못된 습관 하나 지적하자. 흔히 팔과 클럽이 일체감을 가지도록 많이들 지적한다. 클럽은 클럽이고 팔은 팔이다. 클럽이 팔의 연장으로 되어버리면 어떤 결론이 나느냐 하면, 가게 앞에 왔다 갔다 흔들리는 키다리 인형 아저씨를 가끔 볼 것이다. 밑에서 바람을 넣어 주면 똑바로 섰다가 바람을 빼면 넘어지고…. 그 키다리 아저씨를 자세히 보면 팔이 언밸런스하게 길다. 그 결과가 어떤가, 지 멋대로 꺾인다. 지극히 잘 맞추어진 팔 길이를 강제로 늘이면 이런 결과가 나온다.

코킹이 전혀 없이 스윙을 하면 저 키다리 아저씨 팔과 같은 결과가 나온다. 코킹을 해서 늘어진 팔을 줄이는 것이다. 이 긴팔을 다이내믹하게 휘두르려면 어떻게 해야 하겠는가? 출발은 천천히 해서 점점 가속도를 붙여야 한다. 그래야 코킹이 자연스럽게 된다.

'당연한 거 아닌가?' 이렇게 생각하시는 골퍼 분들 많다. 하지만 이게 잘 안 된다. 우사인 볼트도 부정 출발로 한 방에 훅 가지 않았는가. 스윙의 시작(테이크어웨이)을 제발 천천히 하기를 바란다. 그러면 점점 가속도가 붙어서 임팩트 순간에는 모든 힘을 폭발시킬 수 있게 된다.

바로 이때 제일 편한 그립이 바로 그대의 그립이다. 무리하게 손목이 꺾여서 부담이 된다거나, 클럽이 너무 쳐져서 그립감이 없다거나 하면 편안한 그립으로 바꿔야 한다. 어떻게 바꾸느냐고? 다 쳐보면 된다.

프로들이 레슨 초기에 "몇 번 스윙해보세요." 하는 건 그립이 스윙과 맞나 점검하는 것도 한 이유다. 스트롱 그립을 잡았다고 해서 그립을 세게 잡으라는 뜻이 절대 아님을 이해해야 한다.

P.S. 혹시나 해서 노파심으로 적는다. 편안한 그립으로 바꾸었는데 구질이나 방향이 틀어진 분들은 공의 위치를 조정하기 바란다. 죽었다 깨어나도 드라이버는 왼발 뒤꿈치 안쪽에 공을 두어야 된다고 고집하시는 분들이 있을 듯해서 적어둔다.

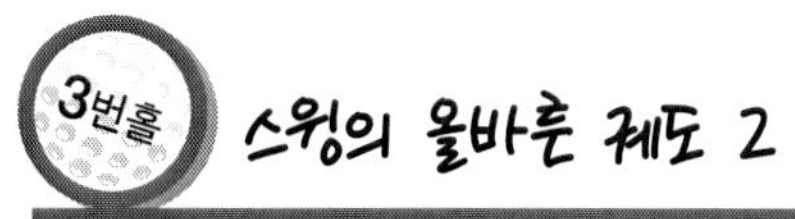

스윙의 올바른 궤도 두 번째 시간이다.

첫 번째 시간에는 위아래로의 스윙을 강조한 바 있다. 위아래 스윙을 하게 되면 헤드가 자연스럽게 가속도가 붙어 헤드 무게를 느끼게 되어 볼이 자연스럽게 로프트 각도에 따라 뜨게 되어 방향성과 구질이 일정하게 된다.

오늘은 위아래 스윙의 장점을 최대한 살릴 수 있는 연습 방법에 대해 알아보기로 하자.

첫째, 어드레스 자세에서 허리를 곧게 펴야 한다. 이 말은 허리를 앞으로 기울이지 말라는 얘기가 아니다. 앞으로 기울이더라도 허리가 휘어지지 말아야 한다는 얘기다. 허리가 구부러지면 회전의 중심이 흔들리게 되고, 중심을 잡기 위해 상체에 불필요한 힘이 들어가게 된다. 허리를 곧게 펴는 방법은 처음 어드레스 자세를 취하기 전에 차렷 자세를 먼저 취한 뒤에 허리를 고정한 채 엉덩이만 뒤로 빼서 상체를 앞으로 기울이면 된다. 처음 하다 보면 허리가 뒤로 꺾인 것만 같이 느껴질 수도 있다. 하지만 이 자세가 바로 올바른 자세이다.

위아래 스윙을 하기 위해서는 중심이 되는 허리가 절대 꺾여서는 안 되기 때문에 아주 중요한 자세라고 할 수 있다.

둘째, 팔을 아래로 곧게 펴고 아래에서 흔들어라. 아이언이든 드라이버든 정확한 임팩트를 위해서는 볼을 히트하는 순간에 올바른 자세가 중요하다. 어드레스 때 팔과 손이 부드럽게 아래로 늘어져 있는 데 반해 임팩트 시에는 손과 팔이 몸과 떨어지는 경향이 많다. 이렇게 되면 정확한 어드레스를 한 보람이 전혀 없다.

아이언과 드라이버로 연습 스윙하기 전, 백스윙과 팔로우를 45도 정도만 해서 아래에서 대여섯 번 흔들어서 스윙을 해보기를 권한다. 실제 TV에서 프로들도 자주 하는 동작이다. 연습장에서 매 샷 이렇게 스윙을 하다 보면 위아래 스윙이 자연스럽게 연습이 되고 헤드 무게를 느낄 수 있다. 또한 과한 백스윙도 예방할 수 있다. 과도한 백스윙은 자체로도 불안하지만, 전체적인 몸의 밸런스에도 치명적인 악영향을 주는 경우가 많다.

45도 백스윙(팔이 그렇다는 거다. 헤드는 코킹에 의해 90도 이상 꺾인다.)을 자주 연습하다 보면 불필요한 힘을 쓰지 않고 자연스럽게 가속도를 느끼는 연습이 되기 때문에 스윙 밸런스 잡는 데는 최고의 연습 방법이라고 볼 수 있다. 이때 주의할 점은 체중 이동이 자연스럽게 동반이 되어야 한다는 것이다. 45도 스윙이라고 해서 스윙 속도를 빨리해서도 안 된다. 풀샷 했을 때 걸리는 시간과 동일해야 한다.

그림 설명: 1번이 위아래 스윙임

45도 스윙이 충분히 되었을 때 백스윙 각도를 점점 높여서 스윙을 하게 되면 내 몸에 맞는 릴리스 타이밍을 자연스럽게 잡을 수 있을 것이다. 릴리스 타이밍을 놓치게 되는 가장 큰 이유는 스윙에 여유가 없기 때문이다. 이러한 연습으로 인해 스윙의 여유가 생기기 때문에 자신이 미처 깨닫지 못한 나의 스윙을 스스로 분석할 수 있게 도와주게 되는 것이다

절대 하지 말아야 할 습관 1

퍼팅할 때 프로나 동료들이 무수히 언급했던 말이 있을 것이다. 절대 홀에 넣으려는 욕심을 가지면 안 된다는 것이다. 무수히 언급할 수밖에 없는 것이 이게 잘 안되기 때문이다. 필드에서는 더더욱 그러하다. 홀 3m 이내에 붙일 기회가 잘 없는 초보 골퍼에게는 얼마 만에 찾아온 버디 기회인데 반드시 넣고 싶을 것이다. 이때 한마디 한다. "1m 이내에 붙인다는 느낌으로 치세요." 그러나 이러한 나의 주의는 허무하게도 쓸모가 없어진다. 홀을 2m 지나버리고 파 퍼트마저 놓치면서 오랜만에 찾아온 버디 기회가 보기가 되어버린다.

"붙이라니까 왜 넣으려고 하셨어요?" 물어보면 꼭 이런 말을 한다.

"그냥 붙이려고만 했어요. 진짜예요."

그렇다면 나는 무슨 근거로 그 골퍼 분이 볼을 홀에 넣으려고 스트로크했다고 생각할까.

홀에 넣으려는 욕심을 가진 골퍼의 행동들을 보면,

첫째, 스트로크 한 다음 바로 헤드업이 된다.

둘째, 볼이 그린을 구르고 있는 동안 앞걸음, 뒷걸음질을 하거나 허리를 배배 꼰다. 흔히 하는 말로 몸을 쓴다.

셋째, 아깝게 홀을 놓쳤을 때 폴짝폴짝 뛰기도 하고, 아이 씨, 아…,

등등 탄식이 나온다.

넷째, 자기도 모르게 스트로크에 힘이 들어가서 항상 홀을 지나치게 된다.

위 골퍼 분은 이 네 가지를 동시 다발적으로 하고 있었다. 그러니 절대 홀에 붙이려고 하지 않고 욕심을 부렸다는 것이다.

퍼팅한 볼이 제일 많이 휘어지게 되는 지점은 속도가 제일 느린 홀 근처이다. 붙이려고 하는 스트로크는 홀 근처 휨새(브레이크)를 이용하는 스트로크가 되어야 하는 것이다.

초보 골퍼라면 반드시 지켜야 할 기본 습관이 바로 볼이 홀 가까이 붙었다고 해서 절대 넣으려고 해서는 안 된다는 것이다. 하물며, 1m가 남은 상황이라도 넣으려고 하지 말고 50cm 안에 붙여서 컨시드를 받도록 쳐야 한다. 그런 마음가짐이어야 한다.

그런고로, 연습장에서 6m 퍼팅 연습을 할 동안에도 10개 중 몇 개를 넣느냐가 중요한 게 아니라, 10개 중 1m 이상 벗어나는 볼이 없도록 연습을 해야 한다. 6m 이상 거리에서 퍼팅이 들어가면 그것은 운이라고 봐야 한다. 운이 없다고 한탄만 할 게 아니라 당연히 운이 없는 게 정상이라는 마음가짐이어야 한다. 동반자는 운으로 들어갔는데 자기만 안 들어간다고 신경질내면 되겠는가 안 되겠는가.

안 들어갔다고 쌍욕이 나올 뻔한 위 사건의 올바른 퍼팅 시나리오는 이런 것이어야 했다.

나: 연습하신 대로 그냥 1m 이내에 붙인다는 기분으로 스트로크 하세요.

초보 골퍼: 네, 프로님. 그럴게요.

부드러운 스트로크 후,

초보 골퍼: 프로님! 붙였어요. 감사해요.

나: 와!!! 축하해요. 컨시드 드릴게요. 오랜만에 파 잡으셨네요.

이게 정상이다. 이해가 되는가. 1m 안에만 붙이겠다는 마음으로 스트로크 해서, 뜻대로 붙였으면 감사하게 생각하고 축하해야 할 일이다. 운 나쁘게 못 넣은 게 아니라 의도대로 잘 붙인 것이다.

기분 좋은 라운딩을 즐길 줄 아는 골퍼는 이렇듯 매 샷마다 기본을 충실히 따라서 정성껏 스윙을 하고 난 후 하늘의 뜻을 기다릴 줄 아는 지혜를 가져야 한다.

흔히, 짧은 퍼팅할 때는 홀 뒷면에 부딪히게 쳐야 한다. 지나가지 않으면 절대 홀에 넣을 수 없다. 이런 말들을 한다.

그렇다면 나는 왜 그에 반해 극단적이라면 극단적인 한 가지를 강조해서 글을 쓰는 것일까. 모든 현상이 그러하듯이 장점이 있으면 항상 단점이 숨어있기 마련이다. 이 책의 의도, 즉 6개월 안에 싱글이 되기 위해서는 기본을 먼저 익히는 데 중점을 두고 있기 때문이다. 기본만 지켜도 싱글이 될 수 있기 때문이며, 기본을 익히면 좀 더 빨리 싱글이 될 가능성이 높아질 뿐더러 싱글 이후에 지속적인 실력 향상에 도움이 되기 때문이다. 그래서 규칙을 정해서 그 규칙을 따라 스윙을 배워 나가는 것이다.

이래 쳐도 되고 저래 쳐도 되고, 장점도 있고 단점도 있고, 이런 규칙은 규칙이 아니다. 이 글을 쓰는 의도는 '이런저런 이론적인 장단점이 있으니 각자 알아서 치세요'가 아니라 반드시 짚고 넘어가야 할 점, 필수적인 요소를 뽑아서 적용을 시켜야 할 필요가 있는 점을 중점적으로 짚어보자는 것이다.

언젠가 얘기했다. 원칙대로 안 쳐도 공은 맞아나간다. 하지만 원칙을 정해서 원칙대로 치면 항상 같은 샷을 할 확률이 높아지면서 나의 스윙이 만들어진다. 이 노력은 끊임없이 이어져야 한다. 타이거우즈와 최경주 선수조차도 아직까지 그들만의 스윙을 만들고 있지 않은가.

최경주 선수가 위대한 이유는 자기에게 맞는 스윙을 3년 만에 찾아서 플레이어스 챔피언십에서 10억을 벌어서가 아니다. 좀 더 나은 스윙을 찾기 위해서 이제까지의 업적을 가져다 준 천금 같은 자기 스윙을 과감히 버릴 줄 아는 용기가 있었기에 그는 위대하다. 설사 그게 실패하더라도 나는 그에게 아낌없는 박수를 보낼 것이다.

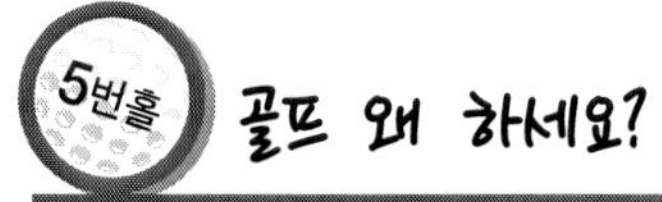

5번홀 골프 왜 하세요?

도대체가 우스운 것이 골프라는 운동이다.

가만히 생각해 보니 정말 기도 안 차는 것이다.

운동 같지도 않은 것이 하고 나면 즐겁기를 하나.

친구 간에 우정이 돈독해지기를 하나.

열은 열대로 받고,

시간은 시간대로 날아가고,

돈은 돈대로 들고 하니 말이다.

어디 그뿐이랴.

공 한 개 값이면 자장면 곱빼기가 한 그릇인데,

물에 빠뜨려도 의연한 체 허허 웃어야지.

인상 쓰면 인간성 의심 받기 마련이고,

자장면 한 그릇을 물에 쏟아놓고 웃어봐라.

아마 미친놈이라고 할 것이다.

그리고 원수 같은 골프채는 무슨 금딱지를 붙여놨는지 우라지게 비싸지,

드라이버랍시고 작대기 하나가 33인치 평면칼라 TV 값과 맞먹고.

비밀병기랍시고 몇 십만 원짜리를 오늘 좋다고 사놓으면

내일은 구형이라고 새 거로 사야지.

풀밭 좀 걸었다고 드는 돈이 쌀 한 가마니에다가

그나마 한 번 치려면 실력자나 명사를 동원해야 부킹이 되고.

노는 산 깎아 골프장 만들어도 좁은 땅에 만든다고 욕먹고,

나무 심고 잔디 키워놔도 농약 친다 욕먹고,

여름이라서 햇빛을 피할 수 있나,

겨울이라고 누가 따스하게 손을 잡아 주나,

땡볕에 눈보라는 고사하고,

제대한 지가 언제인데 툭하면 산등성이에서 각개전투,

물만 보면 피해 다녀야 하고,

공이 갈 만한 자리는 무슨 심술로 모래 웅덩이를 파놓고,

홀은 꼭 처녀 엉덩이 꼭대기 같은 데에다 콧구멍만 하게 뚫어 놓았
으니

잘 맞으면 일 안 하고 공만 쳤다고 욕먹고,

안 맞으면 운동신경이 없다고 욕먹고,

퍼팅이 쏙 들어가면 돈독 올랐다고 욕먹고,

못 넣으면 소신 없다고 욕먹고,

길면 쓸 데 없이 힘쓴다고 욕먹고,

짧으면 쫄았다고 욕먹고,

돈 몇 푼 따면 곱빼기로 밥 사야 하고,

돈 잃으면 밥 안 사주나 눈치 봐야 하고,

안 맞아서 채라도 한번 집어 던지면 상종 못할 인간으로 찍히고,

신중하게 치면 늦장 플레이라고 욕먹고,

빨리 치면 촐싹댄다고 욕먹고,

화려하게 옷 입으면 날라리냐고 욕먹고,

점잖게 입으면 초상집 왔냐고 욕먹고,

인물 좋으면서 잘 치면 제비 같은 놈이라고 욕먹고,

인물 나쁘면서 잘 치면 그거라도 잘해야지 하며 비아냥거리고,

인물 나쁘면서 공도 못 치면 뭐 하나 제대로 하는 게 없다고 욕먹고,

농담하면 까분다고 욕먹고,

진지하면 열 받았냐며 욕먹고,

도우미 언니하고 농담하면 시시덕댄다고 욕먹고,

농담하지 않으면 분위기 망친다고 욕먹고,

싱글하면 사업하는 놈이 공만 친다고 욕먹고,

싱글 못하면 그 머리로 무슨 사업이냐고 욕먹고,

새 채 사서 잘 치면 돈이 썩어난다고 욕하고,

새 채 안 사면 죽을 때 돈을 싸 가지고 갈 거냐고 욕먹고,

바이어가 공 치자 해서 채를 들고 나가려면 세관에 신고해야 하고,

그나마 몇 번 하고 나면 세무조사 한다고 겁주고,

선물로 받은 채 들고 들어오면 무슨 밀수꾼처럼 째려보고,

새벽 골프 나가면 그렇게 공부를 좀 하지 하고 욕먹고,

남녀 어울리면 바람났다고 욕먹고,

남자끼리 치면 호모 놈들이라고 욕먹고,

이글, 홀인원 한 번 하면 축하는 못할망정 눈들이 퍼래서 뜯어먹고,

잘 쳐도, 못 쳐도, 자주 쳐도, 안 쳐도, 새 채로 쳐도,

헌 채로 쳐도, 새벽에 쳐도, 낮에 쳐도, 비 올 때 쳐도, 눈 올 때 쳐도,

날 좋은 날 쳐도, 조용히 쳐도, 시끄럽게 쳐도, 천천히 쳐도,

빨리 쳐도, 멀리 쳐도, 짧게 쳐도, 돈 내고 쳐도, 접대 받고 쳐도,

우짜든지 욕을 먹게 되어 있는 이런 빌어먹을 골프를 왜 하느냐 이 말이다.

정말 공 치는 사람들이 전부 제정신이란 말인가?

곰곰이 생각을 해봤는데 욕먹기도 지쳤고, 돈 쓰기도 아깝고 등의 이유로 이제 골프를 확 끊어 버리는 것이다.

이제부터 골프채를 만지지도 않을 것이다.

요다음에 칠 때까지만.

- 인터넷 좋은 글에서 옮김 -

절대 하지 말아야 할 습관 2

　드라이버는 힘으로 치는 게 아니다. 이해하기 힘들 수도 있고, 행동으로 옮기기도 참 어렵겠지만, 드라이버처럼 긴 클럽일수록 가장 부드럽게 스윙해야 한다. 그 다음은 우드, 그 다음은 아이언 순이다. 즉, 드라이버는 가장 부드러운 악력으로 그립을 잡아야 한다. 퍼터는 가장 강하게 잡아야 한다.

　드라이버를 부드러운 그립으로 스윙했을 때의 장점은 엄청나다. 한번 보자.

　첫째, 헤드 무게를 느낄 수 있다. 헤드 무게를 느끼게 되면 좋은 장점들은 이루 말할 수 없이 많다. 생략하고….

　둘째, 스윙을 하기 위해 자연스럽게 온몸을 이용할 수가 있다. 손에 힘을 주면 자연히 팔에, 어깨에, 상체에 힘이 들어가게 된다. 손에 힘을 빼면 스윙할 수 있는 힘의 원천이 하체로 가게 되어 다이내믹한 스윙이 자연스럽게 만들어진다.

　셋째, 릴리스가 자동으로 된다. 손목이 무리 없이 하체와 더불어 돌아가게 된다.

　넷째, 가장 중요한 위아래 스윙이 된다. 회전의 가속도를 자연스럽게 낼 수 있기 위해서는 헤드의 무게를 이용한 위아래 스윙을 할 수밖에 없게 된다. 그리하여 임팩트 순간 가속도의 정점을 느끼게 되어 방향성에 엄청 도움이 된다.

위 장점들은 모두 잊어도 된다. 단지 연습 스윙할 때만이라도 드라이버 그립을 아주 부드럽게 잡아라. 그리고 60%의 힘으로만 스윙을 하길 바란다. TV에 보면 프로 골퍼가 샷을 하기 전 연습 스윙을 할 때 60%의 힘만 쓴다. 초보같이 잔디를 팍팍 파버리는 연습 스윙을 하지 않는다는 것이다. 그리고 실제 스윙할 때는 80%의 힘을 쓴다.

그럼 100%의 힘은 언제 쓸까? 쓸 일이 없다. 80%의 힘만 써도 95%의 거리를 낼 수 있는데 뭐 하러 100%의 힘을 쓰겠는가. 하물며 방향성은 두세 배 좋아진다.

드라이버를 부드럽게 스윙할 수 있게 되면 나머지 클럽들의 스윙도 자연스럽게 좋아진다. 하체의 회전을 이용하여 부드러운 드라이버 샷을 구사해보도록 하자. 기대한 것보다 훨씬 좋은 결과를 얻을 수 있으니 당장 실행해보자.

연습 스윙 없이는 굿샷도 없다.

1번 홀 티샷을 한 초보 골퍼가 헉헉거리며 세컨샷을 위해 볼 위치로 걸어가고 있다. 슬라이스가 나서 공은 페어웨이 우측 언덕에 걸려 있다. 거친 호흡을 진정시키고 스윙 연습을 하려는 찰나 동료들이 모두들 나만 보고 있다. 거리가 제일 적게 나온 까닭에 먼저 쳐야만 한다.

보통은 연습 스윙을 세 번 정도 하는데, 미안한 마음이 들어 대충 서둘러 한 번 스윙하고 바로 샷을 했다. 결과는? 심한 뒤땅이 나서 10m 밖에 못나갔다. 얼른 뛰어가서 다시 샷 준비를 한다. 동료들은 아직도 정지 상태로 그의 샷을 기다리고 있다. '아, 쪽팔려' 이쯤 되면 멘붕 상태가 된다.

순간, 등 뒤에서 친구의 음성이 들린다.

"ㅇㅇ야, 연습 스윙 세 번하고 천천히 쳐라."

'그렇지. 연습 스윙을 해야지.'

친구의 한마디가 참 고맙다. 임의의 위치에 볼이 있다고 설정하고 연습 스윙에 들어간다.

첫 번째 스윙, 빗나갔다. 바쁘게 왔으니까, 호흡이 거칠었다. 미스.

두 번째 스윙, 어깨에 힘이 들어갔다. 미스.

세 번째 스윙, 체중 이동이 매끄럽지 못하다. 미스.

네 번째 스윙, 이제 좀 부드러워진 것 같다.

그리고 실제로 샷을 했다. 경쾌한 타구음을 내며 '피~잉' 날아가는 공. 온그린이다.

뭔가 느낌이 오는가? 그렇다. 천하의 타이거우즈도 연습 스윙 없이는 제대로 된 스윙을 할 수 없다. 바쁘다고 연습 스윙 없이 샷을 하는 것은 골프에 대한 예의가 아니며, 준비운동 없이 물로 뛰어드는 것만큼이나 위험하다.

연습 스윙 네 번 하는 데 걸리는 시간은 대략 15초다. 하지만, 미스샷을 해서 다시 샷하는 데 걸리는 시간은 최소 30초 이상이다. 이것이야말로 예의에 어긋나는 행동인 것이다.

TV에 나오는 프로들이 연습 스윙을 몇 번 하는지 유심히 보면, 드라이버는 평균 2회 이상, 아이언샷은 3번, 칩샷은 4번, 퍼터는 5번. 그리고 나서 웨글을 하고, 홀 한 번 쳐다보고, 다시 웨글을 하고, 그리고 친다. 짧은 클럽, 짧은 거리일수록 연습 스윙은 많아진다. 항상 프리샷 루틴에 의해서 샷을 한다는 것이다.

연습 스윙을 하려고 해도 기다리는 동반자들에게 미안한 마음에 서둘러 샷을 하는 골퍼 분들이 참 많다. 드라이버는 T박스에서 순서대로 치기 때문에 조용히 지켜보아야 한다. 하지만 그 외에는 공 앞에 미리 가서 충분한 연습 스윙을 해주어야 한다. 괜히 남들 치는 거 다 구경하고 '굿 샷'만 외치지 말고, 그 시간에 연습 스윙을 했으면 한다.

흔히들 스윙하자마자 굿 샷을 외치는 분들이 많다. 원래 그 '굿 샷'은 공이 떨어질 지점이 확실히 정해지는 순간에 해야 한다. 그렇지 않으면 '굿 샷' 하고 나서 OB가 나버리는 어처구니없는 현상이 생기는 것이다.

세컨샷부터는 홀에서 멀리 떨어진 골퍼가 먼저 스윙을 해야 하는 것이 룰이지만 꼭 그걸 지켜야하는 것이 아니므로 준비가 먼저 된 골퍼가 먼저 치면 되는 것이다. 절대 예의에 어긋난 행동이 아니다. 멀리 떨어진 공 쪽으로 걸어가고 있는 동료를 멍하니 지켜보면서 시간을 허비하는 것이 오히려 예의에 어긋나는 것이다. 군대에서도 배우지 않았나. '준비된 사수로부터… 사로 발'

칩샷이든 퍼트든 준비된 골프로부터 먼저 샷을 하는 것은 절대 예의에 어긋나는 것이 아니며, 샷을 하는 동료에게 피해가 없다면 연습 스윙을 계속 하고 있어도 된다는 것이다.

프로 경기에서도 자주 나온다. 트러블에 빠져 심판을 기다리는 동반자보다 먼저 치는 경우, 상대가 퍼팅하는 동안 뒤에서 퍼팅 연습을 하는 경우, 짧게 남은 거리를 먼저 홀아웃하는 경우 등등. 이렇듯, 낭비하는 시간을 줄여서 연습 스윙 할 수 있는 시간을 많이 가져야 한다. 그래야지만 '굿 샷'을 기대할 수 있다.

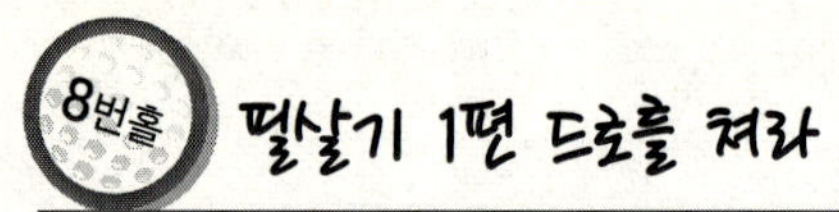

딸살기 1편 드로를 쳐라

왜 페이드가 아니라 드로를 쳐야 할까?

대부분의 초보 골퍼들은 어떻게 칠까? 한마디로 몸 가는 대로 마음대로 휘두른다. 몸의 구조상 그냥 휘두르면 엎어 치게 되어 있다. 엎어 치는 스윙을 고집을 하면서 제대로 공을 보내려고 하니, 그때그때 긴급 처방전만 내 놓을 수밖에 없는 것이 레슨이 되어버리는 경우가 많다.

드로를 연습하는 것은 골프 감기에 걸린 환자에게 긴급 처방전을 내놓는 대신, 감기에 걸리지 않도록 건강한 습관을 가지게 하여 강인한 신체를 만들어 감기가 접근을 못하도록 만드는 과정과 견줄 수 있다 하겠다.

몇 년 전, 최경주 선수의 인터뷰가 생각난다. PGA의 딱딱한 그린을 공략하려고 하니 드로볼은 멈추지를 않아서 페이드를 주로 친다고 했다. 전문가는 아니지만 '드로볼로 멈추게 하는 방법을 연구하는 대신 페이드로 멈추려고 하는구나. 어려운 결단을 했구나.' 생각했다. 왜 이런 생각을 했을까? 대부분의 PGA 프로들은 드로를 치고 있고, 그들의 공은 그린에서 그림같이 백스핀이 걸리면서 잘 멈추고 있었다.

최 선수가 페이드 샷을 할 때마다 나는 불안에 떨어야 했다. 페이드가 잘 걸리지 않아 그린을 미스하는 경우도 많았고, 너무 깎여서 짧게 떨어지는 경우가 참 많았기 때문이다. 하지만 타고난 감각이 있어서 여러 대회에서 좋은 성적을 거두고 있을 무렵, 갑자기 스윙을 교정하고 있다고 했다. 나는 속으로 '제발 드로로 다시 돌아가 주세요.' 빌었다.

우여곡절 끝에 3년 만에 돌아온 최 선수의 올해 초 경기를 보면서 경악했다. '드디어 드로를 장착했구나.'

결과는? 제5의 메이저대회라 불리는 플레이어스 챔피언십 우승, 상금 천만 달러 페덱스 컵을 아깝게 놓치는 결과를 가져왔다. 최 선수 본인도 인터뷰에서 드로볼 구사를 전보다 많이 한다고 했다. 그리고 페이드를 치더라도 이전보다 스윙이 드로에 가깝다는 것을 느꼈다.

페이드샷과 드로샷을 기술적인 분석이 아닌 신체의 리듬 구조로 비교해보면, 페이드는 깎아치고 드로는 밀어치고, 페이드는 히트하고 드로는 스윙하고, 페이드는 상체를 쓰고 드로는 하체를 쓰고, 페이드는 공을 히트하는 순간까지 스윙에 신경을 써야 하고, 드로는 만들어진 리듬으로 그냥 스윙만 하면 된다.

이건 어디까지나 아마 골퍼에 한한다. 프로의 페이드는 이것과는 좀 다르다. 최 선수가 드로를 못 쳐서 안 치는 게 아니라는 얘기다. 어떤 스윙이 좋은지를 가리자는 것이 아니라, 스윙 리듬을 잡고 볼을 컨트롤하기에 어느 스윙이 적합한가를 살펴보자는 것이다.

단적인 판단일 수 있겠지만, 바깥으로 튕겨져 나가려는 공을 직선으로 만들기 위해서는 헤드가 닫혀야만 한다는 것은 자명한 일이라 하겠다. 여기서 중요한 한 가지.

백스윙 때 헤드를 열어서 스윙하는 과정에서 닫는 게 쉬울까? 아니면, 백스윙 때 아예 닫아서는 그냥 스윙하는 게 쉬울까? 이 글의 핵심이다. 백스윙 때 닫아서 다운스윙 때는 그냥 스윙해라. 이렇게 되면 클럽헤드가 직선 방향으로 수직(스퀘어)이 되는 반경이 아주 커지게 되어 볼이 바깥이나 안쪽으로 갈 수가 없게 된다.

드로를 구사하기 위한 연습 방법을 한번 보자.

퍼팅을 예로 들면, 퍼터로 백스윙 때나 다운스윙할 때나 피니쉬나 클럽헤드는 절대로 열리거나 닫히지 않는다. 8번 아이언을 가지고 퍼팅을 하듯이 스윙하면 된다. 우선, 클럽헤드가 엉덩이 위로 올라오지 않도록 왔다 갔다 스윙을 해보자. 손을 몸에 착 붙이고 밑에서 흔들어주는 느낌이어야 한다. 단, 절대로 클럽헤드가 백스윙 때 열리거나 피니쉬 때 닫히지 않아야 한다. 리듬감을 가지고서 점점 스윙 크기를 크게 하면 된다.

느낌이 어떤가? 이런 느낌일 것이다. 무거운 쇳덩이를 손으로 잡고 좌우로 흔드는 느낌. 손목은 뻣뻣하게 고정이 된 느낌. 손과 팔과 어깨와 가슴이 비틀림 없이 같이 돌아가는 느낌. 그러하니 엉덩이와 무릎, 즉 하체를 돌려줄 수밖에 없을 것이다.

이 느낌을 절대 잊어서는 안 된다. 이런 스윙으로는 절대 오버 백스윙이 나올 수가 없다. 한 가지 주의할 점은 드로를 치기 위해 오른발을 뒤로 뺀다든지, 타깃을 약간 우측으로 스탠스를 서준다든지 해서는 절대로 안 된다. 드로볼을 날리기 위함이 아니라 드로 스윙을 만드는 과정이기 때문이다.

이런 스윙을 일주일만 신경을 써서 연습해보자. 처음에는 느낌이 참 희한할 것이다. 하지만 단언하건대 일주일이 지나면 몸에 익숙해져서 완전히 달라진 스윙 메커니즘을 이해하게 될 것이다. 그리고 나서 PGA 선수들의 스윙을 자세히 보라. 세상에나! 전부 이렇게 스윙하고 있다는 것을 알 수 있을 것이다.

드라이버 슬라이스 방지를 위해서 저번에 언급한 적이 있다. 평생 동안 한 번도 슬라이스를 내지 않겠다는 각오로 스윙해야 한다고 말이다. 오늘 지적한 드로 스윙이 해답 되겠다.

9번홀 골프 매너

지켜줬으면 하는 골프 매너를 알아보자. 지켜주는 것이 미덕이 되는 매너는 어떤 것이 있는지 살펴보고 실행해보자. 결심만 하면 단번에 할 수 있는 것들이다.

T박스에서 동반자가 어드레스에 들어갔을 때는 절대 소음을 내서는 안 된다. 옆 사람과 잡담을 해서도 안 되고, 담배에 불을 붙여도 안 된다. 클럽을 집어내서도 안 되고 움직여도 안 된다. 방귀도 안 된다. 살짝 살포하려고 시도라도 하다가는 큰 실수로 이어질 소지가 많다. 눈치를 못 챘겠지 생각하겠지만 정말 못 들었다고 생각하지 마라. 눈 감아 준 거다.

'굿 샷' 나이스 샷을 남발하지 말자.

저번 시간에도 언급했다. '굿 샷'을 외치는 시점은 볼이 떨어지는 지점이 확실히 정해질 때이다. TV에서 골프 경기 때 프로들이 상대 선수가 잘 쳤다고 해서 '굿 샷'을 외치는 걸 본 적이 있는가? 없다. 왜? 상대가 잘 치면 이 시합에서 나는 지게 되어 있다. 그런데도 상대 선수를 응원하는 것은 나를 속이고 있는 것이다.

스윙의 난조를 보이고 있는 동료가 오랜만에 좋은 샷을 하게 될 때, 힘내라는 의미로 응원 차 '굿 샷'을 한다든가, 트러블 상황에서 지혜롭게 극복을 잘 했다든가 할 때 진정을 담아 나지막이 '굿 샷'을 해주기를 바란다.

접대 골프를 하더라도 퍼팅이나 칩샷 등, 상대와 가까이 있을 경우에 한해서 조용히 '굿 샷'을 해주기를 바란다. 30m나 떨어진 동반자의 세컨샷이 잘 맞았다고 등 뒤에서 골프장이 떠나갈 정도로 외치지 말라는 얘기다.

매 홀마다 남은 거리를 캐디에게 묻지 말자.

골프장마다 거리를 표시하는 거리목이 심어져 있거나 거리 표식이 있다. 오늘 핀이 앞 핀인지 뒤 핀인지는 티샷 전에 캐디가 말해준다. 그걸 기준으로 자신이 거리를 산정해야 한다. 매 홀마다 물어보는 골퍼와 도움을 받지 않는 골퍼는 형평성에서도 어긋난다고 볼 수 있다.

퍼팅을 먼저 끝냈으면 상대가 홀아웃 할 때까지 기다려준다.

프로 선수들은 다음 홀로 먼저 가는 경우가 종종 있다. 빠른 경기 진행을 위해 있을 수 있는 경우이다. 하지만 동호인들끼리는 기다려주는 것이 미덕이다. 참고로, 최경주 선수는 절대 먼저 가지 않는다. 최경주 선수는 매너 좋기로 정평이 나있어서 PGA에서도 라운딩을 같이 하고 싶어 하는 선수들이 많다고 한다.

세컨샷을 하기 위해 클럽을 미리 가져갔으면 한다. 그린 주변에서 칩샷을 할 경우에는 퍼터까지 같이 가져가는 것이 좋다. 볼이 놓인 곳까지 다 와서는 캐디에게 몇 번 아이언 가지고 오라고 외치는 비매너 골퍼가 되지 말자. 캐디는 진행을 도와주는 보조원이지 심부름꾼이 아니다.

짧은 퍼팅이 안 들어갔다고 퍼터 받으러 오는 캐디 앞에 퍼터를 집어던져버리는 동반자를 본 적이 있다. 주의를 줬는데도 다음 라운딩에서도 이런 행동을 또 하기에 그 친구와는 아예 의절을 해버렸다.

골프의 매너는 이렇듯 경기 진행을 방해하지 않으면서 상대에게 피해를 주지 않고 열심히 경기에 집중하면 된다. 동반자를 좀 더 배려해주는 마음만 있으면 누구라도 같이 라운딩하기를 원하는 골퍼가 될 수 있을 것이다.

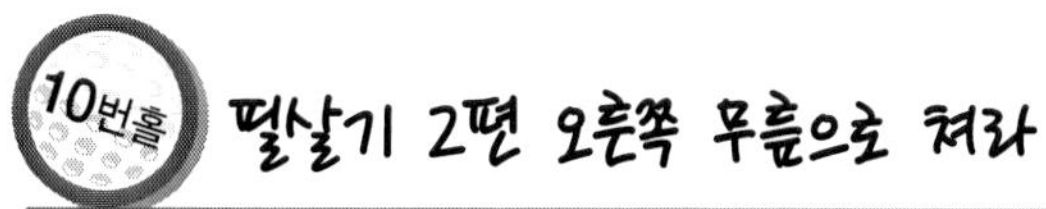

딸살기 2편 오른쪽 무릎으로 쳐라

백스윙 때 오른쪽 무릎을 펴서는 안 된다. 왜냐하면 오른쪽 무릎은 백스윙 때 하체 중심이다. 오른쪽으로 밀려서도 안 되고 들려서도 안 되고 돌아서도 안 된다.

"그렇게 무릎을 고정시키면 하체가 뻣뻣해져서 백스윙을 할 수가 없지 않나요?"

뻣뻣해지거나 백스윙이 방해가 되면 백스윙을 하지 말아야 한다.(으잉?) 오른쪽 무릎이 기울어지거나 흔들릴 정도로 백스윙을 해서는 안 된다는 말이다. 그러고 나서 다운스윙할 때 오른쪽 무릎이 왼쪽 무릎으로 기울어지되, 볼을 치기 전까지 최대한 왼쪽으로 타깃 방향으로 기울어지고 있어야 한다. 단, 무릎이 기울어진다고 오른발바닥을 빨리 떼라는 의미는 아니다.

그렇게 스윙을 몇 번 해보면 어떻게 될까?

자신도 모르게 하체로 스윙을 하고 있는 느낌이 들 것이다.

자신도 모르게 인사이드 아웃이 된다.

자신도 모르게(이하 생략) 볼을 히트하는 느낌보다 스윙을 한다는 느낌이 들 것이다.

피니쉬 자세가 자연스럽게 나온다.

히팅 포인트를 눈으로 볼 수 있다.

고질병인 쌩크가 고쳐진다.

볼을 히트 후 상체가 꼬여지는 것을 느낀다.

오른쪽 무릎을 끝까지 봐야 하기 때문에 볼을 끝까지 보게 되고 헤드업도 당연히 없어진다.

이 모든 것이 왜 갑자기 생길까? 오른쪽 무릎이 스윙에 이토록 도움을 준 걸까? 아니다. 이 모든 것이 바뀐 이유는 스윙할 때의 중심점, 즉, 기준이 생겼기 때문이다. 공을 세게, 정확히 맞추려는 욕심에서 벗어나 몸과 마음에 하나의 스윙 축, 즉 기준이 생겼기 때문이다. 이 기준은 오른쪽 무릎이 되어도 되고 골반이 되어도 되고 턱이 되어도 된다. 굳이 무릎을 기준으로 삼은 것은 눈으로 볼 수 있는 위치에 있기 때문이다.

참고로, 쌩크가 나는 이유는 오른쪽 무릎이 타이밍에 맞지 않게 일찍 앞으로 나오기 때문이다. 다른 이유 없다. 시중에 유통되는(?) 쌩크 이유는 모두 오른쪽 무릎이 앞으로 나오게 하는 원인들인 경우가 많다.

이제부터는 오른쪽 무릎을 타깃 방향으로 기울여 주는 스윙을 구사해 보자. 확신하건대, 스윙의 메커니즘을 조금 더 이해하는 데 큰 도움이 될 것이다.

11번홀 목표를 정해라

그대의 목표는 무엇인가? 6개월 안에 싱글 골퍼가 목표인가? 그렇다면 오늘 연습하는 목표는 무엇인가? 스스로에게 질문해 보라.

"글쎄요. 치다 보면 자연히 실력이 향상되는 게 아닌가요?"

결코 아니다. 목표 없는 막연한 연습은 공 맞히는 능력 향상 외에는 별로 느는 게 없다. 연습장에서의 스윙연습은 공 맞히는 연습을 하는 게 아니다. 잘못된 스윙인 줄 알면서 계속 치면 잘못된 자세로 굳어버리게 만드는 연습일 뿐이다.

오버스윙하는데 어쩌면 좋죠?

헤드가 열려 맞는데 어쩌면 좋죠?

헤드업을 하는데 어쩌면 좋죠?

어드레스가 나쁜데 어쩌면 좋죠?

정답을 벌써 알고 있다. 그러지 않으면 된다.

폐가 나쁜데 어쩌면 좋죠? 담배 끊으면 된다. 끊지 않고 건강해지는 방법은 없나요? 없다.

연습장에 가기 전에 벌써 오늘의 스윙 교정 목표가 정해져야 한다. 클럽을 잡기 전 몸을 풀 때 벌써 목표를 정해야 한다. 데이트하기 전 데이트 코스를 미리 정해야 헤매지 않는 것과 같다.

"뭐 드실래요? 어디 가고 싶으세요?" 이래서는 안 된다는 말이다.

"오랜만에 화창한 가을 날씨네요. ○○공원에 가서 낙엽을 한번 밟아봅시다. 낙엽이 뭐라고 속삭이는지 같이 들어보고 싶네요. 그길로 쭉 가다 보면 분위기도 맛도 깔끔한 가든에서 ○○ 한 그릇 때립시다. 좋죠?"

최소한 이래야 되지 않겠는가 말이다.

연습목표 정하는 데, 데이트코스 정하는 데 1분이면 된다. 그래야 연습도 잘되고 데이트도 즐겁다. 자신의 스윙 단점을 하나하나 고쳐나가려는 마음가짐이 반드시 있어야 6개월 후에 싱글 골퍼로 갈 수 있다고 믿는다.

12번홀 프로의 길

TV 모 프로그램에서 최경주 선수와의 인터뷰를 보았다. 진정한 프로란 과연 무엇일까 궁금해서 쭈욱 지켜봤다. 뭔가 다른 게 있을 것 같았다. 그는 그냥 보통 사람이었다. 그러나 보통 사람과는 다른 무엇이 있었다. 그것은 자신과의 약속을 지키고야 마는 근성이 있었다.

골프의 기본은 과연 무엇인가. 사람의 기본은 과연 무엇인가. 골프의 기본을 지키기도, 사람의 기본을 지키기도 참 어렵다. 하지만 지키고자 한다면, 자신이 세운 기준을 지키고자 노력한다면 그것은 그리 어려운 일이 아닐 수도 있다.

PGA 우승은 어떤 이가 이루기 전까지는 꿈이었다. 메이저리그 1승은 박찬호 선수가 이루어놓기 전에는 근접할 수 없는 하나의 꿈이었다. 그것을 이루기까지의 과정은 우리가 잘 모르는 경우가 많다. 단언하건대, 박찬호 선수는 그 분야의 영웅임에 틀림없다. 박세리 선수도. 최경주 선수도….

등산을 하다 보면 가끔 느끼는 유혹이 있다. 여러 갈래 길 중에 제일 좁은 길, 제일 험난한 길, 이 길을 가보고는 싶지만 대부분은 그 길을 가지 않는다. 가 봐야 뭐 있겠나. 괜히 어려운 길을 가봐야 누가 알아주는 것도 아니고, 한낱 등산길일 뿐인데… 남들 다 하산했는데 나만 골짜기를 헤매고 있지나 않나….

그들은 그들의 삶을 걸고 피곤이 예정된 그 길을 두말없이 걸은 사람들이다. 한 번밖에 없는 인생의 기회를 그들은 그 쉬운 길을 두고 스스로를 험난한 정글의 길에 발을 들여놓은 사람들이다. 믿는 것은 오직 자신의 모험 정신뿐이다. 이것 안 하면 평생 후회할 것 같은 그런 기로에서 그들은 조건 없이 모험을 택한 사람들이다. 그래서 그들은 영웅이 될 충분한 조건이 될 수 있었다.

과연 프로는 무엇일까? 최경주 선수는 골프에서도 인생에서도 프로라는 느낌을 지울 수가 없다.

어드레스의 중요성에 대해 살펴보자.

스윙이 어드레스에서 출발하므로 당연히 중요함과 동시에 스윙의 중심축 역할을 하며, 골프가 밸런스의 운동이라면 그 밸런스의 처음에는 어드레스가 있다고 하겠다.

잘 안 되는 부분을 중점으로 짚어보고자 한다.

양발은 어깨 넓이 간격으로?

되도록 어깨 넓이보다는 좁게 서는 게 부드러운 스윙에 도움이 된다. 양발을 넓게 벌리면 상체로 스윙하게 되는 경우가 많으므로 처음에는 조금 좁게 서서 시작하도록 하자. 처음부터 넓게 벌리는 습관이 드는 것은 스윙을 세게, 빠르게 하기 위해서인 경우가 많다.

양팔은 바닥으로 축 늘어뜨린다. 동네를 누비며 놀다 놀다 지친 꼬마가 어깨를 축 늘어뜨리고 집으로 향하듯이 힘이 빠져야 한다. 이 의미는 양팔을 바닥으로 힘을 줘서 뻗지 않는다는 의미다. 양 팔꿈치를 가볍게 편다는 기분으로 아래로 늘어준다. 단, 절대 수직이어야 한다. 최소한 7번 아이언까지는 절대 앞으로 팔이 나와서는 안 된다는 말이다.

이유는 여러 가지가 있지만 기본적으로 골프는 바닥에 있는 공을 치는 운동이기 때문이다. 그러므로 볼과 몸 사이가 넓어질수록 바닥에 있는 공을 맞추기가 어려워진다. 양손과 골반 사이의 간격이 주먹 한두 개가 들어갈 정도라고 얘기한다. 그 말의 의미는 거의 붙이라는 얘기다. 그러고 나서 그립을 안쪽으로 행주를 짜듯이 오므려 쥐어준다. 그렇게 하면 자연스럽게 팔꿈치도 안으로 모아지게 된다.

단, 이 모든 동작이 무리한 힘을 줘서는 안 되며 최대한 부드러운 동작이어야 한다. 몸의 어떤 곳이든 힘을 주게 되면 스윙 동작에서 자연스러운 가속도가 나지 않는다. 몸이 아닌 클럽헤드가 가속도가 나려면 최대한 부드러워야 한다.

물론 이게 어려운 줄 안다. '힘 빼는 데 3년'이라는 말이 그냥 나온 말이 아닌 줄도 안다. 하지만 처음부터 부드러운 스윙을 염두에 두고 연습하는 골퍼와 그렇지 않은 골퍼는 실력 향상 속도가 다르다. 온몸에 힘을 바짝 주고 3년 동안 연습한 결과 '아, 이게 아니었구나' 깨닫게 된다면 얼마나 허탈하겠는가 말이다.

등허리를 곧게 펴야 한다. 그러기 위해서는 차렷 자세에서 엉덩이만 뒤로 뺀다는 느낌으로 펴주어야 한다. 아무리 펴도 누구 뭐라 할 사람 없으니 펼 수 있는 한 펴야 한다. 그 이유는? 그래야 겨드랑이와 가슴이 착 밀착이 되어 공을 칠 때 강하게 칠 수 있는 근간이 되기 때문이다. 머리 뒷부분과 등과 엉덩이가 일직선이 된 상태에서는 공을 보는 시선이 자연스럽게 내리깔아 볼 수밖에 없다. 볼을 쳐다보는 게 아니라 아랫사람 보듯이 내리깔아보아야 한다.

자, 어드레스가 다 되었다. 그 다음에는 어떻게 할까. 요 앞 [필살기 1편]을 참고해서 스윙을 하면 되겠다.

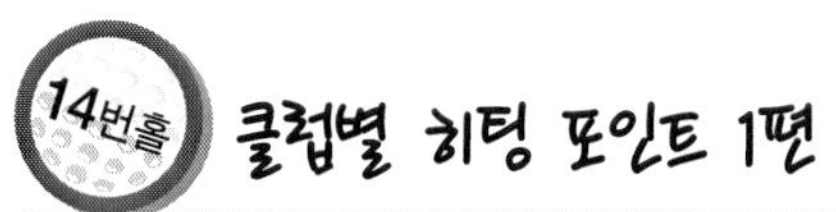 14번홀 클럽별 히팅 포인트 1편

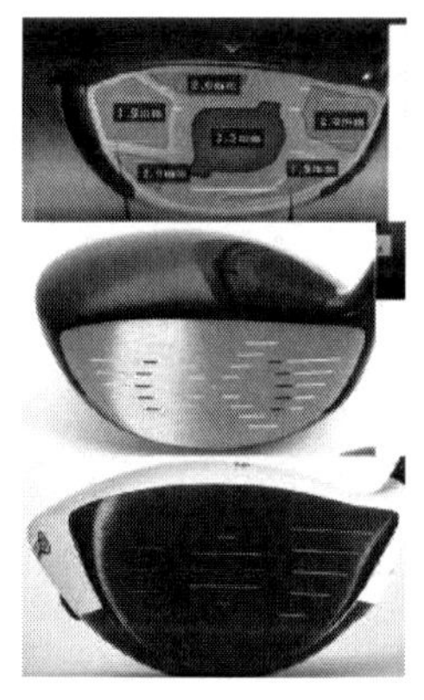

[위로부터 젝○○, 야○○, 테일○○○○]

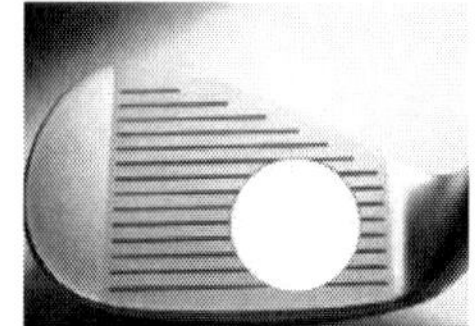

[칩샷 히팅 포인트]

클럽별로 히팅 포인트가 과연 있을까? 그냥 스윗스팟이라고 불리는 정 가운데만 맞추면 되는 게 아니야? 이렇게 생각하시는 골퍼들이 대다수이다. 틀린 답이 아니다. 맞다.

그러나 아이언 클럽을 보자면 클럽헤드의 안쪽, 즉 샤프트에 가까운 쪽을 '힐'이라 하고 끝 쪽을 '토우'라고 한다. 힐과 토우 중앙 부분 2~3cm 부분에 스윗스팟이 있다. 이 스윗스팟에 맞추게 되면 클럽이 비틀어지지 않고 스윙할 수 있다. 만약 토우 부분에 맞으면 임팩트 때 순간적으로 약간 열리게 될 것이다. 반대로 힐 쪽에 맞으면 닫히면서 맞게 된다. 여기까지는 상식이다.

그런데 한 가지 이상한 현상이 있다. 드라이버의 경우, 토우 즉, 헤드 끝에 맞으면 열려서 맞기 때문에 슬라이스가 나야 하는데 반대로 훅이 나는 사실을 알고 있는가? 그 이유는 헤드가 순간적으로 열리면서 스핀이 슬라이스 스핀이 걸리는 반면 볼에는 훅 스핀이 걸려서라고들 한다.

훅스핀이 걸려 줄어든 힘을 유지시켜주기 위해 추가로 벌지(둥근 면) 기능이 있다는 설도 있다. 헤드와 볼의 접촉 시간과 관계가 있다는 설도 있다. 하지만, 이게 중요한 건 아니고….

대개의 경우 슬라이스가 난다고 해서 일부러 토우 부분에 맞추려고 노력하는 골퍼는 없다. 무조건 중앙에 맞추려 할 것이고, 실제로 그리하여야 한다.

중앙에 맞추려고 해도 못 맞추는데 어떡하란 말이야, 라고 불만을 토로하시는 분들, 참으로 안타깝게 생각한다. 열심히 노력하면 좋은 날이 오리라는 말씀을 드린다. 중요한 것은 본인이 가지고 있는 드라이버가 위아래 스윙을 해야 하는 헤드면을 가지고 있는지, 플랫한 스윙을 해야 하는 헤드면을 가지고 있는지는 알고 스윙을 해야 한다.

헤드면을 자세히 보면 위아래가 넓은 드라이버와 힐과 토우 부분이 넓은, 그러니까 길쭉하게 생긴 드라이버가 있다. 전자는 주로 미국이나 유럽에서 제작한 일명 미제 스팩이라 하고, 후자는 우리나라와 가깝고도 먼 이웃 일본, 즉 일제 스팩이라 불린다.

전자는 키 큰 코쟁이들이 위아래 스윙을 하기에 맞도록 제작된 것이고, 후자는 아담한 분들이 플랫한 스윙을 하기에 맞도록 제작된 것이다. 지면과 샤프트와의 각, 즉 라이각도 미제 스팩이 더 세워져 있다. 같은 브랜드의 클럽을 미제 스팩, 일제 스팩으로 구분하는 것은 샤프트 강도,

샤프트 길이에 따라 구분하기도 한다. 여기서의 스팩 구분은 어디까지나 메이드 인 미제, 일제로 구분하도록 하자.

여기까지 이해하겠는가?

그렇다면 키가 크고 위아래 스윙을 구사하는 골퍼에게는 어떤 클럽이 맞을까? 당연히 위아래가 넓은 헤드의 드라이버를 사용해야 한다. 반대로, 플랫한 스윙을 구사하는 아담한 골퍼들은 힐과 토우가 긴, 그러니까 길쭉한 드라이버를 사용해야 제 거리를 낼 수 있을 뿐만 아니라 잘못 맞았다고 해도 관성모멘트가 어느 정도 커버를 해준다.

어? 관성모멘트가 뭔??? 흠, 쉽게 말하면, 잘못 맞아도 지가 알아서 바로 가도록 해주는 역할을 하는 아주 훌륭한 모멘트라고 보면 된다. 잘 친 공을 더 잘 날아가게 하는 게 아니라 잘못 친 공이 잘못 날아가지 않게 하는 기능이라고 보면 된다.

실제 제작은 어떻게 할까? 별거 없다. 옆으로 좀 더 넓히고 뒤로 좀 더 늘리면 끝이다. 계속 늘리고 넓히다 보니 헤드 면적이 엄청 커지게 된다. 급기야 어느 크기 이상은 대회 출전에 제한을 두기까지 하는 결과가 발생한다.

그렇다면 헤드가 크면 무조건 좋은 것일까? 당연히 무조건 좋은 게 아니다. 헤드가 커지면 무거워지고 공기 저항이 많아져서 스피드가 당연히 떨어지게 되어 있다. 장사하는 입장에서는 장점만 부각시키고 단점은 입 닫는 게 당연한 거다. 유행어처럼 번지던 관성모멘트가 요즘은 광고 멘트에서 사라진 이유다.

자신의 스윙에 도움을 주는 기능을 가진 클럽을 선택해야 한다는 것이다.

위아래 스윙을 하는 골퍼가 플랫한 드라이버를 사용하면 어찌 되겠는가? 조금만 스윗스팟보다 밑쪽이나 위쪽에 맞으면 거리를 엄청 손해 본다.

플랫한 스윙을 하는 골퍼가 위아래가 넓은 드라이버를 사용하면 어찌 되겠는가? 조금만 안쪽이나 바깥쪽에 맞으면 헤드가 휙 돌아가 버리는 결과가 생긴다. 이해하겠는가? 이해를 못하겠다고?

특정 브랜드를 거론하지 않으려고 애쓰고 있지만, 즉 위아래 스윙을 하는 골퍼는 젝○○, 야○○, 미○○를 쓰면 안 되고, 키가 작고 플랫한 스윙을 하는 골퍼는 테일○○○○, 캘러○○를 쓰면 안 된다는 말이다. 요즘은 세계화에 맞춰 일제 드라이버도 위아래 면적을 늘리고, 미제 드라이버도 위아래를 줄이는 경우도 있다. 중립을 지키자는 의도로 보인다. 좋은 의도로 보인다.

아니, 어쩌면 처음부터 여러 가지를 출시했고 본인의 스윙에 맞게 골라 치도록 했을 수도 있다. 문제는 자신의 스윙과는 무관하게 인기 드라이버라고 무턱대고 구매하는 게 잘못이다. 이것은 아이언 클럽을 선택하는 기준이 되기도 한다.

연습장에서 키 170cm가 안 되는 분이 젝○○ 드라이버로 멋진 샷을 치는 걸 보고 키 180cm인 옆의 분이 한번 쳐보자고 해서 친 결과 이리 삐뚤 저리 삐뚤 치는 걸 본 적이 있다. 이해하겠는가?

위아래 스윙을 하는 골퍼가 플랫한 드라이버를 치는 경우에는 어떻게 할까. 아담한 일본 여자 프로들에게서 많이 볼 수 있는데, 자세히 보면 드라이버 토우 부분을 꾸떡 들어서 어드레스를 한다. 이렇게 하면 힐과 토우의 길이를 줄이는 효과가 있다.

아이언별로도 구분이 되어 있다. 9번 아이언은 7번 아이언에 비해 헤드 부분의 위아래는 넓은 반면 길이는 짧은 것을 알 수 있다. 왜냐하면

9번 아이언의 샤프트가 짧아 위아래 스윙에 더 가깝기 때문이다. 이렇 듯 과학은 우리가 알지 못하는 곳곳에 숨어 있다.

아이언 클럽을 한번 보자.

아이언은 헤드 뒷부분과 아래 부분(솔이라고 하고 영어로는 바운스)에 따라 히팅 포인트가 달라지기도 한다. 흔히 고급 아이언이라 하면 뒷부분이 팔 근육처럼 불룩 튀어나왔다고 해서 머슬백이라고 불리는 아이언이 있 고, 비어 있다고 해서 캐비티라 불리는 아이언이 있다.

전자는 내려치는 샷을 구사하는 프로들이 헤드의 중앙(위아래 기준)에 맞힐 경우 스윗스팟이 되고, 후자는 보통 동호인들이 플랫한 스윙을 구 사하므로 헤드의 아랫부분에 맞을 확률이 높으므로 아랫부분이 스윗 스팟이 되도록 만들어 놓았다.

그렇다면 내려치는 스윙을 구사하는 골퍼가 캐비티백에 솔이 넓은 아 이언을 치면 어찌 되겠는가? 얇은 부분에 맞게 되어 방향성과 거리가 엄 청 손해 보게 된다. 플랫한 스윙을 구사하는 골퍼가 머슬백에 솔이 좁 은 아이언을 치면 어찌 되겠는가? 볼이 스윗스팟 아래에 맞아 거리가 엄 청 손해를 봄과 동시에 뒤땅이 심해질 것임은 자명한 이치다.

이러한 이유로 머슬백에 솔이 넓은 아이언은 있을 수가 없고, 캐비티 백에 솔이 좁은 아이언은 있을 수가 없고, 웨지는 캐비티백이 없다. 이 렇게 단정하고 나니 그런 아이언이 있다고 주장하는 분이 있을 수도 있 을 것이다. 그래, 있을 수도 있다. 그냥 이론이 그렇다고만 이해해주면 안 되겠니?

내려치는 숏아이언은 머슬백을, 쓸어 치게 되는 롱아이언은 캐비티 백을 사용하면 어떨까? 실제로 노ㅇ열 선수는 아이언을 위와 같이 쓰 고 있다고 한다. 대단히 현명한 판단이라고 본다. 롱아이언은 볼을 멀리 보내야 하기 때문에 머슬백을 고집하는 분께는 좋은 사례라 하겠다.

자, 지금까지 스윙의 종류에 따라 클럽을 선택해야 하고, 헤드의 스윗스팟에만 맞추면 공이 똑바로 날아가도록 클럽헤드가 설계되어 있다는 것을 알 수 있었다.

칩샷이나 피칭샷은 그렇다면 스윗스팟이 어느 부분일까? 결론부터 말하자면, 절대 중앙에서 힐 쪽, 즉 샤프트 쪽으로 맞아야 한다. 샤프트가 짧아 생크위험이 적기 때문에 과감하게 안쪽으로 맞추도록 해보자.[그림 참조]

토우 쪽으로 맞추면 어떻게 될까? 안 된다. 맞으면 안 된다. 절대 안 된다. 맞추지 말기를 권한다. 왜 그런지 근거를 대라고? 휴우! 좋다. 이유를 설명하겠다.

샤프트가 헤드 중앙에 붙어 있지 않는 한 임팩트 때 무조건 헤드가 돌아가게 되어 있다. 그렇다고 샤프트를 헤드 중앙에 붙일 수는 없지 않는가.(퍼트는 예외로 헤드 중앙에 붙이는 경우가 있긴 있다) 샤프트가 힐 쪽에 붙어 있으면서도 헤드가 돌아가지 않게 하려면 어떻게 해야겠는가? 그 이유로 토우 쪽이 두껍고 무겁게 설계되어 있다. 이것은 헤드스피드가 빨라질수록 제 기능을 발휘한다. 하지만 칩샷과 피칭샷은 헤드스피드가 아이언 샷에 비해 느리다. 그래서 토우 쪽에 맞으면 순간 비틀림 현상이 일어나면서 공이 뜨지 않으면서 제 거리보다 짧아버린다.

지금까지 드라이버와 아이언의 히팅 포인트를 살펴보았다. 정확한 스윗스팟을 맞추기 위해서는 1라운드 〈고수와 하수의 3가지 다른 점〉을 참고하시기 바란다.

퍼터도 드라이버와 아이언과 같이 스윗스팟에 맞추면 된다. 퍼터는 샤프트가 헤드 중앙 위쪽에 붙어 있는 특징이 있으며, 힐 쪽에 붙어 있다 하더라도 샤프트 연장선은 무게의 중심, 즉, 헤드 중앙에 연결된다. 그런 이유로 중앙에만 맞추면 게임 끝이다. 그러나 그게 어디 쉽나.

퍼팅의 특징 중 아이언과 다른 점은, 스윗스팟에서 좌우로 조금만 비켜 맞아도 헤드가 팍팍 돌아버린다. 헤드스피드가 느린 원인이다. 그리고 일반 동호인들은 그 스윗스팟에 정확히 맞히지를 못하는 경우가 많다. 흔히들 본인은 정중앙에 맞히고 있다고 착각하는 경우가 많다는 얘기다.

골프 스윙에서 절대 불가능한 3가지가 있다. 만 번을 쳐도 절대 직선 타는 한 번도 없는 것이 첫 번째이고, 같은 스윙은 한 번도 없는 것이 두 번째이고, 같은 지점에 맞는 경우는 한 번도 없는 것이 세 번째다. 매 샷 일정하게 치려고, 같은 스윙을 하려고, 같은 지점에 맞추려고 노력을 할 뿐이고, 그것에 가까울수록 프로에 가까워진다는 얘기다.

퍼터의 스윗스팟에 맞추는 확률을 높이기 위해서는 무조건 부드럽게 스윙하여야 한다. 같은 힘의 악력과 일정한 힘의 스윙이 기본이다. 스윗스팟에 맞추기 위해 하물며 백스윙 때 클럽을 오픈하지도 않고 피니쉬 때 닫아주지도 않고 스윙을 하지 않는가.

좋다. 어차피 스윗스팟에 정확히 맞히기는 틀린 거 같다!!!(농담이고) 만 번을 쳐도 절대 같은 지점에 맞지 않는다는 가정하에 설명을 하고자 한다.

그린이 평지이면 퍼팅도 쉽겠지만, 절대 평지는 없는 것이 현실이다. 가령, 볼이 왼쪽으로 휘어지는 소위 훅 라이(훅브레이크)일 경우에 퍼터의 어느 부분에 맞아야 하겠는가. 어느 부분에 맞지 않아야 하겠는가.

반드시 정 중앙이나 바깥쪽(토우 쪽)에 맞아야 한다. 스윗스팟이 토우쪽이 된다. 아주 중요하다. 안쪽에 맞게 되면 퍼터가 순간적으로 닫히게 되어 볼이 출발부터 왼쪽으로 휘어지게 되고 거리가 짧아진다.

여기서 의문점 하나! 그렇다면 바깥쪽에 맞아도 짧아지는 건 마찬가지 아닐까? 맞다. 짧아진다. 그러나 출발이 우측으로 진행하게 되어 브레이크를 타고 홀 쪽으로 많이 휘어지게 되어 홀 쪽으로 가까이 굴러가게 된다.(아래 그림 참조)

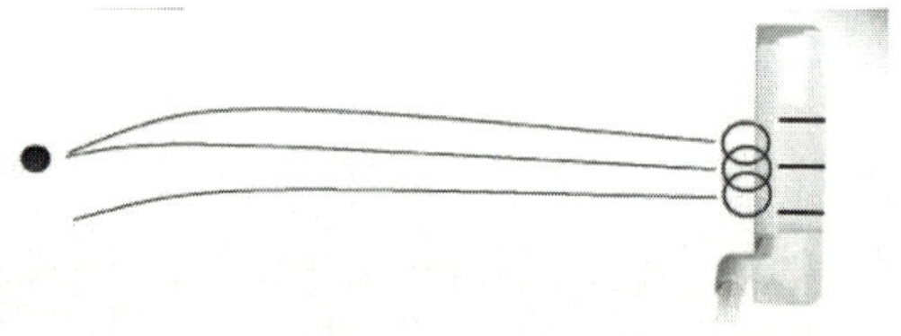

힐 쪽에 맞게 되면 홀과 멀어지는 브레이크가 더 많이 걸리는 것이고, 토우 쪽에 맞으면 홀과 가까워지는 브레이크가 더 많이 걸리게 된다. 물론 중앙에 맞으면 정상적인 브레이크가 걸려서 홀에 다가간다. 오른쪽으로 휘어지는 슬라이스 라이일 경우에는 반대로 중앙이나 안쪽(힐 쪽)

에 맞아야 한다는 것을 알 수 있다. 훅라이일 경우 바깥쪽으로, 슬라이스라일 경우 안쪽으로 퍼팅을 해보기를 권한다. 어처구니없는 실수를 확실히 줄일 수 있을 것이다.

퍼팅은 잔디와 닿지 않아야 하기 때문에 위로 올려치는 분들이 있는데 그럴 필요가 없다. 공의 무게에 의해 잔디에 살짝 묻혀 있더라도 올려칠 필요가 없다. 퍼터헤드가 2도에서 4도 정도 위로 기울어져 있기 때문에 평평한 스윙을 해도 약간 위로 뜨게 되어있으므로 그냥 치면 된다.

일정한 히팅 포인트를 구사하기 위해서는 스윙이 일정해야 한다. 그러기 위해서는 인위적인 힘을 줄이고 부드럽게 스윙을 하려고 노력하는 것이 우선이다. 퍼터든, 드라이버든….

체중 이동

골프 초보자에게 가장 중요한 자세나 동작 하나만 선택하라고 하면 주저 없이 체중 이동이라고 말하고 싶다. 그립도 아니고, 어드레스도 아니고, 코킹도 아니고, 필자가 그렇게 중요시하는 위아래 스윙도 아니고 바로 체중 이동이 가장 중요하다고 말하고 싶다.

스윙 이론을 많이 안다고 해도 습관이 되기 위해서는 오랜 시간이 걸리는 것이 사실이다. 그래서 끊임없이 연습장에서 땀을 흘린다. 그에 반해, 어떤 동작을 잘 익혀서 습관이 되기만 하면 다른 동작이 저절로 잘되게 하는 마중물 동작이 있다. 바로 체중 이동이 그것이다.

체중 이동이 스윙에 미치는 장점은 이루 말할 수 없이 많다. 공의 방향성을 잡아주기도 하고, 뒤땅도 잡고, 좌우 스윙아크를 크게 해서 부드러운 스윙을 구사할 수 있게도 하고, 비거리를 늘려주기도 한다.

프로들은 과연 체중 이동을 어떻게 할까? 언뜻 보면 오른발에서 왼발로 체중 이동을 하는 과정에 볼을 치는 것 같이 보일 뿐이지, 실제로는 체중 이동이 다 된 상태에서 공을 히트한다. 워낙 순간적으로 일어나는 일이라 그렇게 보일 뿐이다.

프로들의 자연스럽고 리드미컬한 체중 이동이 되기 위해서는 우선 구분 동작을 한다는 느낌으로 체중 이동을 먼저 한 다음에 스윙에 들어가야 한다. 완전히 왼발로 모든 체중을 '쿵' 하고 디딘 다음에 스윙을 하는 느낌이어야 한다. 단. 왼 무릎이 완전히 펴져서는 안 되겠다.

왼쪽으로 하체가 많이 가고 적게 가고가 중요한 것이 아니고, 적게 가더라도 체중 이동이 다 된 상태에서 스윙에 들어가야 한다. 최소한 초보시절에는.

여기서 팁 하나. 모든 트러블샷은 체중 이동을 적게 하거나 아예 안 한다는 공통점이 있다. 벙커샷, 볼이 낮거나 높은 경사지 샷, 왼발이 높거나 낮은 경사지 샷 등.

예를 들어, 볼이 발보다 낮은 경사지일 경우, 동호인들은 당연히 슬라이스가 날 것을 예상해서 타깃 왼쪽으로 스탠스를 서게 된다. 여기서 체중 이동을 해버리면 클럽헤드가 열려 맞기 때문에 슬라이스가 더 심해진다.

프로들은 슬라이스 경사지라고 해서 에이밍을 반드시 타깃 왼쪽으로 하지는 않는다. 하체를 고정하고, 즉 체중 이동을 줄이고 클럽헤드를 닫아서 상체만으로 그냥 스윙해버린다. 가볍게 페이드가 걸리거나 오히려 드로가 걸리는 걸 TV에서 가끔 볼 수 있을 것이다.

질문 하나. 체중 이동이 다 된 상태에서 뒤땅이 심하겠는가? 아니면 체중 이동이 덜 된 상태에서 뒤땅이 심하겠는가? 물어보나 마나다. 체중 이동이 다 된 상태에서는 뒤땅이 아예 불가능하다.

실제 필드에서는 어떨까. 체중 이동이 안 되면 다른 어떠한 레슨도 먹히지 않는다. 체중 이동만 되면 다른 어떠한 레슨도 필요가 없을 정도이다. 그만큼 체중 이동이 중요한 역할을 하면서도 잘 안 되는 동작이다. 공을 맞추어야 한다는 강박관념이 심해 체중 이동을 과감하게 해주지를 못한다는 말이다. 연습장에서 스윙할 때의 반의반도 못하는 것이 현실이다. 체중 이동을 하기도 전에 벌써 스윙을 해버린다.

초보자들이 흔히 저지르는 뒤땅과 탑볼의 99%를 이 체중 이동이 지대한 역할을 하고 있다. 여기서 말하는 체중 이동이란 신체의 골반 이하 즉, 하체의 무게중심 이동을 말한다. 상체가 아니다. 하체의 이동 없이 상체가 이동해버리는 현상은 그냥 왼쪽으로 쏠림 현상이지 체중 이동은 아니란 얘기다. 하체가 이동한 만큼만 상체가 자연스럽게 따라가야 한다.

한 가지 주의할 점은, 백스윙 때는 체중 이동을 오른발에 과하게 실으면 안 된다. 골반이 우측으로 밀려서도 안 되고, 오른쪽 옆구리가 나와서도 안 된다. 백스윙 때 체중 이동을 전혀 하지 않는 스윙이 나올 정도로 백스윙 때는 간결하게 체중 이동이 되어야 한다.

체중 이동을 과감하게 하면 처음에는 슬라이스가 더 날 수도 있고, 탑볼이 더 날 수도 있고, 더 엎어 칠 수도 있고, 상체에 힘이 더 들어갈 수도 있다. 그렇다고 해도 체중 이동을 포기해서는 안 된다. 다른 동작을 위해 체중 이동이 덜 되어서는 안 된다는 얘기다.

그렇다면 체중 이동은 언제 어떻게 해야 할까. 좀 심하게 얘기하면, 왼발에 모든 체중이 다 실렸을 때 그때 드디어 백탑에서 스윙을 시작한다는 느낌으로 연습해야 한다. 오른발에서 왼발로 체중 이동을 하는 과정에 공을 히트하는 게 아니라는 얘기다. 보기 플레이 핸디(+18) 이상 골퍼들은 반드시 지켜야 한다. 이 체중 이동만 필드에서 제대로 지키면 10타를 바로 줄일 수 있다고 장담한다.

체중 이동을 하기 위해서는 스윙에 여유가 있어야 한다. 이동할 시간을 주어야 한다는 것이다. 그러기 위해서는 일정한 스윙 리듬(하나~둘, 또는 하나-둘-셋)을 통해 백탑에서 양손이 부정 출발하는 것을 방지해야 한다.

한 가지 주의할 점은 체중 이동을 하는 과정에서 왼발 발가락 쪽이 어드레스 때보다 타깃 방향으로 오픈되지 않도록 주의한다. 어깨를 잡아주는 역할을 하기 때문이며, 새삼스러운 얘기지만 골프는 옆으로 치는 운동이다.

아~~ 체. 중. 이. 동. 아무리 강조해도 지나치지 않다.

헤드업이 무엇일까? 말 그대로 머리(헤드)가 들리는 것이다. 그렇다면 머리는 왜 들릴까? 상체가 들리기 때문이다. 그렇지 않은가? 흔히 날아가는 공을 빨리 보려고 고개를 돌리는 행위를 헤드업이라고 생각하는데, 이 동작 자체는 헤드업이 아니다. 날아가는 공은 눈으로 보아야 한다. 그래야 어디에 떨어지는지 알 게 아닌가. 안 보면 도대체 공이 어디 갔는지 어떻게 알 수가 있나 말이다.

캐디한테 봐달라고 할까? 자기는 헤드업 안 할 테니까 캐디에게 공 어디로 가는지 보라는 골퍼도 있긴 있더라.(허걱!) 캐디의 역할은 골퍼가 혹시 볼을 놓치는 경우에 볼을 빨리 찾아 플레이를 속행할 수 있도록 하기 위해 공의 위치를 눈여겨보는 것일 뿐, 볼의 행방은 골퍼가 알아야 한다.

헤드업, 즉 머리와 상체가 왜 들릴까? 정답은 공을 치기 위해 오히려 상체가 숙여지기 때문이다. 숙이지 않으면 들릴 필요가 없지 않겠는가. 그렇다면 공을 치기 위해 상체를 왜 숙일까? 정답은 백스윙에서 상체가 들리기 때문이다. 클럽과 손이 들린다고 해서 상체가 따라 들려 버리기 때문이다. 또한, 세게 휘두르기 위해서 자신도 모르게 오른쪽 무릎이 펴지고 상체가 들린다.

그렇다면 헤드업을 방지하는 방법은? 당연히 백스윙 때 무릎을 펴지 않으면서 상체를 들지 않으면 된다. 머리와 가슴과 어깨 즉, 상체의 궤도는 우에서 좌로 회전하는 것이지, 위에서 아래로 숙였다 들었다 하는 게 아니다. 위에서 아래로의 역할은 누가? 팔이 한다.

헤드업이 나쁜 것은 헤드업을 할 수밖에 없는 스윙 동작이 나쁘기 때문이다. 상체로 스윙을 하게 되면 헤드업을 유발시키는 동작이 나올 수밖에 없다. 우에서 좌로 자연스럽게 하체가 체중 이동이 되도록 노력하게 되면 헤드업은 사라질 것으로 믿는다.

참고: 헤드업을 하지 않고 날아가는 공을 보려면 고개를 45도 눕혀서 돌려보면 된다. 이 말은 클럽이 가는 방향 그대로 고개를 돌려주라는 뜻이다.

필자가 골프에 입문하고 6개월 이틀 만에 싱글스코어를 득했었다. 그렇게 할 수 있었던 이유는 친구와의 약속 때문이었다. 6개월 안에 싱글을 치겠다고 친구에게 말했더니, 그 친구는 담담히 웃을 뿐이었다. 싱글을 치고 나서 스코어카드를 내밀자 그 친구가 고백했다. 내가 실망할까봐 불가능하다고 말하지는 않았지만 실제로 싱글을 칠 줄은 몰랐다고 했다. 친구를 배려하는 따뜻한 마음을 가진 멋진 친구를 둔 나는 행복하다.

그 이후 한 가지 목표가 더 생겼다. 1년 안에 쓰리퍼트가 없는 게임을 하는 것이 새로운 목표였다. 1년이 조금 지나서 이루어졌다. 온그린 11번을 전부 투펏 안에 홀에 넣었다. 온그린 못한 일곱 번도 붙어서 원펏에 넣거나 투펏안에 홀인했다. 그날의 뿌듯함은 첫 싱글 못지않았다. 그렇게 할 수 있었던 이유가 바로 숏퍼팅을 마스터했기 때문이다.

언젠가 얘기했다. Golf is swing, not hit. 그러나 퍼팅은 예외이다. 특히 숏퍼팅만은….

퍼팅에서 중요한 부분은 1라운드 〈퍼팅이 뭐길래〉와 2라운드 〈클럽별 히팅 포인트 2편〉을 참고하시면 되겠다. 여기서는 숏퍼팅에 대해 같이 고민해보고자 한다.

퍼팅의 원칙이 없을 때에는 볼의 방향도 중구난방이었고 거리도 제각각이었다. 그 과정을 거치면서 퍼팅의 원칙을 세우기로 했다. 이 원칙은 어디까지나 필자에게는 아주 중요한 원칙이지만 모두가 이렇게 해야 한다고는 못하겠다는 말을 미리 해둔다. 왜냐하면, 원칙을 세우지 않고 이제까지 가지고 있던 습관을 깨고 어설프게 따라하다가는 죽도 밥도 안 되기 때문이다. 아직 퍼팅의 원칙을 세우지 못한 분에게는 적극 권하지만….

위 그림을 참조하면,

첫 번째 그림: 6m 오르막 퍼팅, 백스윙보다 팔로우가 1.5배 크다

두 번째 그림: 6m 내리막 퍼팅, 백스윙과 팔로우가 같거나 팔로우가 약간 짧다

세 번째 그림: 10m 이상 롱퍼팅, 백스윙보다 팔로우가 1.5배 크다

네 번째 그림: 드디어 나왔다. 1m 내외 숏 퍼팅.

임팩트 이후 바로 멈춘다. 볼을 때리라는 의미가 아니다. 볼 앞 10cm 이내에서 멈추어주면 왠지 때린 것 같은 느낌이 들 뿐이다.

여기서 가장 중요한 동작은 이렇게 멈추어 줄 때 헤드면이 스퀘어가 되어 있는지 눈으로 확인을 해야 한다. 볼이 홀에 들어갈 때까지 헤드면에만 집중해야 한다. 팔로우가 길어지게 되면 볼이 헤드를 따라 빨리 휘어지게 되고, 특히 헤드면을 스퀘어 시키기가 어려워진다.

퍼팅은 방향성보다 거리감이 우선되어야 하는 것은 상식이다. 하지만 숏퍼팅만은 거리감보다 방향성에 비중을 두어야 한다.

다섯 번째 그림: 1m 숏퍼팅을 응용하여 3m 퍼팅을 하는 동작이다. 타이거 우즈가 긴장했을 때 가끔 이런 퍼팅을 한다. 직진성, 방향성을 중요시하는 동작 되겠다.

다섯 가지 동작은 지금까지도 반드시 지킨다. 퍼팅에 대해 이야기하자면 1박 2일도 모자란다. 내리막 오르막 슬라이스, 내리막 오르막 훅, S자 브레이크, 롱퍼팅, 거리에 따른 백스윙 크기 등. 다양한 그린 라이만큼이나 퍼팅의 종류도 다양하다. 하지만 기본이 되는 위 다섯 가지를 익힌 후 활용을 하면 퍼팅의 기준을 확립할 수 있다고 본다.

제 3 장

6개월 만에
싱글 골퍼로
가는 길
3라운드

피니쉬는 스윙의 마지막인가? 피니쉬는 스윙의 처음이기도 하다. 피니쉬를 보면 그 골퍼의 스윙 문제점을 쉽게 알 수 있다. 상체를 너무 썼다든지, 체중 이동이 덜 되었다든지, 엎어 쳤다든지, 체중이 앞뒤로 쏠렸다든지, 코킹이 일찍 풀렸다든지가 피니쉬에 그대로 나타난다.

질문 하나. 어드레스하고 있을 때 무엇을 생각하는가? 시선이 공을 향해 있으니 당연히 공을 맞추어야지, 그것도 제대로 맞추어야지 이런 생각을 할 것이다. 오늘부터는 어드레스 때 피니쉬 동작을 생각하자. 아주 멋있는 나만의 피니쉬 동작을 말이다.

스윙 목표는 공을 제대로 맞추는 것이 아니라 멋진 피니쉬 동작이 목표여야 한다. 어드레스하기 전에는 여러 가지를 생각해야겠지만, 어드레스에 들어가서는 한 가지만 생각해야 한다. 백스윙에서 피니쉬까지 크고, 부드럽고, 과감하게 일사천리로 스윙을 해버리겠다는 생각만 해야 한다.

공을 맞추어야 한다는 강박관념이 있어서는 제대로 된 스윙이 나오지 않는다. 공을 쫓아 내 몸이 따라가는 게 아니라, 내 스윙에 따라 공이 컨트롤되어야 한다는 느낌이 들어야 한다.

TV에 보면 몇몇 아마 고수들이 피니쉬가 엉망인데도 공은 잘 맞아 나가는 것을 볼 수 있다. 10년 이상 남들보다 더 열정을 쏟아 골프를 해왔기 때문에 그런 불안한 자세로도 고도의 집중력으로 공을 컨트롤할 수 있는 것은 사실이다.

그들이 하는 대로 하고 싶은가? 보기에 민망하지 않는가? 지금까지 하던 대로 연습했다가는 그렇게 안 되리라는 보장이 있는가? 단기간에 실력이 늘기 위해서는 안정된 피니쉬는 필수라고 본다.

예전에 눈을 감고 스윙 연습을 자주 하곤 했다. 공을 맞춰야 하는 부담감이 없어서 부드러운 스윙을 익히는 데 도움이 되기 때문이다. 이상하게도 눈을 감고 스윙을 하면 스윙의 문제점을 쉽게 발견하곤 한다. 스윙 밸런스, 체중 이동, 무게 중심의 흔들림 등. 깔끔한 피니쉬를 위해 눈을 감고 연습 스윙을 해보기를 권한다. 자신의 몸이 얼마나 많이 흔들리고 있는지, 무리한 힘을 쓰고 있는지 깜짝 놀랄 것이다.

레슨 할 때 가끔 눈을 감고 공을 맞히는 스윙을 보여준 적이 있다. 눈을 감아도 공이 딱딱 맞아나가는 것을 보고는 신기해하는 분도 계셨지만, 왜 이런 스윙을 보여주었는지 안다. 내 스윙을 먼저 만든 다음, 그 스윙 궤도 위에 공을 올려두기만 하면 바로 맞아나간다는 것을 보여주고 싶었다. 절대 공을 쫓아 스윙하는 게 아니라는 의미다.

피니쉬가 부자유스런 치명적인 이유는 바로 공을 때리는 데 너무 집중을 하기 때문이다. 스윙은 구분 동작이 아니다. 물 흐르듯이 자연스럽게 한번에 처음부터 끝까지 가야 한다. 그러기 위해서는 어드레스 때 마지막 피니쉬를 생각해야 한다.

이것이 바로, 피니쉬가 스윙의 처음이자 마지막인 이유다.

팔과 손의 스윙 궤도를 살펴보자.

스윙 궤도라 하면 클럽헤드의 궤도라고 생각하시는 분이 있는데, 먼저 손의 궤도가 정확해야 하며, 클럽헤드는 손의 궤도에 꼬리처럼 따라오기만 하면 된다.

개인적으로 스티브 스트리커의 스윙이 필자가 추구하는 스윙에 가까워서 여기 소개한다. 중요한 세 가지 동작을 한번 보자.

첫째, 처음부터(테이크어웨이) 백스윙 탑까지 인위적으로 왼쪽 손목을 굽히지 않는다.[그림 4번]

반면에 초보자는 99%가 백스윙 탑에서 왼손목이 굽혀진다.

둘째, 우측으로 크게 흔들어 주는 느낌으로 백스윙 한다. 들어 올리는 게 절대 아니다. 아주 중요하다. 이렇게 흔들어서 백스윙을 해주어야 다운스윙 때 가속도가 생긴다.

반면에 초보자는 손목을 꺾어서 급하게 위로 올리는 경향이 많다. 코킹은 클럽헤드가 가는 방향으로 자연스럽게 해주어야 한다. 자연스러워야 한다는 의미는 인위적으로 꺾지 않는다는 뜻이다. 흔들어주면 헤드의 무게 때문에 헤드방향으로 자연스럽게 꺾인다.

셋째, 다운스윙 때 우에서 좌로 스윙이 아니고, 뒤에서 앞으로 스윙한다는 느낌이어야 한다.(그림 5번) 그래야 백스윙 탑에서부터 팔이 몸에 붙어서 내려오게 되어 위아래 스윙이 된다.(그림 1번보다 6번 그림의 팔이 더 수직으로 향해 있고, 손이 몸에 더 붙어 있다.) 좀 어려운 동작이 될 수 있겠지만, 다운스윙할 때(그림 4번, 5번) 우측 팔꿈치가 땅으로 수직이 되어야 한다.

반면에 초보자는 우측 팔꿈치가 대부분은 뒤쪽으로 향한다. 이렇게 되면 왼팔로만 치게 되어 가속도가 붙지 않는다. 이 또한 아주 중요한 동작이다.

한 가지 덧붙이자면 [그림 6번]은 임팩트 직전인데도 아직도 어깨가 뒤쪽을 보고 있다. 대부분의 초보자들은 이쯤에서 벌써 타깃 쪽으로 열리는 경향이 많다. 초보자들이 오해하고 있거나 안 되는 동작 중에 대표적인 동작이 바로 이 어깨를 잡는 동작이다. 하아, 참 안 되는 동작이다. 내일부터 당장 고치기 바란다.

드라이버 스윙을 보았다. 아이언은 이 동영상보다 어드레스에서부터 팔이 몸에 더 붙는다고 보면 된다. 위에서 지적한 세 가지는 무조건 익혀야 한다. 왜냐하면 타수가 팍팍 줄기 때문이다.

참고: 따라하지 말았으면 하는 동작들

o 테이크어웨이 할 때 궤적을 크게 하기 위해 클럽헤드를 앞으로 미는 동작

o 임팩트 직전 상체가 약간 앞으로 기울어지는 동작(하체의 체중 이동, 볼
에 대한 집중력 때문) (5번 그림에서 6번 그림으로 갈 때는 상체가 세워
지기 시작함)

o 백스윙 탑에서 왼팔의 연장선이 볼의 위를 가리킴.(볼보다 아래로 향해
야 함)

다운스윙할 때는 어쨌든 정상궤도로 수정됨.(반대로 볼 아래를 가리키는 짐
퓨릭 스윙이 대표적인 예)

* 업라이트 스윙이 되는 골퍼는 백스윙 탑에서 손목이 꺾이기 때문에 문제가
된다. 짐퓨릭은 좌우로 크게 흔들어서, 그 결과로 위로 올리기 때문에 업라
이트와는 전혀 상관이 없다. 절대 손목이 인위적으로 꺾이지 않는다. 오히
려 위아래 스윙을 하기에는 안성맞춤이다. 다운스윙할 때는 과할 정도로 인
사이드 아웃이 되는 걸 볼 수 있다.

볼의 위치

볼의 위치에 대해서 알아보자.

의외로 볼을 어디다 두고 쳐야 하는지 헷갈려하는 골퍼들이 많다. 그럴 수밖에 없는 것이 클럽이 14개나 되다 보니 각 클럽마다 볼의 위치가 다 다르니 헷갈릴 만도 하다. 하물며, 같은 클럽이라도 볼이 놓인 상황에 따라 또 달라진다. 아~~ 복잡하다.

맞다. 그래서 어떤 골퍼는 드라이버에서 퍼터까지 모든 클럽을 양발 중앙에다 볼을 놓고 치는 경우도 있다.(타이거우즈가 그렇다더라)

체중 이동이 일정하게 잘 되는 골퍼들이 여기에 해당하며, 페이드와 드로 스윙을 자유자재로 구사할 수 있어야 하는 전제가 따른다. 중요한 점은 골퍼의 기호에 따라 공을 놓되, 일정한 규칙을 정해야 한다. 같은 7번 아이언인데 한번은 왼편에, 한번은 오른편에 놓고 치면 안 된다. 그렇게 되면 일정한 볼의 방향성을 기대하기 어렵지 않겠는가?

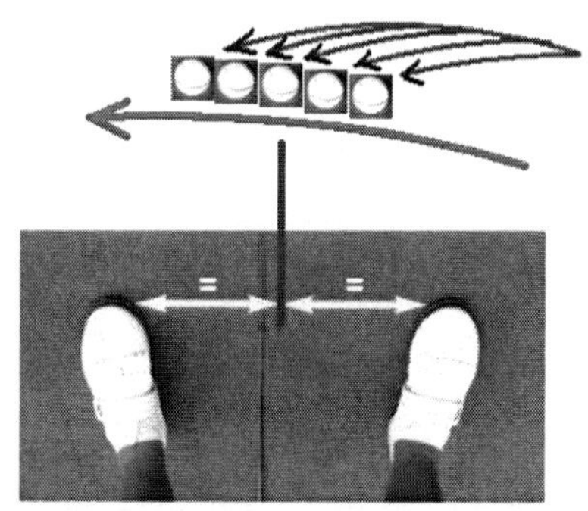

위의 그림을 참고해서 볼의 위치를 알아보자.

(좌로부터 1번~5번 볼)

중앙에 있는 3번 볼이 8번 아이언이라고 할 때 우측으로 공 반 개씩 9번 아이언, 피칭아이언, 샌드웨지가 되겠다. 즉 4번 볼이 피칭아이언이라는 얘기다. 페어웨이를 기준으로 할 때 그렇다는 얘기다. 샌드웨지로 벙커샷을 할 때에는 5번 볼 위치는 아니다. 반대로 좌측으로 공 반개씩 7번, 6번 아이언이 된다. 그래서 2번 볼이 6번 아이언이 된다.

즉, 공의 기준은 양발의 정중앙을 기준으로 좌로 갈수록 긴 클럽, 우로 갈수록 짧은 클럽이 된다. 정중앙을 8번 아이언이 아닌 7번 아이언으로 정할 수도 있다. 왜냐하면, 7번 아이언이 길이로 치면 아이언의 중간쯤 되기 때문에 그렇기도 하지만, 일반 골퍼들은 3번, 4번 아이언을 잘 안 쓰기 때문에 8번 아이언이 미들아이언이 되기도 한다. 제일 긴 클럽인 드라이버는 임시로 왼발 뒤꿈치 안쪽에 놓으면 된다. 여기까지 이해하겠는가?

지금부터가 중요하다.

가만히 보면, 다섯 개의 공의 위치가 직선이 아니고 빨간 화살표를 따라 곡선이다. 클럽의 길이에 따라 양발과의 간격이 커지기 때문이다. 이 빨간 화살표가 가리키는 방향이 바로 손과 클럽헤드가 지나가는 방향이다. 이렇게 되려면 반드시 인사이드 아웃 스윙이 전제되어야 한다. 그렇게 되면 어떤 아이언이든 스윙의 궤도는 일정해진다.

그렇다. 공을 기준으로 스윙의 궤도가 결정되는 것이 아니라, 스윙의 궤도를 기준으로 볼의 위치가 정해진다고 볼 수 있다. '골프에서의 스윙은 하나다'는 의미가 바로 여기에서 유래되었지 않나 필자는 추측한다. 실제로 스윙은 하나여야 함은 물론이다. 클럽별로 스윙 궤도가 달라진다면 볼을 쳐내야 하는 골퍼 입장에서는 여간 까다로울 수밖에 없다.

반대로 아웃사이드 인 스윙을 하는 골퍼의 손과 클럽헤드의 궤도는 볼의 위에 그려진 검은 화살표처럼 된다. 보기에도 헷갈리지 않는가? 그래서 엎어 치면 절대 안 되는 이유가 바로 여기에 있다.

지금까지 볼의 위치와 이유에 대해서 알아보았다. 실제로는 어떨까? 볼을 놓을 때 '6번 아이언이니까 정중앙에서 공 하나 왼편에 놓아야지' 생각하면서 매번 정확하게 자로 잰 듯이 놓을 수는 없다.

그냥, 정중앙은 8번 아이언, 그보다 길면 좌측으로 공 한두 개, 짧으면 우측으로 공 한두 개 간격을 두고 치면 된다. 드라이버 칠 때 공의 위치를 왼발 뒤꿈치 안쪽으로 두는 것은 연습할 때 일정한 기준을 두기 위해서이지 평생 그렇게 치라는 얘기가 아니다. 대부분의 고수들은 약간 안쪽으로 놓는다. 바깥쪽으로 놓는 골퍼는 아직 못 봤다.

볼의 위치뿐만 아니라 골프의 지식들은 머리로 외우는 것이 아니라 연습장에서 연습을 통해 몸에 자연스럽게 익혀야 한다. 그러기 위해서는 하루에 한 가지씩 목표를 정해서 스윙을 교정해나가야 하며, 이것저것 모두 해보아야 한다. 볼의 위치도 다양하게 놓고 쳐보아야 한다. 그래야 본인에게 맞는 볼의 위치를 알 수 있다.

다음에는 페어웨이, 그린 적중률을 높이는 방법, 즉 OB를 줄이는 방법을 알아보자.

페어웨이 적중률 높이기, OB 줄이는 방법

　페어웨이와 그린 적중률을 높이는 방법, 즉, OB를 줄이는 방법에 대해 알아보자.

　필자의 고향에는 나름 이름이 알려진 세미프로가 한 분 계신다. 그분을 제물삼아 OB 안 나는 방법에 대해 알아보고자 한다.

　그 형님과는 오랫동안 친분이 있어서 같이 라운드를 대략 서른 번 정도 나갔으며, 대략 삼백 번 정도(?) 술자리를 같이 했었다. 경악할 만한 그날의 사건은 아직 내 머릿속에 또렷이 남아 있다. 그 사건은 바로 그 형님이 필자가 보는 앞에서 드라이버 OB를 낸 날이다. 서른 번 가까이 라운드 하는 동안 딱 한번 OB 내는 걸 보았다. 그때 필자의 반응은 어땠을까? "와~~ 형님, 오늘 드디어 한 건 하셨네요. ㅋㅋㅋ." 탄성을 지르고 난리 났었다.

　그날 형님이 OB를 낸 원인을 알아보자.

　첫째, 아침 7시경에 티업을 해서인지 안개가 덜 걷혀져 페어웨이가 흐릿하게 보였다.

　둘째, 어제, 그러니까 당일 새벽 4시까지, 필자와 간단하게(?) 한잔해서인지 같이 라운딩한 동반자들조차 코를 막을 지경이었다.

　셋째, 신설 골프장 시범라운드에 초대받아 갔으므로 필드 정보가 전혀 없었다. OB를 낸 그 홀은 페어웨이가 왼쪽으로 보기보다 상당히 기울어져 있어서 볼이 조금만 왼쪽으로 가도 바운스되어 나가버리게 되어 있었다.

위에서 알 수 있듯이, OB를 내지 않기 위해서는,

첫째, 페어웨이가 잘 보이지 않을 때는 최대한 안전한 방향을 캐디에게 물어서라도 알아야 하며,

둘째, 라운드 전날은 평소와 같은 컨디션을 유지하기 위해 잠을 어느 정도 자야 하며,

셋째, 처음 접하는 골프장은 사전 준비를 어느 정도 해야 한다는 결론이 나온다. 본인의 구질을 고려해서 최대한 안전한 곳을 타깃으로 정해야 한다. OB만 나지 않는다면 언덕이든 벙커든 겁내지 말아야 한다는 것이다.

그 형님은 당황했다. 왜냐하면 이런 모습을 보여서는 안 되는 중요한 동반자가 한 분 계셨기 때문이다.

그 다음 형님의 행동은 바로 프로의 그것이었다.

첫째, 티샷을 마치고 모두 카트를 탔는데, 술을 깨기 위해 필드를 그 형님 혼자 달리기 시작했다. 이후로 서너 홀을 걸어서 라운딩 했다.

둘째, 티샷 전에 캐디에게 이것저것 묻기 시작했다. 벙커까지 얼마냐는 등, 우측이 헤저드인지 OB인지 등등, 전에는 볼 수 없는 광경이었다.

셋째, 드라이버를 아에 잡지 않았다.

당시 필자와 가벼운 내기를 하고 있었으므로 형님에게 불만을 나타냈다.

"내기하는데 드라이버 안 잡는 법이 대체 어느 나라 법입니까? 드라이버 안 잡으면 누가 못 이깁니까?" 하고 핀잔을 주구장창 해댔다. 못 이기

는 척 한 번 드라이버를 잡고는 전반 홀 내내 드라이버를 잡지 않았다.

지금까지 흔히 필드에서 있을 수 있는 OB 대처 방안을 짚어보았다. 골프 초보자가 실력이 좀 모자라 OB 낼 수도 있다. 하지만 그 외적인 이유로 OB를 내서는 안 된다는 말이다. 백돌이 골퍼의 스코어카드를 보면 OB로 까먹는 스코어가 절반 가까이 되는 경우가 흔한 게 사실이다.

되도록 실수를 줄이는 방법을 알아보자.

첫째, OB를 줄이기 위해서는 OB에 대한 두려움을 떨쳐버리는 것이 첫 번째이다. 연습장에서는 두려움이 없었잖은가. 연습장이라고 생각하고 긴장을 풀어라.

둘째, 일정한 스윙 템포를 18홀 내내 유지해야 한다. 그러기 위해서는 '보다 멀리, 보다 빠르게, 보다 강하게' 휘두르면 절대 안 된다. 올림픽에서나 통하지 필드에서는 절대 안 통한다. 보다 안전하게, 보다 천천히, 보다 부드럽게 스윙해야 한다.

그게 말처럼 쉽지만은 않을 것이다. 하지만 이 점을 인지하고 스윙하는 거랑, 무작정 휘두르는 거랑은 천지 차이다. 매 샷 이러한 원칙을 다시 한 번 되짚어 보기 바란다. 그렇게 하면 전반 서너 홀은 몸이 안 풀려서 원하는 대로 안 될 수도 있지만 그 다음부터는 차츰 안정되리라고 본다.

셋째, 전반 홀은 무조건 드라이버 180m만 보낸다는 각오를 해야 한다. 전장이 길다고 멀리 보내려고 해서는 안 된다. 톡톡 치다 보면 어느새 180이 200이 되고 210이 되어 있는 걸 보게 될 것이다.

넷째, 연습 스윙을 충분히, 그리고 천천히 해라. 그날그날 컨디션이 다를진대, 몸도 풀리기 전에 OB 다섯 방 낼 순 없지 않는가. 필드에서는 보편적으로 스윙 템포가 빠르고 리듬이 일정하지 않기 때문에 내

스윙, 내 구질을 빨리 만들어야 한다. 연습 스윙을 충분히 해 줌으로써 내 스윙을 만들 수 있다고 본다. 슬라이스가 나도 일정하게 나야 하지 않겠는가.

연습 스윙의 기적을 본 적이 있다. OB를 최소한 열 번은 낸다는 분이 필자와 동반한 적이 있다. 골프장으로 가는 차 안에서 티샷 전에 연습 스윙 세 번은 무조건 하기로 다짐을 받았다. 그것도, 아주 천천히 하기로 했다. 그리고 충실히 따라주었다.

어떻게 되었겠는가? 얼마나 천천히 스윙을 하던지, 연습 스윙을 지켜봐야 하는 동반자들은 지루해서 미칠 지경이었다. 그러나 그날 그분은 태어나서 처음으로 드라이버 OB 없는 라운드를 즐기셨다.

굿샷과 OB는 백지 한 장 차이의 결과이다. 그 원인을 찾아야 한다. 백지 한 장의 스윙의 차이로 결과가 만들어진다. 충분한 연습 스윙을 해주고, 조금만 더 내 스윙에 대한 자신감을 찾는다면 OB는 차츰차츰 사라지게 될 것이다.

5번홀 강력한 드라이버 스윙을 원하시나요?

연습장에서 드라이버 스윙 연습을 하시는 건장한 남자들을 자세히 보면, 이분들의 스윙 목적이 눈에 보인다.

'강하게, 더 강하게!'

아닌가? 정말 강한 스윙을 원하는가? 그렇다면 아래와 같이 삼각편대 해머스윙(Triangle Hammer Swing)을 추천한다.

첫째, 삼각편대를 구축하라.

양쪽 어깨와 손은 어드레스 때부터 삼각형이다. 이 형태를 최대한 유지를 하기 위해서는 양쪽 어깨를 안쪽으로 모아주는 힘이 들어가야 한다. 백스윙 때 최대한 유지하기 위해서는 골반을 비롯한 상체 전체를 최대한 우측으로 돌려주어야 한다. 어깨만 돌려주면 완전히 돌아가지 않는다. 백스윙 탑에서도 우측 팔꿈치는 최대한 펴려고 노력해야 한다. 우측 팔꿈치를 너무 쉽게 굽히지 않아야 한다. 다운스윙할 때도 최대한 뒤에서부터 삼각편대를 빨리 만들어서 가파르게 내려온다.

둘째, 만들어진 삼각편대로 볼을 히트할 때 최대한 몸에 붙인다. 어드레스 할 때보다 더 붙인다는 느낌이어야 한다. 위 그림(김경태, 이시카와 료)을 보면 손이 버클에 완전히 붙어서 같이 돌고 있다. 그러기 위해서는 구심력에 의해 상체가 펴지면서, 우측 골반이 볼 쪽으로 나가게 된다.

셋째, 올림픽 육상 종목 중에 해머던지기가 있다. 해머를 던지기 직전까지 헤머사들의 양팔은 해머 무게에 의해 강하게 펴져 있게 된다. 그리고 어깨를 이용해서 강하게 해머를 날려 보낸다. 던지는 순간까지 원심력을 최대한 살리기 위해 손목을 낚아채준다.

볼을 히트한 다음 해머를 던지듯이 양팔을 최대한 편 상태를 오래 유지하면서, 손목으로 해머를 낚아채듯이 강하게 뿌려주어 원심력이 최대가 되게 한다. 해머, 즉 클럽에 끌려가서는 안 된다. 낚아채는 이 동작에 의해서 드라이버 헤드는 최대 속도를 낸다. 특히, 여성 골퍼 분들은이 낚아채는 동작이 부족해서 거리가 멀리 나가지 않는다. 아마추어 여성 골퍼들에게는 거리가 가장 중요하다. 다음 시간에 설명하도록 하자.

이때, 원심력에 비례하여 구심력을 만들기 위해서는 오른쪽 골반이타깃 쪽으로 너무 일찍 돌아서는 안 되고 볼과 같이 돌아간다는 느낌으로 강하게 돌려준다. 그래야지만 양 어깨와 손이 이루어 놓은 삼각편대를 유지할 수 있다.

두 번째, 네 번째 그림을 자세히 보면 이시카와 료가 해머를 던지고 있다?? 해머가 아니라는 증거를 대봐라.

이 동작은 젊은 남자 골퍼가 드라이버 스윙할 때 유용하다. 아이언을이렇게 스윙해 버리면, 140m 나가던 8번 아이언이 180m가 나가버리게된다. 일명, 플라이 볼이 되어 버린다. 연습장에서 7번, 8번 아이언으로170m 이상 때리는 분들은 거의 이런 플라이볼이라고 보면 된다. 절대로 이렇게 쳐서는 안 된다.

일명 해머던지기와 비슷한 이 동작의 장점을 살리기 위해서는 처음부터 풀스윙 하지 말고 좌우로만 삼각편대를 깨지 않는 범위 내에서 상체전체를 흔들어주는 연습을 충분히 해주어야 한다. 위 그림(이시카와 료)처럼 좌우로 흔들면서도 삼각편대를 유지해야 한다.

이 스윙의 장점은 몸 전체로 스윙을 해주기 때문에 볼의 방향성이 일정하다는 것과 볼에 헤드의 무게를 충분히 실어주게 되어 비거리가 상당히 향상된다는 것이다. 연습을 통해 헤드스피드도 차츰 증가시켜 줄수 있다.

처음부터 그립을 너무 약하게 잡으면 손목이 쉽게 꺾이게 되므로 견고하게 잡아야 한다. 이러한 연습이 어느 정도 되면 그립을 조금 부드럽게 해서 스윙을 하게 되면 헤드스피드를 증가시킬 수 있다. 그렇다면 이런 해머던지기 스윙을 하는 프로들은 누가 있을까? 농담 같지만 프로 골퍼들은 다 이렇게 친다고 보면 된다.

　남자들의 골프 로망이 있다. 닮고 싶은 동작이 있다. 위 그림처럼 강하고 아름다운 릴리스다. 그렇지 않은가? 그렇다면 오늘 설명한 삼각편대 해머스윙(Triangle Hammer Swing)을 강력히 추천한다.

엉뚱한 질문 한 가지 하자.

이 책의 내용이 전부 맞을 것 같은가? 공감 가는 내용도 있고 아닌 것도 있다고? 당연하다. 이 책은 교과서가 아니다. 오로지 필자의 경험과 지식으로만 구성되어 있다. 연습장에서 레슨하면서 쌓은 경험을 토대로만 쓰고 있다. 그래야만 한다고 생각했다. 그래야 창의적인 글, 실질적인 레슨이 된다고 확신했다. 이론을 위한 이론이 되지 않도록 노력하고 싶었다. 인터넷에 널린 게 정보인데 자신의 색깔을 가지기 위해서라도 되도록이면 기존 정보를 참고하지 않으려고 한다. 지금까지도 그랬고 앞으로도 그럴 것이다. 이것만은 약속한다. 그렇다 보니, 잘못 쓰인 골프 용어도 있을 수 있고, 직접 만든 용어도 있다. 생뚱맞더라도 이해해주기 바란다.

여자 골퍼에게 비거리란?

여자에게 있어서 사랑이 전부라는 말이 있다.(사랑밖엔 난 몰라~) 그 의미를 어렴풋이 알 듯 모를 듯하다. 하지만 여자 골퍼에게 비거리가 전부라는 것은 확실히 알고 있다. 그만큼 중요하다.

여자 골퍼에게는 참 할 말이 많다. 그래서 이번 홀은 다소 장황하더라도 양해를 바란다. 그만큼 안타까워서 그렇다. 다음 홀부터는 핵심적인 요소를 간단하게 설명하도록 노력하겠다. 이번 홀은 여자 골퍼들을 위한 거니까 다음 페이지로 넘어가려고? 천만의 말씀 만만의 콩떡이다. 남자 골퍼들이 반드시 보아야 한다. 읽어라.

여자는 폼만 좋으면 된다는 우스갯소리도 한두 번이지, 여자는 무조건 비거리다. 일단 멀리 나가고 봐야 한다. 반면에, 남자는 정교함이다. 여자는 과감함이다. 남자는 부드러움이다. 여자는 스피드다. 남자는 폼이다. 여자는 단순무식하게 휘익 휘둘러야 한다.

왜 그럴까? 여자는 원래 폼이 좋다. 대단히 정교하며 부드러움을 타고났다. 부족한 점을 보완해야 하지 않겠는가? 반면에 남자는 원래 그렇다.(남자는 다 그래) 그렇게 스윙을 하도록 타고났다. 무슨 말인지 이해가 되는가? 그걸 깨뜨리지 못하고 특정한 자세나 동작에 얽매이게 되면 제대로 된 스윙이 나오지 않는다. 과감하게 휘둘러야 한다는 것이다. 그래야 폼도 좋아진다.

여자 골퍼 세계 1위 청야니가 부드럽게 치던가? 폼이고 뭐고 간에 볼이 깨지도록 휘둘러버린다. 그래서 1등 하는 거다. 그렇게 휘둘렀는데도 PGA 남자 프로 골퍼 꼴찌보다 거리가 안 나간다.(정교함에 있어서는 두 번째 가라면 서러운 신지애 프로가 드라이버 20m만 더 나가도 청야니는 쨉도 안 된다. 그냥 안타까워서 적어봤다. 쩝…)

반면에, 한때 세계 1위 타이거우즈와 최경주 프로는 어떤가? 끊임없이 폼을 수정하고 있다. 그만하면 됐을 듯도 한데, 비거리를 줄여서라도 정교한 샷을 위해 끊임없이 폼을 수정하고 있다.

파온(파4 홀인 경우 두 번 만에 온그린)을 할 수 없는 비거리로는 파를 잡을 방법이 없다. 세컨샷을 우드로만 쳐서는 점수도 안 나올 뿐 아니라 재미도 반감된다.

비거리를 늘리는 방법을 알아보자.

필요한 것은 큰 스윙 궤도와 빠른 헤드스피드이다. 큰 스윙 궤도를 위해서는 백스윙 때 상체를 크게 회전시키는 방법과, 체중을 우측으로 이동해서 스윙 궤도를 크게 하는 방법이 있다. 단, 여기서 스윙 궤도라 함은 골반 아래에서 본인의 손이 나의 턱과 얼마나 멀리 떨어지느냐에 달렸다.

그렇다고 턱을 들라는 얘기가 아니다. 손을 멀리 하라는 얘기다. 또한, 높이 올린다고 궤도가 커지는 것이 아니라는 의미다. 골반 아래에서 좌우로 크게 흔들어 주어야 한다. 백스윙도 스윙이다. 그냥 들어 올리면 안 된다. 골반 위로는 지금 하던 대로 하면 된다. 무리하게 팔을 펼 필요도 없고 힘을 과도하게 써서 움츠릴 필요도 없다.

상체를 크게 회전시킬 때 가장 중요한 것은 클럽헤드와 같이 회전이 되어야 한다. 특히, 헤드가 빨리 가서는 안 된다. 코킹을 일찍 하지 말아야 한다는 말이다. 왜냐하면 코킹을 일찍 하라고 하면 팔을 일찍 들어버리기 때문이며 인위적인 힘이 들어가기 때문이다. 양 팔꿈치의 간격을 일정하게 만들면서 무릎 밑에서 좌우로 크게 원이 그려져야 한다는 것이다.

체중을 우측으로 이동해서 스윙 궤도를 크게 하는 방법은 상당히 어렵다. 체중이 우측으로 이동한다는 의미는 몸을 우측으로 이동해서 체중을 전부 오른발에 실어라는 의미가 절대 아니다. 몸통이 회전을 하고 있기 때문에 정확한 방향은 오히려 오른쪽 뒤편이 된다고 할 수 있다. 뒤편으로 회전을 하다 보니 자연스럽게 오른 허벅지에 무게가 실린다.

또한 주의할 점은 절대 우측 골반이 오른쪽으로 삐죽 내밀어져서는 안 된다. 제발 부탁이다. 오른 무릎이 퍼지는 부작용, 고개가 들리게 되는 부작용, 중심축인 허리가 굽혀지는 부작용이 동시다발적으로 일어나서 헤드 가속도가 나지 않는다. 볼을 맞힐 때 헤드스피드가 빨라야 하는데 반해, 백탑에서 힘만 들어가게 되어 가속도가 나지 않는다. 우측 골반은 어드레스 했을 때보다 우측으로 5cm 이상 가면 절대 안 된다.

위 두 가지 중 어떤 것이 더 좋을까? 병행하면 어떨까. 그래, 병행하도록 하자. 돈 드는 것도 아닌데 뭐. 체중을 우측으로 이동하면서 상체를 크게 회전시키도록 하자. 이렇게 힘들게 백스윙 한 이유가 무엇인가? 가속도를 살려 빠른 헤드스피드로 볼을 치기 위함이다. 빠른 헤드스피드를 위해서는 저번 시간에 언급한, 볼을 히트한 후 바로 클럽헤드를 말아 올려야 한다. 그러기 위해서는 팔이 몸통과 떨어져야 한다. 클럽헤드가 가는 방향으로 휘둘러버려야 한다.

클럽을 앞으로 휙 던지라는 말이 있는데, 그거 아니다. 휙 던지라니까 팔이 클럽에 끌려가버리게 되어 가속도가 팍 죽어버린다. 그 대신에 클럽을 가슴 쪽으로 확 끌어안으면서 클럽헤드를 감아 올려야 한다. 클럽헤드를 감아올리려면 과감하게 손목을 가슴 쪽으로 꺾어야 한다. 즉, 릴리스 타이밍에 코킹을 심하게 해야 한다는 것이다.

남자들은 너무 과해서 문제인 위 두 가지가 잘 안 되는 이유는 순간적인 순발력과 힘이 부족해서이다. 헤드스피드가 떨어지는 것은 구심력이 작기 때문이다. 공을 히트하고 클럽헤드를 감아올리지 못하고, 클럽의 무게에 팔이 끌려 가버린다. 왜 남자에 비해 이런 현상이 생길까. 그 이유는 심 모 가수의 노래에 나와 있다. '나는 여자이니까~~.'

볼을 히트하는 순간 손을 확 감아 올려야 하는 과감함이 상대적으로 적다는 얘기다. 힘도 부족하고. 팔에 힘이 없는 분도 리듬감만 살리면 헤드스피드를 얼마든지 증가시킬 수 있다. 팔과 어깨의 힘으로만 치면 어깨 관절과 팔 근육만 아프고 상·하체 밸런스가 깨진다.

클럽의 무게는 어쩌면 여성들에게는 상당히 부담스러운 무게다. 이 무거운 걸 남자들처럼 힘으로 스윙하려면 안 된다. 다운스윙되는 무게를 몸에 최대한 붙여서 이용할 줄 알아야 한다. 온몸으로 쳐야 한다는 말이다. 그러면 온몸으로 느낄 수 있다.

정리하자면, 흔들흔들 흔들어서 골반 아래에서 최대한 양손을 턱과 멀리한 다음 과감하게 우측 뒤로 백스윙해서는 다운스윙 때 왼발로 '쿵' 하고 강하게 디뎌주면서 과감하게 클럽헤드를 말아 올려야 한다.

팔과 양손이 몸에 최대한 붙어서 볼을 히트해야 강하게 타격할 수 있고, 이때, 골반이 도는 속도가 팔의 속도이고 클럽의 속도이기 때문에 과감하게 우측 골반을 돌려주어야 한다. 과감하게, 과감하게, 과감하게!!!

한 가지 더. 골프 볼을 골프 볼이라고 생각하지 말고 탁구공이라고 생각하면 회한하게도 스윙의 부담감을 줄일 수 있다. 헤드스피드가 빠르지 않은 여자골퍼에게는 몇 그램 되지 않는 골프공이라도 샤프트를 통해 손이 울리는 경우가 많다. 그럴수록 탁구공이라 생각하고 과감하게 휘둘러야 한다.

드라이버든 아이언이든, 위 방법으로 처음 20개 정도는 50% 정도의 힘으로만 스윙을 해서 점점 스피드를 높이도록 하자. 그렇게 되면 스윙의 어느 부분에서 힘을 써야 하는지 알 수가 있다. 매일 이렇게 연습을 하도록 하자.

다 쓰고 보니 글로써 스윙을 표현하기가 참 어렵다는 것을 새삼 느낀다. 그럼에도 불구하고 잘 해내리라 믿는다. 파이팅!!!!

저번 시간에 이어, 여자 골퍼들의 스윙을 살펴보자.

여자에게 폼이란 예쁜 자세가 아니라 멋있는 자세여야 한다. 비거리를 위한 탄력 있는 폼이어야 한다. 실용적인 폼이 가장 멋있는 폼이다. 폼이 좋아야 비거리가 많이 나는 것이 아니라, 비거리가 많이 나는 폼이 멋있는 거다. 너무 예쁘게 스윙하려 하지 말기를 권한다. 골프도 운동이 잖은가. 운동은 예쁘게 하는 게 아니라 멋있게 해야 한다.

오늘은 백스윙에 대해 같이 고민해보자. 엄밀하게 얘기하자면, 백스윙의 첫 출발인 테어크어웨이에 대해 알아보도록 하자.

여자 골퍼에게는 클럽헤드의 무게 때문에 출발부터 힘이 들어간다. 출발부터 이런 부담감이 들면 스윙 내내 몸이 경직이 되고 힘이 들어가게 되어 가속도가 붙질 않는다.

아래 두 가지만 익혔으면 좋겠다.

첫 번째는, 손목과 몸통을 5cm만 왼쪽으로 살짝 이동한 다음 그 반동을 이용하면 클럽헤드를 쉽게 우측으로 가져갈 수가 있다. 이런 동작을 하는 프로도 많이 있다. 아예 대놓고 하는 프로도 있고, 눈으로 보이지는 않지만 살짝 하는 프로도 있고, 자세는 서로 다르지만 어떤 형태로든 이런 동작을 한다고 봐야한다. 몸을 이용한 일종의 웨글이라고도 볼 수 있다.

어드레스 자세를 취하기 전 좌우로 발을 굴러줄 때 손목과 상체가 좌우로 살짝 왔다 갔다 한다. 어드레스자세로 딱 멈추더라도 계속 좌우로 흔들운동을 계속 한다는 리듬감을 주어야 한다.

여자 골퍼들이 자주하는 버릇 중에 어드레스 자세에서 양발을 땅으로 쿵쿵 디디는 동작이 있다. 무게 중심을 가지기 위한 자세로 보이지만, 절대 해서는 안 되는 동작이다. 오히려 좌우로 체중을 왔다 갔다 건들건들해야 한다. 뻣뻣한 어드레스 자세에서 그 무거운 클럽을 갑자기 이동하려니 힘이 들어가는 것이다.

볼링에도 이런 동작이 있다. 무거운 볼링공을 백스윙하기 위해서는 우선 앞으로 쭉 내민다. 앞으로 내민 공을 반동을 이용해서 그 탄력으로 쉽게 뒤로 백스윙 한다. 위아래로 반동을 주는 게 아니다. 좌우로 탄력을 주어야 한다. 그 역할은 체중 이동과 하체의 턴이 담당한다.

좋은 폼을 익히기 위해서는 먼저 연습해야 하는 순서가 있다. 즉 이러한 반동을 인위적으로라도 만들어 준 다음이라야, 나중에는 이런 동작을 의식하지 않아도 자연스럽게 몸에 적응이 되는 것이다.

두 번째는, 여자 골퍼들이 또 힘이 들어가게 되는 이유는 백스윙 때 클럽을 일찍 들려고 하기 때문이다. 백스윙의 1차 목표는 위가 아니라 오른쪽으로 평형이동이다. 오른쪽으로 이동한 팔과 손목과 클럽이 더 갈 곳이 없으니 자연스럽게 위로 가게 된다는 느낌이어야 한다. 즉, 오른쪽으로 회전을 시켜주는 느낌이어야 한다. 이 동작에 의해서 코킹이 자연스럽게 생긴다. 남자에 비해 일찍 클럽을 위로 들려는 습관이 드는 것은 근력이 약하기 때문이다. 근력이 약한 이유로 일찍 들어버리려는 조급함이 있다는 얘기다.

이럴 경우에는 무릎과 골반을 이용해야 한다. 첫 출발이 팔에 의해서 회전이 되면 안 된다. 무릎과 골반을 우측으로 회전을 시켜주면 상체와 팔에 힘을 전혀 주지 않아도 자연스럽게 상체 전체가 살짝 돌아가게 된다. 이 탄력을 이용해서 백스윙을 하면 된다. 처음 연습할 때는 인위적으로라도 상체를 고정하고 하체만으로 살짝 우측으로 회전을 해보아야 한다.

백스윙 때 힘을 주면 다운스윙 때 힘이 들어가게 되어 코킹이 빨리 풀리게 된다. 코킹된 손목은 어차피 원심력에 의해 풀어지게 되어 있다. 단, 그 원심력이 최대가 될 때, 즉 임팩트 순간에 풀어지려면 가속도가 줄어들면 안 된다. 백스윙 탑에서 힘을 주게 되면 다운스윙 내내 속도가 같아진다. 가속도는 속도가 점점 빨라져야 한다는 얘기다.

정리하자면, 어드레스 자세에서 우선 왼쪽으로 몸통을 살짝 기울인 다음, 우측으로 체중 이동을 해주면서 상체를 고정한 채 무릎과 골반으로 회전을 시켜주어야 한다.

위 두 가지 백스윙 동작을 위해서는 여유가 있어야 한다. 백스윙 빨리 한다고 헤드스피드가 빠른 게 절대 아니다. 천천히 출발해서 여유 있는 스윙을 먼저 연습해야 한다. 그렇게 되면 자연스럽게 리듬을 찾게 되어 나중에는 엄청난 스피드를 낼 수가 있게 된다. 스피드를 낼 수 있는 자세와 동작을 익히지 않은 채 스피드를 내려니 힘을 쓸 수밖에 없는 것이다.

위 두 가지는 여자 골퍼뿐 아니라 남자 골퍼에게도 엄청 도움이 되는 동작이다. 여자에게는 힘 있는 스윙에 도움을 주고, 남자에게는 부드러운 스윙에 도움을 주는 동작이므로 적극 권장한다.

8번홀 스윙을 구분하라

사람을 평가할 때 '물에 물탄 듯 술에 술탄 듯'이라는 말이 있다. 좋게 보자면 두루뭉술하고 무난하다고 볼 수 있지만, 안 좋게 보자면, 우유부단하고 끊고 맺는 게 없다고도 볼 수 있는 것이다. 골프 스윙에서는 이러면 안 된다.

골프 스윙에는 여러 가지가 있다.

칩샷, 피치 & 런, 벙커샷, 로브샷, 플랍샷, 어프로치샷, 하프스윙샷, 컨트롤샷, 아이언샷, 우드샷, 드라이버샷 등 클럽에 따라, 또는, 볼이 놓인 상황에 따라 다양한 스윙을 구사해야 함에도 불구하고, 칩샷인지 피칭샷인지 어프로치샷인지 구분이 안 되는 일명 '국적불명'의 샷을 구사할 때가 많다.

모로 가도 서울만 가면 된다고, 그린에 올리기만 하면 되지, 무슨 방법으로 올리는 게 뭐가 그리 중요하냐고 생각할 수도 있지만, 그게 그렇지가 않다.

그린 주변 러프에 있는 공을 칩샷을 사용하지 않고 퍼터로 공략하는 분들이 있다. 초보 때는 불안한 칩샷보다는 편안한 퍼터가 성공 확률이 높다 보니, 습관이 들어버린 것이다. 특히, 초보 때는 이러면 안 된다. 실수를 하더라도 원칙을 지켜야지만 발전이 있는 것 아니겠는가.

오늘부터라도 클럽매니지먼트를 지키자. 클럽별로 거리 목표를 세우자. 예를 들어, 20m까지는 칩샷, 30~40m는 피칭샷, 50m부터는 어프로치샷, 그 다음은 아이언 종류별로 목표 거리를 정하도록 하자.

그렇다면, "45m는 어떻게 해요?" 궁금할 수도 있다. 하아!! 피칭샷을 조금 세게 치던지, 어프로치샷을 조금 약하게 치든지 하면 된다. 중요한 것은 연습장에서 연습할 때는 반드시 목표 거리를 정해야 한다는 것이다. 특히, 여자 골퍼들은 이게 잘 안되는 게 사실이다. 거리가 안 나가기 때문에 피칭샷이나 아이언샷이나 같이 풀샷하는 경우가 많다. 거리가 안 나가도 좋으니 반드시 구분하기를 바란다.

필드에서 만약 40m가 남았다고 가정하면, 마음속으로 '피칭샷을 치자'고 생각하고 쳐야 한다. 이렇게 하는 것과 무작정 스윙하는 것과는 실력 향상에 차이가 날 수밖에 없다. 처음에는 다소 번거로울 수 있는 이런 사소한 습관들이 모여모여 큰일을 해내는 것이다. 오늘부터라도 스윙을 구분해서 연습하는 습관을 들이도록 하자.

스윙 종류별로 특징을 지금 구분해달라고? 필자가 머리 쥐어짜가면서 적어놓은 예전 글들을 참고하기 바란다. 그리고 부족한 부분이나 이해가 잘 안가는 부분은 여러 번 읽어보기 바란다. 영어 참고서 한번 읽었다고 영어 마스터했다고 볼 순 없잖은가. 다소 귀찮더라도 반복학습의 효과는 엄청나다.

오늘은 80타를 깨기 위해서는 필히 넘어야 할 과제를 살펴보자. 볼의 구질과 방향성의 이해가 그것이다. 아이언샷과 펀치샷, 그리고 드라이버에서의 볼의 구질과 방향성에 대해 살펴보자. 놀라운 비밀이 있을 수도 있지 않겠는가?

첫 번째로 아이언샷을 살펴보도록 하자. 아이언샷의 대부분의 목표는 그린으로 똑바로 온그린 시키는 것이다. 거리 못지않게 이 똑바로 보내기 위해 어떤 노력을 해야 하는지 살펴보자.

저번 시간에 이어 볼링을 다시 예로 들어보자. 스트라이크 존인 1번, 3번 포켓에 넣기 위해 어떤 구질이 쉽겠는가. 볼링에 대해 잘 모르는 분은 당연히 스트레이트, 즉 똑바로 굴리는 볼이 스트라이크로 보내기 쉽다고 생각하겠지만, 쳐본 분들은 알고 있다. 휘어지는 볼, 즉 훅성 볼이 스트라이크 존에 보내기 쉬울 뿐만 아니라, 대부분의 볼링 선수들은 훅성 구질을 가지고 있다. 여기에는 상당히 과학적인 비밀이 있다고 본다.

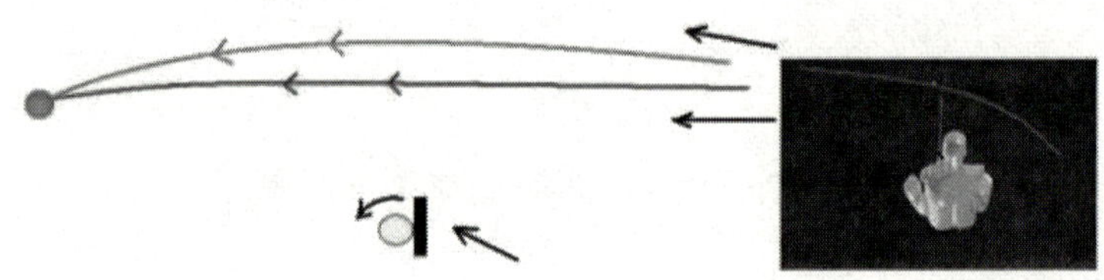

위 그림을 보자. 임팩트하기 전 클럽헤드의 진입 각도가 다르다. 당연히 볼의 방향성은 검은색 화살표 방향으로 나아갈 것이다. 그러나 파란색 선이 빨간색보다 스핀이 더 많이 걸리게 되어 목표 방향으로 둘다 가게 된다. 즉, 볼링으로 치자면 훅성 방향으로 헤드가 나아가도 목표 방향으로 볼이 가게 된다. 아무리 아웃사이더로 쳐내도 스퀘어만 되면 목표 방향으로 간다. 즉, 클럽헤드만 스퀘어가 되면 보정작용이 일어나서 볼은 어느 방향으로 가더라도 변화하는 구질에 의해 목표 방향으로 향한다.

그렇다면 볼을 엉뚱한 방향으로 보내지 않으려면 어찌해야 하는가? 클럽헤드가 열려 맞거나 닫혀 맞으면 절대 안 된다는 결론이 나온다. 클럽헤드가 열리거나 닫혀 맞는 이유는 임팩트 순간 손에 힘이 많이 들어가서 손장난이 과했거나, 너무 힘을 주지 않아서 볼의 임팩트 충격으로 클럽헤드가 돌아갔거나, 상체의 빠른 회전에 팔과 손이 따라가지를 못해 열려 맞아서이다.

임팩트 후 볼이 처음에는 똑바로 직진하다가 훅이나 슬라이스가 나버리는 이유는 전부 이 클럽헤드가 스퀘어가 되지 않았기 때문이다. 반대로, 출발은 왼쪽이나 오른쪽이었지만 목표 쪽으로 휘어지게 되는 이유는 전부 이 클럽헤드가 스퀘어가 되었기 때문이다.

조금 과장된 면도 없진 않지만 그만큼 목표방향으로 헤드스퀘어의 중요성이 높다고 볼 수 있다는 것이다. 클럽헤드의 스퀘어를 극대화하자는 게 바로 펀치샷(컨트롤샷)이다. 필자는 그렇게 보고 있다.

프로들이 임팩트 순간까지 볼에서 눈을 떼지 않는 이유는 볼을 스윗스팟에 정확히 맞추기 위해서가 아니다. 그 사람들은 눈감고도 맞힐 능력이 있다. 그 이유는 바로 클럽헤드의 스퀘어를 확인하기 위해서이다.

스퀘어를 만드는 것은 앞서도 얘기했듯이 손이 아니라 몸으로 만들어주기 때문에 일정한 형태의 폼을 만들기 위해 집중한다. 마치, 숏퍼팅 때 임팩트 후에 퍼터헤드 스퀘어를 끝까지 유지하기 위해 볼이 홀에 들어갈 때까지도 퍼터헤드에 시선을 고정하는 것처럼…. 마치 칩샷때 클럽헤드가 닫히는 걸 방지하기 위해 피니쉬까지 손목을 돌리지 않는 것처럼….

그렇다면 클럽헤드를 스퀘어하기 위해서는 온몸으로 돌려야 하겠는가, 아니면 손으로 돌려야 하겠는가? 당연히 온몸을 써야 한다. 즉, 하체가 턴을 하면 상체가 따라 돌고, 상체가 턴을 하면 어깨가 따라 돌고, 어깨가 턴을 하면 팔이 따라 돌아가게 스윙을 해야 한다.

그렇다면 손목은? 팔이 가는대로 따라가면 된다. 앞서가도 안 되고 뒤처져서도 안 된다. 팔은 또 어깨가 가는 대로, 어깨는 몸통이 가는 대로 따라가는 거다. 이런 스윙을 일컬어 소위 다이내믹한 스윙이라 부른다. 각각의 신체가 밸런스를 가지게 되고 일사분란하게 움직인다. 한 부분에 무리가 가지 않아 만 번을 쳐도 아픈 곳이 없이 리드미컬하게 조화를 이룬다. 이게 바로 아이언 스윙이다.

이런 느낌으로 연습을 하게 되면, 나중에는 하체만 빠르게 돌리기만 하면 몸 전체가 균형을 잡고 쉐~엑 소리가 나도록 돌아가게 되는 것이다.

펀치샷과 드라이버샷은 다음 시간에 살펴보도록 하자.

골프 초보가 궁금해 하는 질문들 1부

질문: 실내 연습장이 좋아요? 아님, 실외 연습장이 좋아요?

정답: 당연히 비싼 게 좋다. 단, 추우면 실내, 따뜻하면 실외 연습장에 가라.

질문: 필드 갈 때 비싼 정품 골프 볼을 가져갈까요? 아니면, 싼 로스트볼을 가져갈까요?

정답: 평균 OB 2개 이상 나는 분은 로스트볼만 써라. 참고로, 일반 남자 동호인의 90%가 평균 OB 2개 이상 낸다.

질문: 골프를 처음 배우려고 하는데 내게 맞는 골프클럽을 추천해 주세요.

정답: 친구 중에 제일 잘 치는 친구에게 물어봐라. "잘 맞나?" "잘 맞다" 그럼, 친구가 쓰는 골프채를 사라. 별 무리 없다. 오래된 골프채라면 쌀 것이고, 신상이라면 좀 비쌀 것이다. 여러 사람에게 물어보지 마라. 정답 안 나온다.

질문: 장갑은 어디 제품이 좋은가요? 비싼 게 정말 좋은가요?

정답: 프로 골퍼가 아니라면 인터넷에서 3,500원짜리 가죽장갑 20켤
레 사서 1주일에 한 켤레씩 쓰고 버려라. 20켤레면 6개월 쓴다.
장갑은 소모품이다. 단 필드 나갈 때는 만 원짜리 새 장갑 사
서 쓰고, 그 장갑으로 일주일 연습하면 된다. 필드 나갈 때는
왜 만 원짜리 새 장갑 쓰느냐구? 당신은 소풍 갈 때 콩밥에 김
치 싸가나????

질문: 골프를 시작하려고 하는데 레슨을 어떻게 받으면 좋을까요?

정답: 2개월 후에 필드 나가야 된다고 말하고 레슨 2개월 받아라. 1
개월 쉬고, 다시 1개월 받고, 6개월 쉬고, 1개월 받고, 그 후에는
1년마다 1개월 받겠다고 레슨 프로에게 말해라. 그러면 거기에
맞춰서 레슨 해준다.

질문: 좋은 골프화 추천해 주세요.

정답: 골프화는 비싼 거 사라. 제값 한다. 그리고 제발 좀 깎지 마라.
없어 보인다. 만 원 깎아주고 주인은 뒤에서 욕한다. 그런 주인
하고 잘 아는 사이라서 잘 안다.

질문: 저한테 맞는 드라이버를 고르기가 힘들어요. 벌써 다섯 번째 바
꾸고 있어요. 어떡하죠?

정답: 실력이 늘게 되면 아무 드라이버를 잡아도 잘 친다. 다섯 개 중
제일 비싼 드라이버를 잡고 계속 연습해라. 비싸다고 좋은 드라
이버라는 말이 아니라 그냥 아깝지 않은가.

펀치샷(컨트롤 샷)을 치는 요령은 의외로 간단하다. 하지만 대부분의 골퍼들은 펀치샷을 잘 구사하지 않는다. 왜냐하면 연습을 안 하기 때문이다. 그러다가 어느 정도 실력이 갖추어지면 고민하기 시작한다. 아이언샷은 장타가 중요치 않고, 직진성과 거리감이 중요하고 스핀이 중요하다는 것을 깨닫는다.

여기서 주로 다루고자 하는 부분은 90타 이상 핸디를 가진 골퍼들이 연습장이나 필드에서 이 펀치샷을 쳐야 할지 말아야 할지 고민하는 경우가 많기 때문에 어떻게 하는 것이 정답일지 같이 고민해보고자 한다.

프로들의 펀치샷 비율은 의외로 높다. 숏아이언의 경우 절반 이상을 이 펀치샷을 친다. 펀치샷을 치는 이유는 여러 가지다. 바람이 많이 불어서 공이 날리지 않도록 탄도를 낮추기 위해서이기도 하고, 직진성을 높이기 위해서이기도 하고, 장애물을 피해 샷을 해야 할 경우에도, 놓여진 환경이, 또는 경사가 샷을 하기에 불편할 경우, 그리고 짧은 거리는 습관적으로 펀치샷을 구사하는 경우가 있다.

펀치샷을 구사하는 방법은 백스윙을 간단하게 하고 팔로우를 낮고 길게 가져가면 된다. 즉 손과 클럽이 같이 가는 구간을 길게 해서 직진성을 높이는 것이다. 이렇게 하면 자연스럽게 위아래 스윙과 다운블로

스윙을 할 수밖에 없다. 임팩트 후 왼 무릎을 완전히 펴지 않고 굽혀진 채로 샷을 하고 피니쉬하게 되면 체중 이동이 자연스럽게 이어지기 때문에 도움이 된다.

펀치샷에 제대로 맛들이면 에미 애비도 몰라볼 정도로 푹 빠질 수 있다는 것을 필자도 경험했었다. 아직도 고민이다. 펀치샷을 쳐야 할지, 정상적인 샷을 쳐야 할지. 하지만 한 가지 확실한 점은 펀치샷의 장점을 알고는 있어야 한다는 것이다. 알고 안 하는 것과 몰라서 못 하는 차이는 엄청나다.

치라는 얘기야, 치지 말라는 얘기야? 펀치샷을 쳐야겠는가? 못 쳐도 되겠는가? 반드시 쳐야 한다. 펀치샷 없는 아이언샷은 앙꼬 없는 찐빵이다. 펀치샷을 쳐보면 이제까지 알지 못했던 아이언의 매력을 느낄 수 있으리라 믿는다.

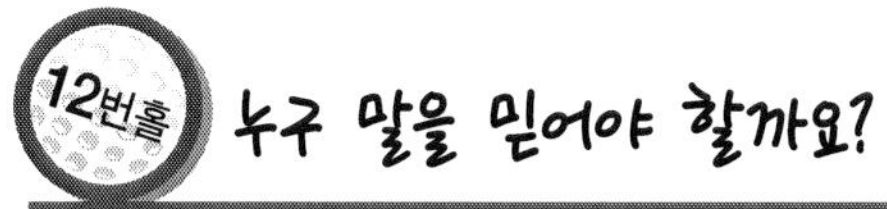

12번홀 누구 말을 믿어야 할까요?

골프 격언에 이런 말이 있다. '실력이 늘지 않는 가장 좋은 방법은 혼자 열심히 치는 것이다.' 이 말의 진위를 떠나서 골퍼들이 많이 공감하고 있는 걸로 봐서는 틀린 말은 아닌 듯하다. 그래서 모두들 열심히 배운다. 골프채널 레슨 프로그램도 보고, 폼이 좀 좋다 싶은 연습장 회원에게도 은근슬쩍 다가가보기도 하고, 레슨 프로에게 돈을 안 주는 범위 내에서 이것저것 물어도 보고, 심지어 컴퓨터 오락도 축구게임에서 골프게임으로 바꾼다.

그런데 한 가지 문제가 있다. 이 사람에게 물으니 이걸 고치라 하고, 저 사람에게 물으니 저걸 고치라 하고. 도대체 뭐가 중요한 건지, 뭐부터 고쳐야할지 종잡을 수가 없다. 결론부터 얘기하자면 모두 받아들여야 한다. 한 가지 샷만 고집하는 골퍼보다 다양한 샷을 배운 골퍼가 배운 시간은 같더라도 실력이 빨리 느는 게 사실이다. 프로들의 스윙 폼도 각양각색이지 않은가.

어떤 폼이 좋고 나쁘고가 없다. 다만, 내 몸에 맞는 스윙 폼이 제일 좋은 폼이다. 그런데 내 몸에 맞는 스윙 폼을 알고 있는 골퍼는 없다는 것이 문제다. 나의 신체 조건이, 성격이, 파워가, 팔 길이가, 손가락 굵기가, 허리둘레가 이러이러하니, 이런 스윙 폼이 제일 맞는다는 근거가 전혀 없다는 것이다.

어떻게 해야겠는가? 다 해보는 수밖에 없다. 여기서 한 가지 강조하고 싶은 것은 변화를 두려워하지 말아야 한다. 노력에 비해 실력이 늘지 않는 골퍼들을 가만히 살펴보면, 자기만의 스윙을 미리 단정 지어 그 틀을 벗어나지 못하는 경우가 많다. 특정한 동작이나 자세를 벗어나지 않으니 스윙이 늘 수가 없다.

1라운드 〈고정관념을 깨라〉에서 볼 수 있듯이 잘못 알고 있는 지식으로, 자신만의 고집을 고수하고 있는 골퍼가 상당히 많다는 것이다.

하도 궁금해서 물어보았다.

"왜 이렇게 치십니까?"

"예전에 누가 이렇게 하라고 해서…"

"예전에 누가 이렇게 하라고 하신 의도는 아마도 이렇게 스윙하라는 뜻이 아니라 요렇게 스윙하라는 얘기 같은데 오해하신 것 같아요."

"아, 듣고 보니 요게 맞는 거 같네요."

참으로 안타까운 일이 아닐 수 없다. 6개월 전에 누가 한 말을 철석같이 믿어서 안타까운 게 아니라, 6개월 동안 그 동작을 벗어날 생각을 전혀 하지 않은 것이 안타깝다는 얘기다.

과정이라는 게 있다. 타이거우즈 스윙을 배우기 위해서는 먼저 연습해야 하는 게 있다. 유연성을 미리 늘리는 스윙, 파워를 늘리는 스윙, 헤드스피드를 늘리는 스윙, 그 외에도 갖추어야 할 기본적인 기술을 익히지 않은 채 타이거우즈의 특정한 동작만 따라한다고 그게 되겠는가? 타이거 우즈가 웃을 일 아니겠는가?

아인슈타인이 상대성이론을 발견하게 된 것은 상대성이론이 갑자기 머리에서 번쩍 떠오른 게 아니라 다양한 지식을 바탕으로 연구와 연구를 거듭한 끝에 얻은 결과이듯이, 다양한 방법으로 스윙을 해보아야 각 스윙의 장단점을 몸으로 느끼면서 나에게 제일 맞는 스윙을 찾을 수 있고, 또 그렇게 찾아야지만 스스로에게 믿음이 생긴다. 내 클럽, 내 공, 내 폼에 믿음이 없어서야 좋은 결과가 나오겠는가 말이다.

자, 오늘부터 결심하자.

누가 뭐라고 지적을 하던 간에 '이놈 말은 아닌 거 같아. 자기 혼자 쇼를 하네.' 따위의 냉소적인 생각은 버려라. 누가 자세를 봐주겠다고 하면 한 가지만이라도 내 것으로 만들려고 노력하자. 이게 쌓이고 쌓이면 좋은 성과를 얻을 수 있으리라 믿는다.

드라이버샷의 구질을 살펴보자.

드라이버샷의 특징은 공을 멀리 보내는 것이다. 그러기 위해서는 지금까지 알려진 구질 중에 위 그림처럼 드로 구질이 볼을 가장 멀리 보낼 수 있다는 것이 정석이 되어 있다.

그림의 볼의 궤도를 보면, 스타트는 드로 구질을 보이다가 볼의 힘이 떨어지게 되는 다운 과정에서는 오히려 우측으로 휘는 것을 볼 수 있다. 아이언 샷에 비해 볼의 직진력은 크고 스핀량은 적어서 생기는 현상이다. 아이언샷에서도 드로 구질에서 이런 궤도를 볼 수 있는데, 볼의 스핀이 계속 살아 있어 뚝 떨어지기 때문에 드라이버와는 조금 다른 궤도가 된다.

드라이버의 어떤 특성 때문에 이런 구질이 되는지도 중요하지만, 왜 이런 구질을 쳐야만 하는지 알아보자.

스타트가 드로 구질이 된다는 것은 볼이 깎였다는 뜻이다. 즉, 좌우 스핀이 먹었다는 것이다. 게다가 아무리 올려쳐도 실제로는 로프트 각도가 있기 때문에 백 스핀이 먹는다.

드로의 특징이 무언가? 헤드가 스퀘어가 되어야 하며, 클럽헤드가 인사이드아웃이 되어야 한다. 어떤 경우에도 이것은 지켜져야 한다. 그런데 볼을 너무 왼발 가까이 두면 인사이드아웃 궤도를 구사할 수 없게 되어 좌우 스핀이 안 먹는다. 그래서 이런 궤도를 만들기 위해서는 볼을 너무 왼발에 두지 말고 왼발 뒤꿈치 안쪽보다 약간 공 한두 개 오른쪽으로 두고 쳐야 한다. 즉, 양 발의 중앙 쪽에 가깝게 두어야 한다.

이때 주의할 점은 클럽헤드가 열린 상태로 볼을 임팩트 하게 되면 슬라이스가 더 심해지므로 클럽헤드를 일찍 닫아 줘야 한다. 그런데 닫아주는 과정에서 대부분 문제가 발생한다. 심하게 열어서 심하게 닫아버려서 문제가 발생한다.

슬라이스가 심하게 나는 골퍼의 스윙 특징은 백스윙 때 클럽헤드를 너무 열어버리는 것이 문제이다. 클럽헤드에 무게를 싣고 위아래로 흔들어주는 느낌으로 백스윙을 해야 하는데 반해, 너무 힘을 주고 세게 치려다 보니 클럽헤드가 쉽게 열려버리게 된다.

드라이버샷은 위로 올려쳐야 한다는 생각으로 너무 올려치다 보면 로프트 각도 이상으로 올려치게 되어 심한 혹성 구질이 되어버리기 쉽다. 샤프트의 길이가 길기 때문에 자연스럽게 올려쳐지게 되므로 임의적으로 올려치는 샷을 할 필요가 전혀 없다. 어느 정도의 스핀이 먹어야 하므로 클럽헤드를 스퀘어 시키는 것에만 집중하면 되겠다.

페어웨이 안착률을 높이기 위해 페이드를 구사하는 골퍼들도 있다. 페이드라고 해서 클럽헤드가 열려 맞는 게 아니라 당연히 스퀘어가 되어야 한다. 다만, 클럽헤드의 궤도가 플랫하거나 아니면 약간 아웃사이드-인이 된다는 것일 뿐이라는 얘기다.

그렇다면 왜 이런 드로 구질을 쳐야 하는지 알아보자.

실제로 90타 이내의 골퍼들을 보면 90%가 페이드샷을 치고 있다. 왜 이렇게 되냐 하면, 드라이버의 특성상 볼을 왼쪽에 두고 휘두르게 되면 페이드 구질이 그냥 나오기 때문이다.

이런 스윙 폼으로 드로를 치겠다고 올려치게 되면 혹이 되어버리고 힘이 들어가 버리면 슬라이스가 나버리게 되므로 페이드샷에 만족을 해버리게 되는 것이다. 반면에, 70대를 치는 고수들은 대부분 드로샷을 치고 있다. 이 한 가지만으로도 왜 드로를 쳐야 하는지 벌써 답이 나오지 않는가?

실제로 필드에서 페어웨이 안착률이 높은, 즉, OB가 안 나는 구질은 탄도가 낮은 구질이다. 탄도가 높은 구질은 당연히 좌우로 많이 휘어지게 되어 있다. 드로샷을 치게 되면 페이드에 비해 탄도를 낮출 수 있다는 대단히 중요한 장점을 가지게 된다. 그래서 전문가가 아니라면 드라이버는 드로샷이 오히려 페이드샷보다 더 정확히 목표방향으로 보낼 수 있게 되고, 실제로 필드에서 벌어지고 있다.

연습장에서는 높은 탄도의 드라이버샷이 거리가 많이 나는 걸로 보이지만 실제로는 드라이버샷은 탄도가 낮으면 낮을수록 좋다. 대부분의 골퍼들의 드라이버샷은 너무 탄도가 높아서 문제이지 낮아서 문제가 되는 경우는 아직 한 번도 본 적이 없다. 비거리가 잘 안 나는 여자 골퍼는 예외로 어느 정도 탄도가 높아야 제 거리를 가는 경우도 있지만….

탄도가 낮은 드라이버샷, 즉, 드로를 치는 방법을 정리해보자면, 인사이드아웃 스윙을 해주면서 클럽헤드가 닫힌 채 볼을 때려버리면 된다. 올려치기 위해 인위적으로 몸을 우측으로 너무 기울이지만 않으면 된다. 그 대신 양손의 궤도가 클럽궤도대로 자연스럽게 올려치면 된다. 간단하다. 이것만 되면 80대 초반의 스코어는 무난하다. 도전해 볼 생각이 들지 않는가?

　100타를 깨기 위해서는 볼을 제대로 맞히기만 하면 된다. 방향성이나 구질이나 거리는 중요하지 않다. 즉, 실수를 줄여야 한다. 볼을 제대로 맞히게 되면 공이 뜨게 되고 어쨌든 앞으로 전진한다. 그러면 된다.

　공을 제대로 맞히는 방법은 연습밖에 없다. 시간이 필요하다는 것이다. 그 조그마한 클럽헤드에 그보다 더 작은 볼을 맞히는 게 쉬운 일이 아니다. 무던한 연습과 시간이 필요하다. 너무 조급해하지 말자.

　90타를 깨기 위해서는 드라이버 OB만 줄이면 된다. 지금 당장 깨고 싶다면, 드라이버 대신 자신 있는 아이언으로만 티샷하면 된다. 실제로 해보면 답이 나온다. 하지만 실제로 100타 골퍼가 이렇게 하는 경우는 거의 불가능할 뿐 아니라 본 적도 없다. 얼마나 어렵게 나온 필드인데 드라이버를 안 잡겠는가. 드라이버 치는 맛에 골프 치는데 말이다.

　그렇다면 80타를 깨기 위해서는 무엇이 중요할까?

　필자가 몇 개월 전에 6개월 만에 골프채를 잡은 적이 있다. 연습장 한 번 가지 않은 채 먼지가 뽀얀 캐디백을 허둥지둥 싣고 필드로 나갔다. 모 기업 비서팀장과의 라운드였다. 부담스러웠다. 그린에 공이 올라가를 않았다. 10번의 어프로치샷이 전부 왼쪽으로 당겨졌다. 체중 이동이 전혀 안 되었던 것이다. 그렇게 자신 있던 칩샷마저 대부분 당겨졌다.

당최 공이 제대로 맞지 않았다. 뒤땅이 2번에 탑볼이 1번 나왔다. 핑계를 댈 수도 있다. 장기간 골프채를 잡지 않았고, 그분이 초보라서 레슨해 주느라 샷에 집중할 수가 없었다. 그러나 핑계일 뿐이다.

스코어는 83타.

필드는 정직했다. 80대 중반을 넘지 않은 게 다행이었다. 그나마 하나라도 잘 맞아서이다. 열네 번의 드라이버가 240m 비거리에 페어웨이에 100% 안착했다. 세컨샷의 남은 거리가 대부분 100m 안쪽이었다.

부끄러울 수도 있는 필자의 경험을 언급하면서까지 강조하고 싶은 것은 바로 드라이버의 중요성이다. '드라이버는 쇼이고, 퍼팅은 돈이다'는 속설이 있지만, 초보에게는 드라이버가 가장 중요하다. 드라이버가 잘 맞지 않으면 자신감이 떨어진다. 골프 칠 기분이 나질 않는다. 드라이버 OB가 서너 번 나오면 그날 스코어는 꽝인 것이다. 동반자들은 페어웨이에서 세컨샷 하는데, OB티에서 네 번째 샷하게 되는 상황이 영 기분 안 좋다.

드라이버 OB를 줄이는 방법과 드라이버 스윙 방법은 저번 시간에 언급했다.

여기서 강조하고 싶은 것은 드라이버의 중요성을 간과하지 말아야 한다는 것이다. 싱글이 되기 위해서 가장 중요한 것이 드라이버라고 필자는 생각한다. 드라이버가 되지 않고서는 절대 싱글이 될 수 없다. 숏게임의 중요성은 드라이버가 어느 정도 수준이 되었을 때, 즉, 고수가 될수록 중요성이 더해지는 것이지, 80대 후반, 90대 초반을 치는 골퍼들은 드라이버 스윙에 좀 더 관심을 가져야 한다.

화이트 티박스에서 칠 경우, 우리나라 골프장 전장이 그리 길지가 않기 때문에 드라이버만 제대로 맞으면 롱아이언 잡을 일이 별로 없다. 파

3홀에서 몇 번 잡는 것 외에….

본인의 비거리가 220m는 될 것이라고 생각하는 골퍼의 대부분은 210m가 되지 않는다. 240m는 될 것이라고 생각하는 골퍼의 대부분은 220m 정도라고 보면 된다. 한때 세계 1위였던 신지애 선수의 평균 비거리가 220m이다.

스스로 가슴에 손을 얹고 생각해보자. 과연 나의 드라이버는 완벽한가?

일관성 있는 스윙 = 온몸 스윙

3라운드도 이제 마무리되어 간다. 오늘은 듣도 보도 못한, 온몸을 이용한 스윙, 즉, 온몸스윙에 대해 같이 고민해보고자 한다.

'나는 온몸으로 스윙하고 있는데…?'

과연 그럴까? 14개의 클럽 중 임팩트 순간 체중 이동이 전혀 없어야 하는 클럽은 퍼터가 유일하다. 그 외에는 전부 체중 이동이 왼쪽으로 이루어지면서 임팩트하게 된다. 왜 그래야 할까?

당연하게도 타깃이 왼쪽에 있고 볼을 타깃으로 보내야 하니 왼쪽으로 이동하면서 치는 게 당연하다. 그러나 제대로 실천을 하는 골퍼가 드문 것이 사실이다. 기껏 왼발에 체중을 이동해놓고서는 임팩트 할 때에는 순간적으로 체중이 반대 방향인 우측으로 가버린다.

샤프트가 긴 클럽, 즉, 드라이버와 우드와 롱아이언일수록 클럽헤드의 원심력과 스피드를 높이기 위한 구심력에 의해 자연스럽게 그렇게 될 수도 있다. 그러나 문제는 구심력에 의하지 않고 클럽을 당기는 팔의 반동에 의해 발생한다는 데 문제가 된다.

한 가지 더!

체중이 왼발에 반드시 실려야 하는 짧은 어프로치나 칩샷 등은 어드레스 때부터 아예 왼발에 체중을 이동해 놓고서 스윙에 들어간다. 그러나 임팩트 순간 체중이 순간적으로 우측으로 쏠려 버리게 되면 무슨 소용이란 말인가?

이런 현상이 일어나는 이유는 클럽헤드의 무게를 끌고 내려오는 손과 팔에 당기는 힘이 들어가면서 반대로 몸이 끌려가게 되어 발생한다. 이게 좀 더 심한 골퍼는 다운스윙 때 끌고 내려오는 팔의 힘과 스피드 때문에 양발이 지면에서 번쩍 들리는 경우도 있다. 예전에 타이거우즈의 강력한 드라이버 스윙 때 이런 현상이 일어났다.

이런 스윙을 하게 되면 즉, 팔로만 치게 되면 비거리가 엄청 손해 볼 뿐만 아니라 방향성에도 타격이 심하다. 이런 현상이 일어나는 것은 좀 더 빠른 헤드스피드를 위해 불필요한 힘이 팔에 쏠리기 때문이다.

흔히 비거리는 헤드스피드에서 결정 난다고 하는데 이 말은 정확한 표현이 아니다. 헤드 무게와 스피드라고 해야 적절하다. 즉, 헤드의 무게를 볼에 실어주지 못하면 아무리 스피드가 빨라도 볼의 스피드가 빨라지지 않는다.

예를 들어보자. 드라이버 헤드의 무게를 절반으로 줄였다고 생각해 보자. 같은 100마일의 헤드스피드로 볼을 친다고 해서 튕겨져 나가는 볼 스피드가 같겠는가? 당연히 아니다. 체중과 클럽과 볼과 골퍼의 마음까지도 타깃 쪽으로 보내는 방법은 온몸으로 스윙을 해줄 때 가능하다. 즉, 하체 회전에 의한 원심력을 팔과 손목으로 전달해줄 때 방향성과 거리를 보장받을 수 있다.

하나하나 살펴보자.

드라이버 스윙에서 가장 중요한 것이 무엇인지는 3라운드 〈강력한 드라이버스윙을 원하시나요?〉에서 살펴본 대로 릴리즈 순간 헤드를 말아 올리는 동작에 있다. 그러기 위해서는 다운스윙 때 그립을 잡은 손이

버클에 완전히 붙어야 한다고 설명했다.

이 말이 무엇이냐면 몸무게의 중심이 되는 골반의 무게 이동이 손과 샤프트와 같이 가야 한다는 것이다. 임팩트 구간에서는 회전의 중심인 골반과 손목이 따로 돌면 클럽헤드에 무게를 실을 수가 없다.

다운스윙 때 클럽을 당기는 힘이 들어가게 되면 반대의 힘이 작용하여 몸이 타깃 반대 방향으로 끌려가게 된다. 그 대신 팔로우 때 클럽을 회전시키는 힘, 즉, 감아올리는 힘이 작용하게 될 때 정상적인 체중 이동이 되는 것이다. 그렇다면 다운스윙할 때와, 팔로우 중 어느 동작에 신경을 써야 하겠는가? 당연히 팔로우 때이다.

펀치샷이 무언가? 피니쉬가 없이 극단적으로 클럽헤드에 체중을 실어주는 가장 간결한 동작이다. 그러기 위해서는 체중 이동이 마지막까지 충분히 이루어져야 한다. 즉, 피니쉬까지 체중 이동이 계속 진행되어야 하며 아직 더 해줄 체중 이동이 진행 중이어야 한다. 바꾸어 말하면, 지금 하고 있는 체중 이동의 마지막 최종 지점을 타깃 쪽으로, 즉, 왼쪽으로 10cm 더 이동한다는 느낌이어야 한다. 그러기 위해서는 다운스윙되는 양손이 골반과 붙어있는 시간이 많아져야만 클럽헤드에 무게를 제대로 실을 수 있고, 온몸스윙이 된다. 이 글의 주제다.

어프로치 동작 중에 가장 중요한 동작은 임팩트 후에 상체로 클럽헤드를 감아주는 팔로우 동작이다. 이 동작을 하는 이유가 바로 클럽헤드에 충분히 무게를 실어주기 위함이다. 클럽헤드에 무게를 싣기 위해서는 외롭게 클럽헤드만 보내면 안 된다. 온몸이 같이 가야 한다. 맹세코! 이런 스윙을 해주면 임팩트의 직진 구간이 늘게 되어 방향성에서도 대단히 큰 효과를 볼 수 있다.

칩샷, 피칭샷에서 이 동작은 진가를 발휘한다. 저번에 칩샷을 치는 방법 중에 타깃을 볼의 10cm 앞에 두라고 한 적이 있다. 이 말은 임팩트 순간 후에도 체중 이동과 클럽 무게를 그대로 가지고 가야한다는 얘기다. 임팩트 순간, 왼발에 체중을 둔 상태를 유지하기 위해서는 클럽을 끌고 내려오는 힘보다 더 왼쪽으로 체중이 계속 이동 중이어야 한다. 이동이 멈추면 다운스윙되는 팔에 의해 오른쪽으로 끌려가게 된다.

백스윙과 다운스윙은 팔로 하는 게 아니라 하체로 해야 한다. 즉, 온몸 스윙이어야 한다. 백스윙을 팔로 하니 힘이 들어가게 되고 불필요하게 오버 백스윙이 된다. 다운스윙을 팔로 하니 힘이 들어가고 헤드가 열려 맞게 되는 것 아니겠는가.

팔로스윙을 힘없는 팔로만 하니 헤드스피드가 팍 죽어버리고 반동으로 몸이 젖혀진다. 체중 이동이 완전히 되지 않고 팔로우 때 팔만 펴지게 스윙을 하니 무거운 클럽 무게와 팔의 무게에 의한 원심력으로 몸통과 하체가 획 돌아버리지 않는가.

자, 위의 내용은 다 잊어버리자. 필자야 땀 뻘뻘 흘리고 썼지만 읽고 있는 독자의 성향에 따라 너무 지루한 글이 되었을 수도 있다. 이것만 기억하자. 골프 스윙을 팔로만 하는가? 아니면, 온몸으로 하는가? 힘없는 팔에 너무 많은 부담을 주고 있지는 않는지 고민해 보기 바란다.

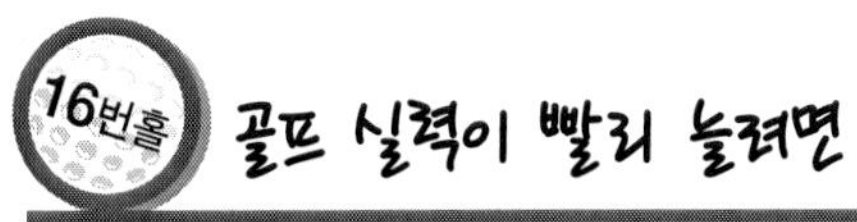

16번홀 골프 실력이 빨리 늘려면

　필자가 레슨을 하면서 많은 어려움이 있었다. 골프를 처음 배우는 분들은 골프 용어도 생소하고, 그날 배운 스윙도 다음 날이 되면 대부분 잊어버리게 된다. 그래서 그날그날 중점적으로 연습해야 할 내용을 종이쪽지에 적어주다가 한계를 느꼈다. 그래서 추천할 만한 골프 레슨 블로그를 찾아보았다.

　당연히 있겠지 생각했었는데 필자가 생각한 블로그나 카페는 인터넷 어디를 뒤져보아도 없었다. 그래서 블로그도 하고 책을 출간하기로 결심했다. 어렵게 시작한 골퍼들에게 조그마한 도움을 주기 위해서 필자의 모든 경험과 지식을 알리고 싶었다.

　3라운드까지는 되도록이면 골프 초보에 맞춰 쓸려고 노력했다. 골프 고수가 보면 다 아는 내용일 수도 있다. 아니면, 이건 아닌데 하는 부분도 있을 것이다. 그도 그럴 것이, 필자가 무슨 프로 선수도 아니고, 유명한 티칭 코치에게 레슨 받은 것도 아니고, 누구나 딸 수 있는, 그러나 쉽지만은 않은 모 협회 티칭프로 자격증만 가지고서 레슨을 하게 되었기 때문이다.

　오히려 레슨을 하고부터 많은 것을 배우게 되었고, 실력이 빨리 늘고 싶은 분들에게 도움을 줄 수 있는 방법도 연구하게 되었다. 그러면서 알게 된 것이, 이론과 실전을 모두 알아야지만 실력이 빨리 늘 수 있다는 사실을 알게 되었다.

레슨도 하나의 전문기술인 것 같다는 생각이 든다. 공만 잘 친다고 레슨 잘하는 것도 아니고, 마음만 앞서간다고 실력이 빨리 느는 것도 아니고. 하지만 열정이 있어야 한다는 점은 확실한 것 같다. 가르치는 레슨코치도 열정이 있어야 하고 골프를 처음 하시는 분도, 어느 정도 수준이 있는 분도 실력이 더 나아지려면 그만큼의 노력이 있어야만 가능한 것만은 확실하다. 그게 공평한 것 아니겠는가?

골프를 인생에 비유하곤 하는데, 그건 아마도 골프가 그리 호락호락하지 않을뿐더러, 쉽게 실력이 향상되지 않는다는 의미도 있지만, 노력한 만큼, 열정을 쏟은 만큼 보답이 온다는 의미도 있다고 본다.

필자가 들은 얘기 중에, 젊은 나이에 제대로 골프를 배우려고 호주까지 날아가서 유명한 코치에게 레슨을 받았었는데, 한 달 내내 골프를 즐기라는 얘기만 귀가 따갑도록 들어서 짜증이 나서 때려치웠다고 한다. 대단한 노하우가 있을 줄 알고 비싼 돈 들여가며 먼 곳까지 찾아왔는데, 노하우는 가르쳐 주지도 않고 잔디를 느끼라는 둥, 저 산을 보라는 둥 생뚱맞은 얘기만 계속 하더란다.

나중에야 그 이유를 알았다고 한다. 타수 줄이는 데만 급급해서 골프의 매력에 대해서는 등한시했었다고 한다. 그러하니 타수가 줄지 않으면 짜증만 나고, 쉽게 실력이 늘지 않으니 쉽게 포기하게 되더라는 얘기였다.

혹시 이 글을 읽고 있는 독자들도 타수 줄지 않는다고 조급함에 짜증만 내고 있지는 않는가? 골프의 매력은 골프를 알아가는 과정에 있는 것이지, 싱글스코어에 있는 것이 아니다. 인생의 희로애락이 살아가는 과정에 있듯이 골프의 희로애락도 배워가는 과정에 있다. 필자의 책 제목도 '싱글 되기'가 아니고 '싱글로 가는 길'이잖은가.

　하나하나 알아가는 과정을 충실히 수행하다 보면 어느새 싱글은 선물처럼 다가올 것이다. 그 선물을 주기 위해서 필자는 머리 쥐어짜면서 글을 쓰지 않았겠는가. 이 책을 다 읽을 때쯤에는 모두 싱글이 되기를 기원한다. 꾸벅.

필자가 판단하기에 중급 이상 고급 동작에 대해 알아보자. 그만큼 이해하기 어려울 수도 있지만 싱글이 되기 위해서는 반드시 알아야 하는 것 또한 사실이다.

스윙 템포와 리듬에 대해 알아보자.

스윙 템포를 일정하게 해야 하고 리듬을 가져야 한다는 얘기를 많이 들어보았을 것이다. 스윙 템포라는 것은 한 번 스윙하는 데 걸리는 시간이다. 클럽이 짧으면 템포가 빠를 것이고 긴 클럽은 템포가 느릴 것이다.

템포를 일정하게 하라는 것은 긴 클럽이나 짧은 클럽이나 스윙 시간이 같아야 한다는 의미가 아니라, 같은 클럽을 휘두를 경우 걸리는 시간이 매번 다르면 안 된다는 의미이다. 왜 이래야 할까? 지지난 시간에 '볼의 위치' 때 볼의 위치를 일정하게 놓아야 한다고 했다. 8번 아이언을 칠 경우 볼의 위치는 정 중앙에 매번 놓고 쳐야 볼의 방향성이 같아진다고 했다. 이렇듯, 일정한 스윙을 위해서는 일정한 동작을 해야 하는 경우가 많다.

클럽헤드가 열리거나 닫히지 않기 위해서는 즉, 볼의 방향성이 같아지려면 클럽별로 스윙 템포가 일정해야 한다. 그러려면 피칭아이언이나 드라이버나 같은 그립 악력, 같은 힘의 크기로 스윙을 해주어야 한다. 그러면 두 클럽의 길이가 다르므로 자연스럽게 템포가 달라진다.

1m 막대기를 돌리는 거랑 3m 막대기를 돌리는 거랑 시간이 다른 게 정상이다. 문제는 3m 막대기를 1m 막대기를 돌리는 시간이랑 맞추려니 힘이 들어가 버리게 된다. 드라이버 스윙에서, 우드 스윙에서, 특히, 롱아이언 스윙에서 이런 현상이 일어나기 때문에 스윗스팟에 맞추지 못한다.

특히나 오해하는 것 중에 하나가 이 템포를 빨리하면 헤드스피드가 증가해서 볼을 멀리 보낼 수 있다고 생각하고 있다. 절대 그렇지 않으니 절대 빨리 스윙하려고 하지 말자. 프로들이 아이언을 치기 전 연습 스윙을 하는 이유는 클럽별로 이 템포를 맞추기 위해서 연습 스윙을 한다. 이해가 가는가? 안 가도 할 수 없다. 고급 동작이라고 했지 않은가. ^^;;

스윙 리듬에 대해 살펴보자. 이건 더 고급 동작이다. 스윙 리듬은 구간 구간 걸리는 시간이다. 백스윙에서 피니쉬까지 한 번 스윙하는 데 걸리는 템포가 2초라고 할 때, 백스윙에서 탑까지의 구간에서 걸리는 시간이 1초라고 치면, 다운스윙해서 임팩트까지 0.5초, 임팩트에서 피니쉬까지 0.5초가 걸린다고 하면 요게 바로 리듬이다. 이해가 되는가? 이해하기 어렵다고 고급 동작이 아니라, 실제로 이걸 지키기가 어렵기 때문에 고급 동작이다.

왜 리듬이 중요한가 하면, 리듬이 일정하지 않으면 중심이 흔들리기 때문에 정확한 임팩을 할 수 없기 때문이다. 위에서 예를 든, 백스윙에서 탑까지의 구간이 1초가 아니고 0.5초 만에 한다고 하면 스윙이 되겠는가? 중심이 확 무너질 것은 자명한 이치다. 헤드무게를 힘으로 돌리려고 해서는 안 된다. 자연스럽게 속도를 높여야 한다. 자동차가 서서히 가속을 하듯이.

그렇다면 어떤 리듬이 좋을까? 아래와 같은 스윙리듬을 추천한다. 아니, 정석이 되어 있다.

첫째, 백스윙에서 걸리는 시간은 다운스윙에서 걸리는 시간의 두 배가 걸려야 한다. 즉, 천천히 백스윙을 하라는 얘기다. 충분히 큰 회전으로 백스윙을 하라는 얘기다.

둘째, 임팩트 구간과 임팩트 후 릴리스 구간이 가장 빠르게 돌아야 한다. 이 말은 다운스윙 때 가속도가 붙어야 한다는 얘기다. 즉, 백스윙 탑에서 갑자기 힘을 주는 것이 아니라, 큰 원을 그리면서 서서히 가속도를 높여야 한다. 이 글의 핵심이다. 이렇게 하면 저번 시간에 언급한 체중 이동을 이용한 온몸스윙이 될 수 있다.

클럽을 거꾸로 잡고 왼발 앞에서 팩 소리가 나도록 연습하는 것을 자주 볼 수 있다. 이 연습동작이 바로, 가속도를 최대한 발휘하기 위한 방법이다. 백스윙 탑에서부터 힘을 주어 속도를 높여버리면 가속도가 붙지 않을 뿐더러 리듬이 깨지게 되어 중심이 흔들려 버린다.

스윙 템포와 리듬이 어려운 것은 기본 스윙 동작이 어느 정도 갖추어져야 가능하기 때문이다. 하지만, 스윙 템포와 리듬을 익히고 나면 골프스윙에서 가장 중요한 요소가 바로 이 스윙 템포와 리듬이라는 것을 알 수 있을 것이다. 템포와 리듬을 빨리 익히기 위해서는 1라운드에서 강조한 크고, 부드럽고, 과감하게 스윙을 해야 한다.

똑바로 보내고 싶어요

오늘은 방향성과 구질에 대해 알아보자. 볼을 페어웨이에, 그린에 쉽게 올리는 방법을 알아보자.

공을 똑바로 보내고 싶은데 스윙할 때마다 내 마음 같지 않게 이리 삐뚤 저리 삐뚤 가고 싶은 데로 간다. 속상하다. 헤드업도 잡아보고, 손목도 더 돌려보고, 체중 이동을 과감하게 해봐도 원하는 방향으로 가지를 않는다. 하물며 필드에서는 몸까지 써가면서 그린에 올리려 해도 안 올라간다. 우짜면 좋을까.

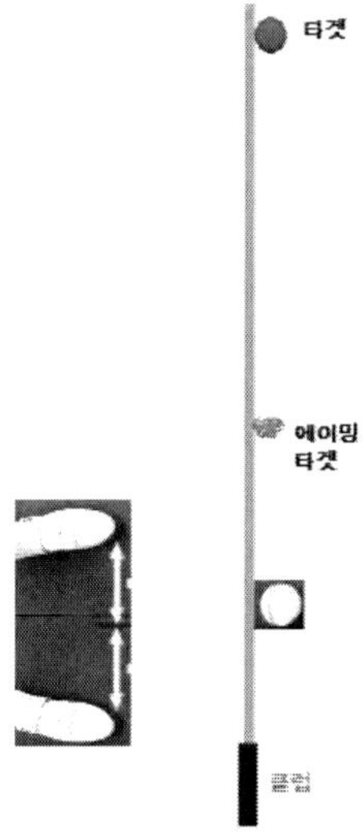

방향성은 어드레스에서 결정 난다. 즉, 스탠스와 볼의 위치에서 결정 난다. 목표 방향으로 양발을 평행하게 놓기 위해서는 그림처럼 볼 뒤에 서서 볼과 타깃 방향을 클럽 샤프트로 나란히 한 다음 볼의 1m 내외에 에이밍 타깃을 정한 다음 그 점과 평행하게 양 발을 놓아야 한다. 에이밍 타깃은 디봇이어도 되고, 나뭇잎, 특이한 풀이 되어도 된다. 그 외에는 어떠한 방법으로도 평행하게 놓을 수 없다.

스탠스가 잘 되었는지 알아보기 위해서는 클럽 샤프트를 양발 끝에 맞추어 바닥에 놓은 다음, 그대로 두고 뒤에 와서 샤프트가 가리키는 방향이 목표방향인지 확인해보면 된다. 번거로울 수도 있는 이 작업을 몇 번만 해 보면 이내 익숙해진다.

차를 처음 몰게 되었을 때 차선 중앙으로 몰고 있는지 아닌지 궁금하지 않은가? 어떻게 해야 하는가? 차에서 내려 양쪽 타이어가 중앙에 위치되어 있는지 확인해 보아야 한다. 이런 과정이 있어야 차선 중앙으로 운전하고 있다는 믿음, 스탠스에 대한 믿음이 들지 않겠는가. 이 동작을 하는 데 처음에는 10초 이상이 걸릴 수도 있지만 이게 습관화되면 1초밖에 안 걸린다. 모든 스윙에서 이 동작 안 하는 프로는 없다.

볼의 위치는 연습장에서 연습을 통해 방향성을 미리 알아야 한다. 8번 아이언일 경우 볼을 양발의 중앙에 놓고 쳤을 때보다 공 한 개 왼쪽에 놓았을 때 방향성이 좋다고 한다면 굳이 중앙에 놓을 필요가 없다. 볼을 중앙에 놓는 이유는 대부분이 출발을 거기서 하기 때문에 처음 기준을 중앙에다 둔 것일 뿐 꼭 그렇게 해야 하는 것은 아니다. 모든 클럽이 다 그러하다. 중앙에다 놓고도 쳐보고, 오른쪽 왼쪽에다 놓고도 쳐보아서 가장 임팩트 감이 좋은 위치, 방향성이 제일 좋은 위치에 놓고 치면 된다.

왜 이렇게 사람마다 기준이 달라질 수 있느냐 하면, 신체 특징이 모두 다르기 때문이다. 체중 이동이 후천적으로 잘 안 되는 배불뚝이 아저씨가 있는 반면에, 상체가 아주 발달한 사람, 키가 큰 사람 등 너무나 다양하기 때문이다. 골퍼에 따라 공의 위치는 그렇게 큰 차이가 나지 않는 것도 사실이다. 다만, 기준을 세우고 자신이 세운 기준이 맞는다는 믿음을 가지기 위해서 이러한 과정이 필요하다.

경력이 쌓일수록 볼의 위치도 변한다. 세상도 변하고 사람도 변하는데 볼의 위치만 안 바뀌어서야 되겠는가. 항상 변할 수 있다는 것이 기준이 되어야 한다. 즉, 변화를 두려워해서는 안 되고, 안 변하겠다고 고집을 부려서도 안 된다.

구질은 스윙 궤도에 의해 결정 난다. 스윙 궤도를 일정하게 하려면 되도록 양손을 몸에 붙이는 스윙이 되어야 한다. 몸에 붙이게 되면 그 자체로도 안정이 되지만 더 중요한 것은 매번 같은 궤도의 스윙을 할 수 있는 기준이 되기 때문이다. 떨어져서 스윙하면 칠 때마다 달라지지만 붙이게 되면 더 붙일 수가 없기 때문에 안정이 된다. 즉, 스윙에 방해가 되지 않을 정도로 더 붙일 수가 없는 스윙 궤도가 기준이 되어버리면 이리 삐뚤 저리 삐뚤 스윙을 예방할 수 있다.

'나는 떨어져서도 매번 동일한 스윙 궤도가 나오는데?'라고 주장할 수도 있다. 그럴까?

저번 시간에 한 번 얘기했다. 골프에서 절대 불가능한 세 가지가 있다고. 직선타, 동일한 스윙, 동일한 히팅 포인트는 만 번을 쳐도 불가능하다고 했다. 동일한 스윙을 할 수 있는 확률을 극대화하기 위해서는 붙여야 한다.

그럼, 이쪽 방면으로 전문가들인 프로들은 어떻게 할까. 그 사람들은 털끝만큼도 떨어져서 스윙을 하지 않는다. 아예 딱 붙어 있다. 붙이려고 생각도 않는다. 그냥 습관화되어 있다. 임팩트 구간에서는 골반과 양손이 같이 돌아간다. 습관? 이거 무섭다. 연습장에서의 모든 스윙 연습은 이 습관이 되기 위해서 연습한다고 해도 과언이 아니다.

방향성과 구질이 습관화되면, 템포와 리듬이 일정해지면 어떻게 되겠는가? 임팩트 순간 어디에 볼이 떨어질지 미리 알게 된다. 프로들이 가끔 임팩트 후 클럽을 놓는 경우가 있는데, 위 동작 중에 마음에 안 드는 동작이 순간적으로 있었기 때문이다. 수만 번을 쳐보았기 때문에 습관적으로 알 수 있다.

옳은 습관이 들기 위해서는 어떻게 해야 할까? 목표를 가지고 옳은 스윙동작을 익히기 위해 노력을 아끼지 않아야 한다. 그러기 위해서 이 책이 도움이 되었으면 한다.

제 4 장

6개월 만에
싱글 골퍼로
가는 길
4라운드

질문: 아이언 클럽 중에 스틸 샤프트가 좋아요? 그라파이트 샤프트가 좋아요?

정답: 같은 비거리를 보낼 때 어느 것이 힘이 덜 들까? 비싼 것은 다 이유가 있다. 습관적으로 스틸 샤프트 쓸 이유 없다.

질문: 머슬백 아이언을 쓸까요? 캐비티 아이언을 쓸까요?

정답: 당신 몸이 근육질이 아니라면 캐비티 아이언 써라.

질문: 혼마 400만 원짜리를 사려고 하는데 좋은가요?

정답: 당신, 할아버지세요?

질문: 드라이버 티는 어떤 게 좋은가요?

정답: 끝이 둥근 연한 플라스틱 티를 써라. 잃어버리지만 않으면 평생 쓴다. 한 통에 몇천 원 한다.

질문: 필드 나갈 때 화려한 옷이 좋은가요? 수수한 게 좋은가요?

정답: 패션 감각을 뽐내 볼 때가 거기 아니고 어디 또 있나?

질문: 컬러 볼을 많이 쓰던데 괜찮나요?

정답: 필자는 컬러 볼이 유행되지도 않은 몇 년 전부터 컬러 볼만 써왔다. 흰색도 컬러다. 너무 재미없는 색이잖은가. 타수 잘 나오는 색이 아니니 얽매이지 말자.

2번홀 스윙의 완성 = 팔로우 스윙

임팩트가 어느 정도 맞아 나가기 시작하면 어디에 집중해야 할까? 임팩트 순간 정지 자세에 신경 써야 할까? 실제로 연습장에서 연습하시는 골퍼들 중에 임팩트 순간에 스윙을 멈추는 동작을 많이 연습한다. 백스윙 탑까지 갔다가 임팩트 직전까지 천천히 다운스윙을 몇 번 해본다. 이거 별로 도움 안 된다.

레슨 프로그램에서 이 동작을 보여주는 이유는 임팩트 동작이 어드레스에서 출발해서 다시 어드레스 동작으로 돌아온다는 느낌으로 스윙을 해야 한다는 것을 설명하기 위해서이다.

필자는 팔로우 자세에 집중해서 샷을 한다. 피니쉬도 아니고, 임팩트도 아니고, 왜 팔로우에 집중해야 하는지 알아보자. 볼을 정확하게 스윗스팟에 맞추고, 목표 방향으로 클럽헤드가 지나가게 하려면 어느

정도 구간까지 멈춤 없이 스윙이 되어야 한다. 때리고 바로 멈추는 것이 아니라 직진 구간이 길어질수록 방향성도 좋아진다. 팔로우 때의 동작이 일정하게 되면 일관된 스윙동작이 나오게 되면서 클럽헤드의 궤도가 일정하게 된다.

체중 이동에 의해 온몸을 이용한 스윙동작이 드디어 클럽헤드에 힘을 실어주면서 뿌려주는 동작, 이 동작에 의해 공은 최대 스피드를 내게 된다. 가르시아의 유명한 팔로우 동작(그림)에서 보면 이 팔로우 동작까지는 절대 공에서 눈을 떼지 말아야 하며, 이후에야 고개가 클럽과 같이 따라가야 한다. 대부분의 골퍼들은 이 동작이 잘 안 되기 때문에 일정한 방향성과 비거리에서 애를 먹는다. 고수가 되면 이 동작은 필요 없을 수도 있다. 하지만 배우는 과정에서는 반드시 해야 하는 동작이다.

이 동작이 중요한 또 한 가지 이유는 체중 이동을 자연스럽게 이끌어 주기 때문이다. 클럽헤드를 던져버리는 이 동작에 신경을 쓰다 보면 처음에는 순간적으로 몸이 우측으로 기울어지는 것을 느낄 것이다. 그만큼 구심력이 작용했다는 증거이다. 연습을 통해 몸이 우측으로 기울어지는 것을 방지를 하게 되면 체중 이동을 통해 얻게 된 힘이 고스란히 클럽헤드에 실리게 된다.

피니쉬는 스윙의 마지막 동작이지만 스윙의 완성은 이미 팔로우 동작에서 끝이 난다. 피니쉬는 팔로우 후에 원심력을 멈추어 주는 정리 단계일 뿐이고, 볼은 이미 팔로우 때 날아가고 없다.

팔로우 스윙동작이 얼마나 중요하냐면, 볼을 목표 방향으로 정확하게 보내기 위해 고안이 된 펀치샷(컨터롤샷)이 이 동작에서 끝나도록 만들어 버렸다. 사람의 능력이 한계가 있어서 모든 동작에 신경 쓰기가 어렵게 되어 있다. 굳이 한 가지 동작에 신경을 쓰라고 한다면 바로 팔로우 동작이어야 한다.

연습 방법은 간단하다. 스윙하는 과정에서 팔로우 동작에서 멈추면 된다. 위 그림처럼 처음에는 천천히 스윙을 하고 점점 더 스윙 템포를 빨리 해서 팔로우 동작에서 멈추면 된다. 이렇게 하면 자연스럽게 아이언 다운스윙이 된다. 단, 시선은 볼이 놓인 곳을 끝까지 쳐다보아야 한다. 이때 체중 이동이 완벽히 이루어졌는지 확인하면 끝이다.

아니카 소렌스탐은 이렇게 하지 않는다. 팔로우 때 벌써 고개가 돌아간다. 하지만 짐작컨대 처음부터 그렇게 하지는 않았으리라. 고개를 돌리지 않고 팔로우를 해 오던 과정을 거쳐서 지금의 스윙이 완성되었을 것이다. 또 그래야 한다. 이러한 과정을 거치지 않으면 안 된다.

이 동작이 좋아야 하는 이유는 방향성이 일정해지고 임팩트가 깨끗해지기 때문이다. 그 외에 뭐가 중요하겠는가. 체중 이동이 되어 있고, 어깨와 머리가 끝까지 잡혀 있다. 레슨을 받게 되면 스윙이 완성되어갈 때쯤 이 동작을 연습시킨다. 스윙의 기준이 되는 동작이 바로 이 팔로우 동작이기 때문이다.

4라운드의 몇몇 포스트는 어찌 보면 좀 더 디테일하면서 이해하기 어려울 수도 있다. 필자가 그렇게 구성하려고 이미 계획했었다. 3라운드까지 배운 스윙을 이제는 실전을 통해 습관이 들게 해야 한다. 위에서 설명한 팔로우 스윙은 직접 해보지 않으면 이해가 잘 안 될 수도 있으니, 연습장에서 충분한 연습을 통해 습관이 들게 해야 한다. 혹시 아는가. '이거였구나' 하면서 깜짝 놀라게 될지….

버디를 잡자 - 어프로치 샷

꼭 싱글을 해야겠는가? 스코어가 그렇게 중요한가? 그냥 즐겁게 라운딩하면서 자연과 하나 되는 느낌만 가지면 안 되겠는가? 소풍 나온 듯 동료들과 즐거운 한때를 보내는 것만으로 좋지 아니한가? 스코어에 너무 연연하게 되면 실망감만 더 드는 게 사실인데 꼭 그렇게 집착해야겠는가? 집착하고 싶다고? 꼭 싱글이 되어야겠다고? 좋다. 그래. 싱글 해라. 한번 해보는 거지 뭐. 까짓거 싱글, 뭐 별거 있겠나. 오늘도 한번 가보자.

버디를 잡기 위해서는 어떤 방법이 있을까? 드라이버 장타가 버디를 가져다줄까? 130m 아이언 샷이 버디를 가져다줄까? 18홀을 도는 동안 깃대에 바짝 붙이는 멋진 아이언 샷이 얼마나 나올까. 잘 안 나온다. 얼마나 안 나오길래 그린에 볼이 올라가기만 해도 캐디가 "나이스 온"을 해주겠는가.

그렇다면 버디를 잡을 방법은 한 가지밖에 없다. 바로 어프로치 샷이다. 어프로치의 사전적 의미는 '다가가다. 접근하다'이지만 골프에서의 의미는 '바짝 붙인다'는 뜻이다. 바짝 붙이는 샷, 즉, 칩샷, 피칭샷, 로브샷, 플랍샷도 어프로치 샷의 일종이지만. 여기서 말하는 어프로치 샷은 50m 이상 100m까지의 어프로치 샷을 말한다.

　파5홀이나 짧은 파4홀에서 드라이버가 어느 정도 거리가 나가 주면 80m 이내의 어프로치가 남는 경우가 있다. 프로들은 120m까지도 어프로치 샷을 한다. 경험에 의하면, 화이트 티에서 티샷을 할 경우, 적게는 서너 번에서 많게는 여덟 번 정도 어프로치 기회가 생긴다. 이때밖에는 버디를 잡을 기회가 없다. 절호의 찬스다. 이 기회를 살리기 위해 연습장에서 무수히 어프로치 샷을 연습하는 것이다.

　동호인들은 파3홀이 가장 버디가 많이 나오지만 프로들이 파3홀이 제일 어려운 이유는 이 어프로치 샷을 파3홀에서는 사용을 못 하기 때문이다. 다시 말해, 프로들은 100m 이내 어프로치 샷의 달인들이다. 그만큼 연습을 많이 한다.

　프로들은 어프로치 샷의 80%를 펀치샷(컨트롤 샷)을 구사한다. 이 말은 어프로치 샷이 바로 펀치샷이라고 할 수 있다는 것이다. 그만큼 불필요한 동작은 줄이고 볼의 직진성을 극대화시키려고 노력한다.

　직진성이 가장 좋은 샷은 퍼팅이다. 가장 정확하다. 왜냐하면 손목을 안 쓰기 때문이다. 그 다음이 칩샷이고 그 다음이 어프로치 샷이다. 이유는 똑같다. 손목을 안 쓰기 때문이다. 그에 반해, 피칭샷과 보통의 아이언 샷은 손목의 크로스가 있다. 왜냐하면 볼을 깎아서 띄워야 하기 때문이다.

　어프로치 샷의 특징을 살펴보자.

　어프로치를 잘 하려면 손목의 릴리스는 최대한 살리되, 양 손목의 크로스는 줄이고 하체의 체중 이동을 이용한 스윙이 되어야 한다. 즉, 온몸이 볼과 같이 목표 방향으로 이동이 되어야 한다. 그러기 위해서 시선도 볼이 놓여 있던 지점을 끝까지 보는 게 아니라, 클럽헤드와 같이 고개가 돌아가야 한다.

왼발을 닫아놓게 되면 하체의 턴 동작이 부자연스러워지고, 손목의 크로스를 유발하기 때문에 왼발을 살짝 열어놓아야 한다. 여기서 주의할 점은 왼발을 열어놓았다고 해서 어깨가 열려서는 안 된다. 어깨를 열게 되면 백스윙 궤도가 틀어져 버리게 된다. 동호인들이 어프로치 샷을 할 때 오해하는 부분이 주로 이것이다. 어프로치 샷이라고 해서 클럽헤드가 아웃-인 궤도가 되어서도 안 되고, 볼을 깎아 쳐서도 안 되는데, 대부분 이렇게 치다 보니 거리감도 없어지고 뒤땅, 탑볼 등 미스 샷이 많아진다.

자, 간단히 정리하자. 절대 손목만 쓰지 않으면 된다. 손목의 크로스가 있어서는 안 된다. 손목의 크로스 없이 직접 스윙을 해보면 어떻게 되는가? 하체가 확 가지 않으면 절대 스윙이 안 된다. 바로 요게 어프로치 샷 동작의 핵심이다. 손목을 쓰지 않고 하체에 의한 큰 스윙을 해주게 되면 임팩트 때 클럽헤드가 스퀘어를 만들기가 쉬어지고 직진 구간이 많아지게 된다. 즉, 직진성이 극대화된다. 어프로치 샷이 재미가 있게 되면 싱글이 임박했다는 증거다.

스크린 골프가 실력 향상에 도움이 되나요?

필자가 레슨을 했던 골프장은 지은 지 1년도 안 된, 그 지역에서 제일 규모가 큰 골프 연습장이었다. 거기에는 전장이 긴 실외 연습장, 겨울에도 따뜻한 실내 연습장이 있었고, 넓고 아늑한 스크린 골프장이 갖춰져 있었다. 레슨이 끝나면 통닭을 시켜놓고 스크린 골프를 치며 하루를 마무리하곤 했는데 그 몇 개월 동안이 필자에게는 가장 행복한 하루하루였다. 통닭과 소주 값은 당시 벌이가 제일 좋았던 필자의 몫이었다.

그때 동반자가 두 명 있었는데, 그분들이 금전적으로 의지한다는 의미로 필자를 야자수 그늘에 비유하기도 했다. 한 명은 연세대를 나와 국내에서 제일 큰 대기업에 10여 년간 몸담은 고급 인력이었는데 골프 숍을 하면서 잠시 외도를 하고 있었던 분이었다. 지금은 다시 부름을 받고 대전 대덕밸리에 상무로 스카웃되어 열심히 일하고 있다. 직원 대부분이 카이스트 출신이라서 자기가 제일 학력이 딸린다고 하소연을 했던 기억이 난다.

또 한 명은 예쁜 아가씨였는데, 고등학교 때 JYP 연습생을 했던 다재다능하고 예쁘고 귀여운 아가씨였다. 서울 모 대학 연극영화과 졸업을 앞둔 시기였던 것으로 기억한다.

모름지기 스크린골프 시대가 왔다. 골프의 재미는 넓은 잔디로 대표

되는 대자연과의 한판 승부(?)라는 점에서 매력이 있지만, 골프 게임 자체의 매력도 충분히 가지고 있다. 그걸 실내에서 실현시킨 것이 바로 스크린골프 게임이다. 아직 필드에서의 장점을 완벽하게 재현하지는 못하지만 그 나름의 장점이 있는 것 또한 사실이다.

많은 질문을 받았다. 필드에서 잘 치려면 스크린은 치지 말아야 하는가요? 스윙을 바로잡기 위해 초보 때는 절대 치지 말아야 한다고 하던데 맞는가요? 일리가 있다. 그러나 스크린골프를 치게 되면 나타날 수 있는 여러 증상들이 스윙을 만들어가고 있는 초보 골퍼들에게 악영향을 줄 수도 있을 것이라는 염려가 있어서 주의하라는 의미다.

예를 들어, 볼을 멀리 보내기 위해 과도한 힘을 쓴다든지, 숏퍼팅 때 강하게 치게 된다든지, 러프나 벙커샷 등 트러블 상황에서의 스윙이 페어웨이 스윙과 별 차이가 없이 쉽게 된다든지, 이런 습관들이 필드에서는 도움이 안 되기 때문이기도 하다.

하지만 장점 또한 상당히 많은 것이 사실이다. 구체적인 예를 들자면 길어질 것 같은데 단적으로 말하자면, 스크린골프도 골프의 일종이며 간접적으로나마 필드를 경험할 수 있다는 점에서 확실히 도움이 된다. 스크린골프에서의 부담 없는 샷을 필드에서 실현할 수만 있다면 금상첨화이다. 스크린골프에서 그린을 읽는 습관을 필드에서 그대로 적용할 수만 있다면 얼마나 실력 향상에 도움이 되겠는가. 긍정의 힘을 믿고 싶다. 있을 수 있는 단점 때문에 장점을 포기할 수는 없지 않은가. 저번 시간에 언급했듯이 모든 것을 해보아야 실력도 빨리 늘게 되어있다.

여자 골프초보에게 한 달 레슨 후 바로 스크린을 치게 했더니, 92타를 친 적이 있다. 필드에서는 100타를 넘어갔지만, 그분에게는 골프에 대한 흥미와 자신감을 가질 수 있는 좋은 기회였다고 본다.

필드 나가는 횟수보다 스크린골프를 치는 횟수가 더 많은 시대가 왔
다. 받아들이지 않아야 할 이유가 없다. 그리고 무엇보다 스크린골프는
그 자체로 재미있지 않은가? 그거면 되지 않은가?

5번홀 벙커샷

캐디: "페어웨이를 보고 치세요."

골퍼: "??????"

450m 파5홀이다. 버디를 잡고 싶다. 드라이버가 캐리로 240m 정도 나갔다. 런이 10m 정도 가서 남은 거리는 200m다. 3번 우드로 쳐서 운이 좋으면 그린 벙커는 넘을 수 있다. 그러나 넘는다고 해도 그린을 굴러서 오버될 가능성이 크다. 5번 유틸리티를 치면 캐리로 180m, 굴러서 20m 보내면 된다.

아뿔싸, 그린 앞이 전부 벙커로 포위되어 있다. 이 상황에서 그대는 어떻게 하겠는가? 이때 필자는 벙커가 고맙다. 부정확한 3번 우드보다 정확한 5번 유틸리티로 벙커에 집어넣어 버린다. 그리고 벙커샷을 한다.

초보 골퍼들이 벙커샷을 잘 못하는 이유를 적어 보았다.

첫째, 풀스윙을 하지 않는다. 두렵기 때문이다. 탑볼이 나든지, 볼이 먼저 맞아 홈런이 되든지 두려운 것이다. 아무리 옆에서 풀스윙을 하라고 해도 팔로우에서 끝이 난다. 장담하건대, 피니쉬까지 풀스윙을 하지 않으면 절대 벙커를 탈출하지 못한다. 물론 프로들은 거리 조절을 위해 풀스윙을 하지 않는 경우가 종종 있다. 오르막일 경우 풀스윙을 하기가 어려운 경우도 있다. 하지만, 동호인들은 되도록이면 어떠한 상황이라도 풀스윙을 해주어야 한다.

둘째, 볼 뒤 5cm 이내에 모래를 쳐야 하는데 그러지를 못한다. 이유는 앞과 같다. 볼이 먼저 맞아버릴 것이 두렵기 때문이다. 페어웨이에 있다고 생각하고 그대로 치면 되는데 벙커는 모래를 쳐야한다는 고질적인 습관이 있어 모래만 치고 있다.

볼의 무게 때문에 모래에 살짝 묻혀 있어서 클럽헤드의 스윗스팟에 볼이 맞게 되면 항상 모래가 먼저 맞게 되어 있다. 그러나 아쉽게도 볼 뒤 5cm 뒤에 쳐야지 생각하면 볼 뒤 15cm를 치게 되어 있다. 잘못 쳐서 그런 게 아니라 원래 그렇게 되어 있다. 페어웨이에 있다고 생각하고 치면 된다.

셋째, 페어웨이에 놓인 공을 칠 때에는 볼을 히트 후 디봇이 만들어져야 하는데 그게 잘 안 되는 반면, 벙커에서는 웬일인지 볼을 히트 후 디봇을 만들어 버린다. 완전히 뒤바뀌었다. 벙커에서는 볼을 히트 후 디봇을 만들면 안 된다. 손목을 확 꺾어서 몸 쪽으로 급격히 말아 올려야 한다. 여기서 주의할 점은 어깨를 움츠리면서 당기는 것이 아니라 팔꿈치와 손목을 이용해서 꺾어야 한다.

정리하자면, 페어웨이에 놓여있는 볼을 띄운다고 생각하고 팔꿈치와 손목을 이용해서 피니쉬까지 스윙을 하면 된다. 즉, 피칭 풀샷을 하면 된다. 주의할 점은 고개가 따라가게 되면 저번 시간에 살펴본 어프로치 샷이 되면서 손목을 쓰지 않게 되기 때문에 하체를 되도록 고정하고 고개가 따라가면 안 된다. 그러면 어떻게 되겠는가? 하체가 확 가지 않기 때문에 엉거주춤한 풀샷이 된다. 이게 벙커샷이다. 완벽한 체중 이동이 되면 안 된다. 즉, 상체에 의한 샷이 되어야 한다.

저번 시간에 짧게 언급한 적이 있다. 모든 트러블샷의 공통점은 체중 이동을 완전히 하지 않거나 최소화한다는 것이다. 스윙을 하기 위한 최소한의 체중 이동만 되어야 한다. 예를 들어, 왼발이 낮은 내리막 페어웨이에서 체중 이동이 다 되어버리면 어떻게 되겠는가? 앞으로 콕 넘어진다.

필자가 기억에 남는 라운드 중 한 라운드에 최고로 많은 벙커샷을 한 기록은 11번이다. 페어웨이 벙커 3번, 그린사이드 벙커 8번. 파3홀을 제외하고 거의 매홀 벙커에 빠졌다. 촌말로 완전 벙커 구디였다. 하도 벙커샷을 많이 하다 보니, 나중에는 벙커가 고향처럼 푸근해지는 경지까지 이르렀다. 한 번도 탈출을 하지 못한 적이 없었다. 왜냐하면 위 세 가지를 반드시 지켰기 때문이다.

보기플레이를 하시는 동반자 분이, 자기는 벙커샷 하나만은 자신 있다고 장담했던 적이 있다. 플레이 하는 동안 그린사이드 벙커에 세 번 볼이 들어갔는데, 놀랍게도 전부 홀 1m 내에 붙여 버렸다. 더 놀라운 것은 그중 두 번은 백스핀을 먹었다. 평생 벙커샷 백스핀을 두 번 봤는데, 그날 봤다. 페어웨이에 있다고 생각하고 아무런 부담 없이 풀샷을 했기 때문에 클럽헤드를 오픈해서 볼만 살짝 걷어낼 수 있었던 것이다. 이게 바로 자신감이다.

그렇다. 특히 벙커샷과 퍼팅은 자신감이 있어야 한다. 볼에 끌려가는 것이 아니라, 볼을 컨트롤할 수 있다는 자신감이 반드시 필요하다. 그래야 실력이 는다.

6번홀 슬럼프를 즐겨라

슬럼프를 극복하는 방법을 알아보자.

어제 잘 맞던 공이 오늘은 도무지 맞아나가지 않을 때가 있을 것이다. 좀 처럼 나지 않던 쌩크가 날 때도 있을 것이다. 왜 그럴까. 결론적으로 말하자면 지극히 정상적인 현상이다.

슬라이스는 또 어떤가. 초보자는 슬라이스가 나는 게 정상이다. 회전이론(?)에 보면 원운동을 하는 모든 물체는 궤도 이탈을 끊임없이 시도하면서 밖으로 벗어나려고 한다. 지구도 태양 주위를 돌면서 궤도를 벗어나려고 하지만 끌어당기고 있는 인력에 의해서 팽팽한 균형을 이루고 있듯이 몸과 클럽은 회전하면서도 팽팽한 균형을 이루고 있다.

골프 스윙은 슬라이스와의 싸움이라고 해도 과언이 아니다. 그러다가 이번에는 슬라이스를 잡자마자 훅이 나기 시작한다. 이쯤에서 골퍼들은 거의 미친다. 슬라이스는 잡겠는데 훅은 도저히 방법을 모르겠다고 많이들 물어온다. 개구리 올챙이 시절 기억 못하듯이 말이다. 이 또한 정상적인 수순이다. 이 고비를 넘기면 편안하고 기분 좋은 직선타구가 만들어진다. 이쯤 되면 골퍼는 마음속으로 이렇게 외친다. '다 죽었어. ㅋㅋㅋ'

여기까지 진행됐다면 훌륭하다고 말해주고 싶다. 어려운 고비에도 굴하지 않고 열심히 노력한 결과이다. 하지만… 이 하지만이 항상 문제인데 싱글 골퍼가 되려면 이런 고비와 극복과 '다 죽었어'를 열다섯 번을 반복해야 한다면 믿을 수 있겠는가? 믿기지 않겠지만 사실이다. 골퍼의 능력에 따라 차이는 있을 수 있지만 평균 열다섯 번의 슬럼프를 극복해야 싱글 골퍼가 된다. 못 믿겠다고? 아직 필자를 잘 모르는구나. 못 믿겠으면 주위의 싱글 골퍼에게 물어보기 바란다. 좀 심한 싱글 골퍼는 '대략 백 번쯤 된다'고 말할 수도 있다.

슬라이스, 훅, 쌩크, 들쭉날쭉 비거리, 고질적인 팔과 무릎의 통증, 헤드업, 전국구 히팅 포인트, 뒤땅, 타핑 등등 슬럼프 장애 요인은 수도 없이 많다. '다른 사람은 열다섯 번 겪는다면 나는 다섯 번만 겪을 거야' 자신감 충만하여 이렇게 외치고 싶은 분, 이 글의 의도를 좀 알았으면 좋겠다. 뜻대로 다 되면 얼마나 좋겠는가 말이다.

무슨 일이든지 노하우는 하루아침에 이루어지지 않는다. 그래서 노하우다. 슬럼프가 오게 되면 환영해라. 왜냐하면 이 슬럼프를 극복하면 드디어 싱글 골퍼에 한 발짝 더 다가서게 되는 것이므로 반기지 않을 수 없다. 수많은 초보자를 보면서 슬럼프가 오지 않는 경우를 본 적도 없고, 그 슬럼프를 극복하면서 한 단계 업그레이드되지 않은 경우를 본 적도 없다. 얼마나 고마운 슬럼프인지 '빨리 와라, 빨리 와라, 슬럼프야' 환영을 해야 할 지경이다.

슬럼프를 빨리 극복하는 방법도 참 여러 가지다. 하지만 한 가지 공통사항이 있다. 그것은 이 슬럼프를 극복하기 위해 무던히 노력하는 수밖에 없다. 솔로몬의 지혜를 찾기 위해 끊임없이 고민하고 연습해야 한다. 대부분의 간단한 슬럼프의 경우 극복 기간은 3일 안에 끝난다. 3개월이 아니고 3일이다. 이 3일을 못 넘겨서야 말이 되는가? 자존심이 있지.

슬럼프는 고마운 동반자다. 곡식을 수확하기 전 흘리는 땀방울이다. 빨리 슬럼프가 오기를 바라면서 이만 줄인다.

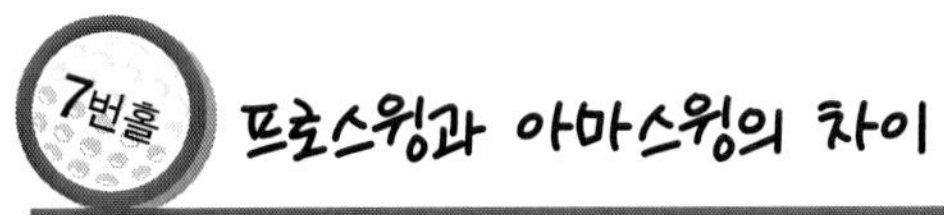

7번홀 프로스윙과 아마스윙의 차이

필자는 프로 선수가 아니다. 프로 선수가 되려고 한 적도 없거니와 지금도 프로 선수가 되고 싶은 생각이 전혀 없으며 될 능력도 없다. 다만, 프로의 샷을 구사하기 위해 노력을 하고 있다. 그렇다면 프로의 샷은 무엇일까? 아마의 샷과 무엇이 다를까? 필자는 알고 있다. 오늘은 그 얘기를 하고자 한다. 독자 여러분이 아래의 예를 참고해서 필자가 생각하는 프로의 샷이 무엇인지 맞춰 보기를 원한다. 너무 쉽게 알려주면 재미없잖은가.

첫 번째 예를 보자.

레슨을 받고 있던 입문 6개월 된 아저씨가 드디어 골프클럽을 구입했다. 필자보고 아이언 성능이 어떤지 시험해달라고 8번 아이언을 내밀었다. 테일러메이드 최신 아이언이었다. 비닐을 벗긴 후 연습 스윙을 두어 번 하고 세 번의 샷을 했다. 일정한 구질을 보이며 잘 날아갔다. 주위 사람들이 "우~ 워~" 필자에게 보낸 감탄사인지 신상 아이언에 대한 놀라움인지 헷갈리는 함성을 질렀다. 스윙감이 참 좋았다. 그 다음 순간 주위 분들께 클럽헤드를 보여드렸다. 볼을 3개 쳤는데 거기에는 메추리알 같은 볼 자국이 딱 하나만 마크되어 있었다. "우~ 워~"

두 번째 예를 보자.

필자가 입문한 지 1년 조금 넘었을 때였으리라. 너무나 궁금해서 1년 선배인 프로 형님께 여쭈어 본 동작이 있었다. 임팩트 순간 왼 무릎이 펴지나요? 아니면, 임팩트 후에 펴지나요? 그 형님은 임팩트 순간 펴진다고 하셨다. '아, 그렇구나. 그런데 나는 왜 임팩트 후에 무릎이 펴지지? 고쳐야겠구나' 생각했다. 며칠 뒤 그 형님의 스윙을 보았는데 임팩트 한참 후에 무릎이 펴지는 게 아닌가. '이런! CGV'

형님에게 따졌다. 왜 나에게는 임팩트 순간 무릎이 펴진다고 해놓고는 형님은 임팩트 후에 펴느냐고 따졌다. 형님 말씀이 가관이다. "어? 내가 그랬나?" 웁스!!!

그때 왼 무릎이 임팩트 후에 펴진다는 사실을 제대로 알 수 있었고, 그 이유도 알게 되었다.

정답 들어간다.

프로의 스윙은 일정한 스윙이고 아마의 스윙은 일정하지 않은 스윙이다. 여기서 일정하다는 의미는, 같은 클럽일 경우 헤드의 궤도가 일정하다는 의미이고, 일정한 템포와 리듬이라는 의미이고, 신체 각 부분이 매 샷 일정한 형태로 움직인다는 의미이다.

즉, 100번을 스윙을 해도 슬로우 모션으로 보면 첫 번째 스윙이나 100번째 스윙이나 전혀 변함이 없어야 한다는 뜻이다. 그러기 위해서는 무게의 중심축인 왼발이 임팩트 때 급격히 펴지거나, 변화가 있게 되면 매 샷 일정한 스윙을 할 수 없게 된다. 이 왼 무릎 때문에 체중 이동이 방해가 되어 탑볼과 뒤땅이 유발된다. 특히나 어프로치나 칩샷, 피칭샷을 할 경우에는 조금만 펴져도 미스샷으로 이어지기 때문에 절대로 임팩트 때에는 펴져서는 안 된다. 절대로!!

임팩트 때 왼 무릎이 펴져야 한다는 선배 프로님의 의미는, 백스윙 때 왼 무릎이 굽혀진 만큼 펴져야 위아래 스웨이가 없게 된다는 의미였던 것이지 완전히 펴라는 의미는 아니다. 즉, 어드레스 때 굽혀진 만큼 펴져야 한다는 의미이다. 그리고 어드레스 때만큼 펴진 상태에서 볼이 히트가 되고 팔로우가 되도록 무릎이 굽어진 상태로 길게 회전이 되어야 한다는 의미다. 그렇게 되면 클럽헤드가 갑작스럽게 위로 들리는 현상을 방지하면서 볼을 히트 후 디봇을 만들 수 있다.

일정한 스윙을 위해서는 회전의 축이 되는 신체를 일정하게 유지해주면 된다. 또한, 일정한 스윙은 일정한 임팩트의 필수요건이 된다. 전국구 히팅 포인트가 되는 골퍼의 스윙을 보면 이 중심축이 되어야 할 상□하체가 위아래로 굽혀지는 것을 많이 볼 수 있다. 일정한 스윙을 방해하는 동작은 정석이 아닐 가능성이 99%이다.

가장 중요한 포인트는 바로 다음에 있다.

이 일정한 스윙을 위해서는 수천, 수만 번의 스윙 연습에 의해 이루어진다. 그런데 일정한 스윙을 다 만들어 놓고 보니, 올바르지 않은 자세로 스윙이 만들어졌다면 어떻게 할 것인가? 돌아올 수 없는 루비콘 강을 건넌 꼴이 되는 것이다. 올바른 자세로 일정한 스윙을 해야 하는데, 그 올바른 자세는 골프 입문 초기에, 그것도 한 달 안에 결정 난다는 사실을 반드시 알아야 한다.

한 달 동안 익힌 자세를 토대로 3개월을 연습하게 되고, 그 3개월 동안 익힌 리듬으로 1년을 스윙하게 되고, 그 1년간 익힌 스윙으로 2년 동안 실력이 늘게 되고, 그 2년 동안의 실력으로 20년을 써먹게 된다. 얼마나 중요한 한 달인가? 6개월의 잘못된 습관을 원상 복귀하는 데만 6개월이 걸린다. 한마디로 현실적으로 원상 복귀가 불가능하다고 보면 된다.

베토벤이 음악을 배우러 온 두 아이에게 수강료를 다르게 받았다는 유명한 이야기가 있다. 한 아이는 제법 피아노를 칠 줄 아는 아이였고, 한 아이는 전혀 음악을 모르는 아이였는데, 제법 피아노를 칠 줄 아는 아이에게 수강료를 두 배를 받았다지 않은가. 그 이유는 원상 복귀가 더 힘들기 때문이다. 이미 올바르지 않은 길을 걸어버린 아이를 고치는 데는 그만큼 힘이 든다.

골프 입문 한 달이 얼마나 중요한 시기인지 알겠는가? 올바른 자세를 익히기 위해 많은 노력을 하기를 바란다. 아뿔싸, 여러분들은 벌써 늦어버렸구나. 유감이다. 우짜겠는가. 자식들에게는 절대 같은 전철을 밟게 하지 말기를 소망한다. 괜한 얘기로 실망을 드리게 되어 미안하다.

각설하고, 지금도 늦지 않았다. 더 굳어버리기 전에 찾아야 한다. 골프 입문 초기 동안은 이것저것 살펴보면서 여러 가지 스윙을 해보아야 하는 시기여야지, 벌써 굳히기 동작을 하면 안 된다. 여러분은 할 수 있다. 건투를 빈다.

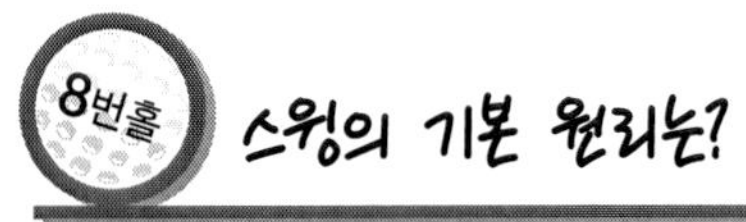

스윙의 기본 원리는?

초보는 성급하다. 반면에 고수는 느긋하다. 초보는 빠른 스윙에 욕심을 내는 반면에, 고수는 부드러운 스윙으로 정확한 샷에 욕심을 낸다. 오늘은 부드러운 스윙의 기본이 되는 회전운동의 장점에 대해 알아보자.

초보 골퍼는 멀리 보내려고 욕심을 부린다. 어깨에 힘이 잔뜩 들어가서 최대한 강하게 스윙을 한다. 왜냐하면 연습장에서 그렇게 연습을 했기 때문이다. 강하게 쳤을 때 140m 나가는 8번 아이언이 약한 스윙으로는 120m 도 안 나가는 줄 알기 때문이다. 잘못되었다는 뜻이 아니라 초보 골퍼에게 는 이게 정상이다. 그렇다고 해서 이게 맞는다는 뜻이 아니고 계속 이렇게 치라는 뜻이 아니다. 고수들의 스윙을 따라 하기 위해 노력을 해야 고수가 되는 것이지, 초보 스윙을 계속한다고 고수가 되는 것은 아니다.

그런데 과연 초보 골퍼만 이렇게 스윙을 할까?

일반 골퍼에게 스윙을 천천히 해서 볼을 맞춰보라고 하면 빠른 스윙을 할 때보다 더 볼이 안 맞는 경우가 많다. 이거 심각한 문제다. 빠른 스윙에 리 듬을 맞추어 놓다 보니, 부드러운 스윙이 더 어색해진 것이다. 단언하건대, 이런 빠른 스윙을 계속 고집하게 되면 절대 실력이 늘지 않는다. 당장 스윙 속도를 줄여야 한다.

좀 천천히 스윙하시라고 아무리 얘기해도 몸이 말을 듣지 않는다. 이런 분들의 대부분은 기본을 배우지 않고 풀스윙부터 해버렸기 때문에 어떤 클럽이든 간에 풀스윙을 해버리는 경향이 있다. 힘에 의한 빠른 스윙의 단점은 한 가지 한 가지가 다 치명적이다.

이런 치명적인 단점들을 알아보고자 하는 이유는 간단하다. 이렇게 치지 말라는 얘기다. 이런 분들의 스윙은 오른쪽으로 체중 이동이 확 쏠려서 다시 왼쪽으로 확 쏠린다. 정작, 스윙은 스탠스를 중심으로 원운동이어야 하는데 말이다. 이 말은, 화살 시위를 우측으로 당겨서 좌측으로 쏘아버리는 동작이 아니라는 얘기다.

어릴 적 정월 대보름 때 쥐불놀이를 했던 기억이 있는가? 요즘은 산불 예방 때문에 금지하고 있는 이 쥐불놀이는 그 시절 시골 꼬마들에게는 요즘의 불꽃놀이만큼이나 재미가 있는 놀이였다. 깡통 속에 장작을 넣어 불을 붙인 후 줄을 매달아 하늘 위로 던지면 수많은 불꽃들이 하늘에 은하수를 그리며 날아간다. 그 쥐불놀이를 하듯 원을 그리면서 스윙을 해야 된다는 의미다.

이런 원운동의 첫 출발은 테이크어웨이에서 벌써 시작되어야 한다. 오른발을 중심으로 양손이 하체에 의해 회전이 되어야 한다. 오른쪽으로 쭈욱 빼는 게 아니라, 회전이 되어야 한다. 이렇게 해야 백스윙이 간결해지면서 미스샷을 엄청 줄일 수 있다. 이렇게 해야 다운스윙 때 우측 팔꿈치가 옆구리에 딱 붙게 되어 위아래 스윙이 되면서 헤드스피드를 증가시키는 토대가 된다. 이렇게 해야 양손이 허리에 착 달라붙게 되어 헤드에 무게를 싣게 되어 볼의 직진성과 일정한 비거리가 보장된다.

보다시피 백스윙이 간결해져 미스샷을 줄이고, 헤드스피드를 증가시키고, 볼의 직진성과 일정한 비거리를 내게 해주면 어떻게 되겠는가? 이게 바로 프로스윙이다. 여기서 프로스윙이라는 의미는 TV에 나오는 프로들의 스윙을 말하는 게 아니라 우리가 추구하고자 하는 목표로서의 스윙이라는 의미다.

이런 원운동의 첫 출발이 테이크어웨이에서 시작했다면 스윙의 절반은 이미 성공했다고 볼 수 있다. 또한, 이런 원운동은 멈춤 없이 계속되어야 한다. 마지막 피니쉬까지 하체를 기준으로 회전을 시킨다는 느낌으로 한 번에 휙 돌려버려야 한다. 특히 다운스윙 때 힘을 줄 필요가 없다. 둥글게 둥글게 원운동을 하는데 힘이 들어갈 이유가 없다. 힘이 들어가게 되면 회전운동이 아니라 도끼질이 된다.

수많은 원운동 스윙을 하다 보면 자연스럽게 스윙의 메커니즘을 알게 된다. 메커니즘? 별거 없다. 백탑이든, 임팩트든, 팔로우든 간에 그 순간 동작을 닮으려고 해서는 안 된다. 그 순간이라는 것은 사진을 찍어서 그렇게 보일 뿐이지, 계속 원운동을 하는 과정일 뿐이다. 튼튼한 기본이 되어야 할 원운동을 하지 않고서 특정한 동작을 해버리는 것은 앞뒤가 완전히 뒤바뀐 꼴이다.

팔로우를 길게 해주기 위해 양 팔이 처져서도 안 되고 상체가 끌려가서도 안 된다. 원운동을 해주는 범위 안에서만 팔로우 동작을 해주면 된다. 이런 과정의 연습을 계속 하다 보면 자연스럽게 감각이 생기게 된다. 특히 여자 골퍼들은 이 동작에 얽매이다 보니 상체가 클럽에 끌려가는 스윙을 하는 경향이 있어서 헤드스피드가 전혀 나지 않는 경우를 많이 본다.

가장 기본적이면서도 핵심적인 원리인 원운동, 즉 회전을 염두에 둔 스윙을 짚어보았다. 어떠한 동작이든 이 회전을 방해하는 요소는 배제되어야 한다. 즉, 단순하게 스윙을 해버려야 한다. 프로스윙을 한 마디로 표현하면 간결함이라고 했다.

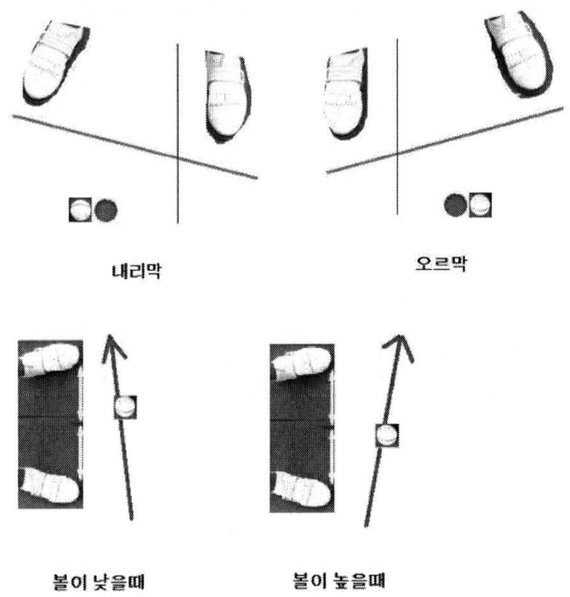

트러블 상황에서 볼의 위치를 살펴보자.

트러블 상황에서는 볼을 정확히 스윗스팟에 맞추는 걸 최우선으로 고려해야 한다. 드로, 페이드를 구사하려고 하거나 볼을 띄우거나 펀치 샷을 하려고 하기보다는 정확한 임팩트를 최우선시해야 한다. 즉, 그 트러블 상황을 탈출하는 것이 목적이다. 그러기 위해서는 볼을 어떤 위치에 두었을 때 가장 정확한 임팩트를 할 수 있는지 알아야겠다.

볼의 위치는 양발의 무게중심과 관련이 있다고들 알고 있다. 과연 그럴까?

위 그림의 빨간 볼이 양발의 중앙이라고 하자. 왼발이 낮은 내리막 경사일 경우 스탠스는 기울어진 지면과 되도록 평행하게 서야 한다. 즉, 상·하체가 왼쪽으로 살짝 기울어져야 한다.

그렇게 되면 왼발에 무게가 많이 실리게 되어 좌측 그림에서처럼 검은 실선 쪽으로 체중의 중심이 이동된다. 이런 상태에서 빨간 볼을 치게 되면 지면과 수직으로 서 주었기 때문에 평지에서의 샷과 동일하게 된다. 실제로도 이렇게 치고 있다. 평지와 똑같은 상황을 만들어서 상체만으로 스윙을 하게 되면 볼의 방향성은 일정해진다.

하지만 대부분의 경우 볼의 위치는 그림처럼 우측으로 볼 한두 개 정도 옮겨서 놓게 된다. 왜냐하면 스윙을 하게 되면 체중 이동에 의해 몸이 앞으로 쏠리게 되어 넘어진다. 최소한 넘어지지는 않아야 하므로 할 수 없이 경사진 쪽, 우측으로 살짝 기울 수밖에 없다.

즉, 볼의 위치는 무게 중심에 따라 놓여지는 것이 아니라, 스윙을 하기 위한 몸의 기울기에 따라 놓여진다. 이 점을 이해해야 한다. 체중 이동을 피니쉬까지 완전히 할 수 있으면 볼은 양발 중앙에다 두는 것이 맞지만, 대부분 그렇지 않기 때문에 볼을 오른발에 가깝게 두고 스윙을 하게 된다.

볼을 우측에 놓게 되면 당연하게도 클럽헤드가 다운스윙되면서 완전히 닫히지 않고 열려서 맞게 되어 있다. 그런 이유로 슬라이스가 나게 된다. 그리고 경사지에서는 하체의 회전이 평지에 비해 완벽하게 되지 않는다. 이런 핸디캡이 있는데도 불구하고 억지로 평지와 같이 스윙을 하려고 하면 슬라이스나 미스샷의 원인이 되기 때문에 이 두 가지를 잘 이용해서 스윙을 해야 한다.

즉, 하체의 턴을 줄여야 한다. 그러면 상체의 턴도 줄고, 클럽헤드의 궤도도 좌우 회전이 줄어들어 가파르게 들리게 된다. 여기서 주의해야 할 점은 볼이 우측에 있다고 해서 볼을 맞추기 위해서 코킹이 일찍 풀린다거나 팔로스윙이 줄어들면 안 된다. 정상적인 스윙 궤도로 피니쉬까지 해주어야 한다. 즉, 볼의 위치를 고정해 놓고 비정상적인 스윙을 하는 것이 아니라, 정상적인 스윙을 하기 위해 볼의 위치를 조정한 것이다.

세 번째 그림처럼 볼이 발보다 낮을 경우에는 약간 아웃 인이 된다. 그 이유는 이래야 클럽헤드가 백스윙이나 다운스윙 때 지면에 의해 방해가 되지 않기 때문이다.

네 번째 그림처럼 볼이 발보다 높을 경우도 마찬가지 이유로 인 아웃 궤도가 된다.

위 네 가지를 전부 이해하고 실전에서 쉽게 기억해서 적용시킬 수 있을까? 어렵다. 쉽게 알 수 있는 방법을 알아보자

위 네 가지의 공통점이 있다. 트러블 샷의 볼의 위치는 무게 중심에 의해 변하는 것이 아니라, 스윙을 쉽게 할 수 있는 위치에 볼이 온다. 즉, 백스윙 때 클럽헤드가 지면에 닿지 않는 위치에 볼이 온다. 백스윙 때 클럽헤드가 지면에 닿지 않는 궤도로 스윙이 이루어진다. 이것만 기억하면 되겠다.

그리고 임팩트를 정확히 하기 위해서는 피니쉬를 완벽히 하려고 하지 말고, 어드레스 자세로 돌아온다는 느낌으로 하게 되면 임팩트에 좀 더 집중을 할 수 있다. 연습장에서 충분히 연습을 한 후 필드에서 꼭 써먹어보기 바란다.

지금까지 싱글이 되기 위해 열심히 달려왔다. 이번 시간에는 필드에서 타수를 줄일 수 있는 전략을 세워보자. 싱글 스코어카드를 보면 대부분 비슷비슷하면서 공통적인 점이 있다. 정답이 무엇인지 한번 맞춰보기 바란다. 앗? 제목에 벌써 나와 버렸네. 더블보기가 없다. 더블보기를 없게 하려면 어떻게 해야 할지 같이 고민해보자.

첫 번째로는 드라이버 OB가 없어야 한다. OB 한 방에 더블보기는 피할 수가 없다. 그러기 위해서는 드라이버는 거리보다는 부드럽게 페어웨이를 지키는 샷을 해야 한다. OB를 줄이는 방법은 저번 시간에 짚어보았으므로 생략한다.

두 번째로는 파 온을 해야 한다. 온그린을 하는 방법을 알아보자. '온그린 하는 데도 방법이 있나? 그냥 잘 치면 온그린되는 거 아닌가?' 흠, 그렇지 않다.

하 프로가 시키는 대로 드라이버를 부드럽게 쳤더니 세상에나, 세컨 샷이 150m나 남아버렸다. 아, 150m 떨어진 그린이 왜 이리 작게 보일까. 저렇게 작게 보이는 그린일지라도 실제 가보면 상당히 넓은 경우가 많다. 그런데도 불구하고 작게만 보이는 그린, 작아져만 가는 자신감. 어떻해야 하지? 고민이 많을 것이다.

대부분의 그린을 보면 반지름이 홀을 중심으로 10m 정도 된다. 즉, 지름이 20m가 되는 큰 원이다. 하지만, 볼이 2도만 벗어나서 날아가게 돼도 온그린을 할 수 없게 된다. 그래서 긴장하게 된다.

이때 이 방법을 써보자. 지름이 20m가 아닌, 40m나 되는 원에 온 시킨다는 마음으로 편안하게 스윙해보자. 즉, 앞에 보이는 그린 넓이를 임의로 네 배를 넓히라는 얘기다. 20m를 40m로 넓히면 두 배가 아닌가요? 흠, 이래서 우리나라의 교육 현실이 문제라는 얘기다. 산수를 잘해야 한다. 각설하고….

40m면 어지간한 실외 연습장의 양쪽 기둥 넓이의 절반이 넘을 것이다. 이 정도쯤 되면 편안하게 스윙할 수 있지 않겠는가. 실제로 온그린을 시키지 못했더라도 40m 안에만 온 시켰다면 성공이라고 생각해야 한다. 즉, 8번 아이언으로 130m를 보내고 20m가 짧아도 성공이라는 얘기다.

밴댕이 콧구멍만 한 그린에 온 시키기 위해서 소극적인 스윙을 한다거나 무리한 힘을 쓰는 스윙을 피할 수만 있다면 성공인 것이다. 결과는 어떻게 될까? 직접 경험해 보기 바란다. 필자가 나쁜 거 권하겠는가?

가까스로 싱글을 치고 있는 분들의 온 그린 확률은 대략 50%를 넘지 못한다. 믿어지는가? 사실이 이러하니 온 그린 못했다고 짜증낼 필요가 없으니 편안하게 스윙하기 바란다. 프로들은 어떨까? 탑 클래스를 제외하고 온 그린 확률은 대략 50~60% 정도이다.

이렇게 해서 힘들이지 않고 그린 주변까지 볼이 왔다. 드디어 홀에 바싹 붙이는 어프로치를 해야 한다.

여기서 잠깐!

그린을 놓치게 된 볼을 파로 잡는 비율을 스크램블링이라고 하는데 싱글 플레이어는 40% 정도 된다. 최경주 선수는 60%를 넘는다. 즉, 싱글들도 파를 절반도 못 잡는다. 그러하니 이것 또한 신경 쓸 필요가 없겠다.

"그럼 도대체 뭘 신경 써야 하나요?"

홀컵 지름은 10.8cm인데 넣으려고 해서는 안 된다. 왜냐하면 넣을 확률은 낙타가 바늘구멍 어쩌고저쩌고보다 적기 때문이다. 그렇다면 배운 대로 1m 안에만 붙이려고 해야 할까?

그것도 신경 쓸 필요 없다. 반지름 6m 안에만, 즉, 지름 12m 안에만 넣으면 된다. 이 정도야 못하겠는가. 거의 그린 3분의 2 넓이다. 이 정도는 해줬으면 좋겠다. 좀 해주세요.

이렇게 하게 되면 편안한 샷을 하게 될 것이고, 운이 좋으면 홀컵에 붙이는 경우도 생긴다. 설사 운이 없어서 6m가 떨어지게 되더라도 저번 시간에 퍼팅 잘하는 방법을 익힌 분들은 6m 퍼팅은 눈 감고도 붙일 수 있을 것이다. 자, 여기까지! 너무 쉽지 않은가?

여기까지 살펴본 대로, 운이 너무너무 없어서 온 그린을 전부 못했다 하더라도, 더불어 1m 이내 홀컵에 전부 못 붙여도 모조리 보기로 잡아내게 되는 것이다.

이제 점수를 계산해보자.

18홀 동안 OB를 내지 않았다는 전제하에 파 온을 6개 홀(33%)이라고 잡고, 그중 60%를 투 퍼팅에 끝냈다고 치면 파가 4개가 된다.

파 온을 못한 12개 홀 중에 1m 내에 붙인 홀이 운이 없어 2개 홀(25%)뿐이라고 치면 지금까지 파를 놓친 홀은 12개 홀이 된다. 그중 확률상 1m~3m 내에 붙인 6개 홀 중 2개 홀을 파를 잡고 3m~6m 내의 6개 홀 중 1홀만 파를 잡으면, 4+2+2+1 =9 싱글 스코어이다.

운이 좋게 버디를 잡는다거나 칩샷이 들어가게 되면 점수는 더 좋아질 것이다. 물론 이론상으로 그렇다는 얘기지만 실제로 필드에서 일어나고 있는 일이다.

필자와 자주 라운딩을 했던 중년을 넘은 여성 골퍼는 위 방법을 그대로 적용했다. 그분은 근력이 부족해서 드라이버 비거리가 너무 안 나서 세컨샷을 언제나 우드로 할 수밖에 없었다. 당연하게도 그린에 전혀 볼을 올리지를 못하고 그린 주변에만 볼을 보낸다. 그리고 홀 주변에 볼을 떨군 후 투펏에 홀아웃 한다. 더블보기도 없고 파도 없다. 스코어는 항상 89타에서 91타 사이였다.

더블보기를 하지 않는 방법은 위에서 설명한 대로 편안한 마음으로 스윙을 해주어야 한다. 어려운 때일수록 긴장을 훌훌 털어버리고 더 큰 실수를 하지 않아야 한다. 그러기 위해서는 그린을 실제보다 훨씬 넓게 보고, 홀 컵을 더 크게 보게 되면 마음의 부담을 덜 수 있을 것이다. 필드에서 꼭 한 번 해보기를 소망한다.

11번홀 코킹의 눈물

재미있자고 제목을 '코킹의 눈물'이라고 적어보았다. 아프리카의 눈물, 남극의 눈물을 본떠서 지었다. 좀 오버라고 생각하는 독자일지라도 이해를 해주리라 믿는다. 필자의 글을 읽을 정도의 교양 수준이라면 이 정도는 웃고 넘길 아량과 배포와 호연지기를 지녔음에 틀림없다.

스윙을 하기 위해서는 모든 신체가 꼬여지고 풀어진다. 심지어 클럽 샤프트도 휘어진다. 눈으로는 잘 안 보이지만 휘어지고 있다. 왜 꼬아주느냐 하면 이 동작에 의해 힘의 축적이 이루어지게 되어 스피드를 높이는 원천이 되기 때문이다. 코킹을 주제로 해놓고는 뭔 엉뚱한 소리를?

코킹도 이런 휘어지고 꼬아주는 한 동작이다. 그런데 대부분의 골퍼들은 꺾어주는 동작으로 잘못 알고 있거나 잘못 활용하고 있다. 여기서부터 코킹의 비극은 시작된다.

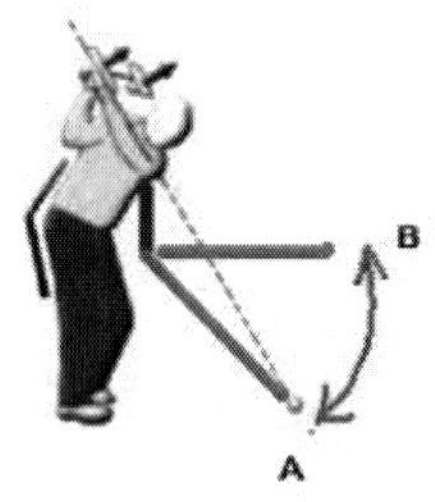

위 그림처럼 어드레스 자세에서 그립을 양손으로 꼭 쥔 채로 클럽을 들어보면 B 지점까지, 즉, 90도 이상 더 꺾이지 않는 것을 알 수 있다.

"어? 나는 100도 이상도 꺾이는데?"

이런 분들은 손목의 아래 부분이 살짝 벌려졌거나 손가락이 살짝 펴졌거나 팔꿈치 안쪽이 밖으로 살짝 틀어졌거나 셋 중에 한 가지 현상이 일어났다는 증거다. 위 세 가지 중에 한 가지라도 발생하게 되면 그것은 코킹이 아니고 손목을 꺾는 동작, 즉, 전혀 도움이 안 되는 스윙 동작이 된다.

골프 스윙에서 가장 강조하고 싶은 두 가지 동작이 있는데, 체중 이동과 코킹이다. 그만큼 중요한 동작이다. 한 가지 차이점은 체중 이동은 인위적으로라도 반드시 해주어야 하는 동작인 반면에, 코킹은 인위적으로 해주게 되면 오히려 해가 되는 동작이라고 필자는 생각한다. 이러한 이유 때문에 코킹에 대해서는 내용에서 빼버리는 것이 독자들에게 혼선을 피하는 길이 아닐까 해서 망설였다. 괜히 코킹에 대해 언급하게 되면 인위적인 동작이 되어버리게 될 가능성이 있을까 지금도 걱정이다.

앞에서 언급했듯이 코킹은 인위적으로 꺾는 동작이 아니므로 어드레스 했을 때의 손목을 최대한 유지를 해야 한다. 즉, 백탑에 가서도, 팔로우를 할 때도 그립을 잡고 있는 손목이 비틀어진다거나, 악력이 변한다거나, 손목이 무리하게 꺾여서는 안 된다. 이렇게 해주었을 때 비로소 손목의 텐션을 최대한 살릴 수 있다. 특히, 오버스윙이 되는 골퍼들은 대부분 잘못된 코킹이 원인인 경우가 많다. 다음 시간에 살펴보도록 하자.

필자가 스티브 스트리커의 스윙을 좋아하는 이유가 바로 자연스러운 코킹에서 나오는 부드러운 스윙 때문이다. 이 선수만큼 인위적인 코킹이 없는 스윙은 없었다. 세월이 흘러 흘러 추천할 만한 스윙으로 벤 호건이나 어니엘스만큼이나 유명해지지 않을까, 하는 개인적인 생각이 든다.

TV 중계 해설자도 이미 알고 있는 듯하다. 이 선수가 100m 안쪽의 어프로치를 할 때에는 잔뜩 기대를 하는 모습을 자주 보곤 한다. 독자들도 이 선수의 어프로치를 눈여겨보길 바란다.

코킹의 장점과 요령은 다음 홀에서 살펴보도록 하자.

12번홀 코킹의 눈물 2부

저번 시간에 언급했듯이 코킹은 인위적으로 꺾는 동작이 아니므로 어드레스 했을 때의 그립을 쥔 손목을 피니쉬까지 최대한 유지해야 한다고 했다. 손목이 벌어지거나 손가락이 펴지거나 해서는 안 되겠다. 이렇게 하면 백스윙 탑에서도 양쪽 팔꿈치가 벌어지지 않는다. 즉, 양 팔꿈치가 일정한 간격으로 스윙이 이루어진다. 실제로 이렇게 스윙을 해 보면 처음에는 느낌이 이상할 것이다. 그런데 이 이상한 느낌이 올바른 스윙이다. 굉장히 중요하다.

그립을 양손으로 모아 잡은 상태를 방해하는 동작을 꼽으라면, 빠른 스윙 템포와 힘에 의한 스윙을 꼽을 수 있다. 즉, 힘으로 멀리 보내려는 욕심 때문이다. 이 욕심 때문에 코킹의 눈물은 마를 날이 없다. 코킹이 눈물을 흘리지 않도록 좀 도와주자.

도와주는 방법을 한번 보자.

테이크어웨이 할 때, 그립을 쥔 손목은 최초의 각도를 유지해서 최소한 손목이 오른쪽 발끝까지 가야 한다. 즉, 어깨가 그대로 따라가야 한다. 즉, 왼쪽 무릎이 볼 쪽으로 기울어지면서 하체의 턴을 이용한 회전이 되어야 한다. 이렇게 하면 양쪽 어깨와 손목이 이루어 놓은 삼각형을 그대로 유지할 수 있게 된다. 이 삼각형이 중요한 이유는 드라이버

해머스윙에서 언급한 적이 있다.

여기서 주의할 점은 손목이 오히려 펴져버리는 골퍼들이 의외로 많다. 즉, 손목의 위쪽이 코킹의 반대쪽으로 펴져버린다. 백스윙할 때 최대한 팔을 쭉 펴주어야 하는 동작을 오해해서이다. 팔이 펴지는 것이지 손목이 펴져버리게 되면 펴진 만큼 더 코킹을 해줘야 하는 부담이 있을 뿐만 아니라, 코킹의 속도가 빨라지게 되고, 다운스윙 때 릴리스가 빨리 이루어지게 되어 뒤땅의 주범이 되어 버린다.

즉, 코킹을 일찍 해주면 다운스윙 때 코킹이 늦게 풀리게 되어, 헤드 무게에 의한 정상적인 히팅을 할 수 있게 된다. 반대로, 코킹을 늦게 해주면 플랫한 스윙이 되어, 다운스윙 때에도 쓸어 치게 된다. 여기서 알 수 있는 것이 바로 코킹을 해주는 시기이다. 짧은 아이언일 경우 코킹을 일찍 해주고, 긴 아이언이나 드라이버는 코킹을 늦게 해준다는 것을 알 수 있다. 왜냐하면 클럽의 길이에 따라 템포와 스윙 궤도가 서로 다르기 때문이다.

여기서 또 주의할 점은 코킹을 일찍 해주는 것과 빨리 해주는 것과는 엄청난 차이가 있다. 빨리 해준다는 의미는 코킹을 시작해서 끝나는 시간이 짧다는 의미이고, 일찍 해준다는 의미는 비교 대상보다 일찍 해준다는 의미이다. 즉, 백스윙 때 손이 우측 허벅지를 가기도 전에 코킹이 시작되면 일찍 하는 것이고, 우측 허벅지를 통과한 후에 드디어 코킹을 해주기 시작하게 되면 늦게 코킹을 해주는 의미이다. 이해하겠는가?

그렇다면 코킹은 일찍 해준다는 표현이 맞겠는가? 빨리 해준다는 표현이 맞겠는가? 일찍 해준다는 표현이 맞다. 빨리 해주는 코킹은 없다. 왜냐하면 백스윙 때 양 손목은 짧은 아이언이든, 드라이버든, 항상 일정한 속도로 백스윙을 해주어야 하기 때문이다. 이걸 어기면 코킹은 또 눈물을 흘린다. 즉, 코킹을 해주는 속도가 빨라지면 팔도 빨리 들려 버린다. 이 속도에 의해 백스윙 탑에서 뜻하지 않게 손목의 아래 부분이 벌어지게 되고 손목이 꺾이게 되어 오버스윙의 원인이 된다. 하아, 글로 스윙을 표현하기가 정말 힘들다.

정리하면, 어드레스 했을 때 그립을 잡은 양 손은 피니쉬까지 그대로 유지가 되어야 하며, 특히 손목의 아래 뼈가 벌려져서는 안 된다. 손목이 우측 허벅지를 통과할 때까지는 하체에 의한 턴이 되어야 하고, 오히려 손목이 펴지는 실수가 없어야 한다.

양 팔이 지면과 수평이 되었을 때 코킹이 마쳐져야 하기 때문에 팔을 빠른 속도로 들어서는 코킹 할 시간이 없기 때문에 팔의 속도를 천천히 일정하게 유지해야 한다. 즉, 우측으로 팔을 흔드는 느낌으로 휘저어주면 자연스럽게 코킹이 되는 것이지, 힘을 주어서 팔을 든다거나 손목을 꺾어서는 안 된다.

이렇게 해야 다운스윙할 때에는 자연스러운 스윙이 된다. 더 간단히 정리하자면, 그립을 쥐고 있는 왼손가락은 스윙하는 동안 조금도 펴지거나 꽉 쥐어서는 안 된다

그립의 중요성을 강조하곤 하는데, 어떻게 쥐느냐가 중요한 게 아니라, 스윙하는 동안 어떻게 유지하느냐가 중요하다. 그립의 중요성이 강조되는 이유는 코킹에 지대한 영향을 주기 때문이다.

필자가 가장 중요시하는 위아래 스윙의 실체를 알아보자.

초보 골퍼들이 가장 궁금해 하는 것은 고수 골퍼들의 스윙 비법인 경우가 많다. 하지만 레슨하는 입장에서는 대다수 일반 고수들의 스윙을 추천하기 보다는 되도록 불편하더라도 프로스윙을 추천할 수밖에 없다. 연습장에 자주 나가고 필드 자주 나가면 타수는 줄게 되어 있다. 그러나 스윙이 발전한다기보다는 타수 줄이는 요령이 늘어 고수가 되는 경우를 수도 없이 보았다.

프로스윙이라고 해서 어려운 것은 절대 아니다. 오히려 익혀 놓으면 심리적인 만족감은 비교할 수 없을 정도로 높다. 그렇다면 프로스윙의 가장 중요한 핵심은 무엇일까 고민을 해보지 않을 수 없다. 기존 TV에 나오는 레슨 프로그램에서는 프로그램 특성상 단편적인 주제를 놓고 진행할 수밖에 없다. 슬라이스 안 나는 법, 헤드업 방지하는 법, 트러블 샷 하는 법, 비거리 늘리는 법 등등. 한 가지 상황이나 문제점을 놓고 해결하는 방법에 대해 얘기를 하지만, 정작 초보 골퍼나 중급 골퍼들이 더 나은 실력을 위해 나아가야 할 연습 방법이나 올바른 스윙 방법을 제시하지는 않는다.

물론 서로 다른 개개인의 신체 특성을 모두 반영하는 스윙을 논하기에는 어려움이 많기 때문이기도 할 것이다. 한 가지 한 가지 문제점을 해결하면서 익히는 것 또한 나쁜 길은 아니지만 중심이 있어야 하지 않겠는가.

1라운드에서 필자가 제시한 '크게, 부드럽게, 과감하게' 스윙해야 한다는 의미는 어떻게 보면 스윙의 한 가지 방법이라기보다는 스윙하고 있는 골퍼의 마인드와 관계가 있다고 할 수 있으며, 모든 스윙의 중심이 될 수 있는 큰 틀이라는 점에서 추천하고 싶다. 그리고 오늘 제시하는 위아래 스윙은 스윙의 또 다른 큰 틀이라는 점에서 꼭 추천하고 싶다.

필자의 신장이 대한민국 남자 평균에서 몇 센티 모자라기 때문에 위아래 스윙을 하기보다는 오히려 플랫한 궤도의 스윙을 구사하기에 적당하다. 그럼에도 불구하고 위아래 스윙을 하고 있다. 그러기 위해서는 앤서니 김처럼 클럽을 짧게 잡는 방법도 한 가지 방법일 수 있겠다. 키가 큰 코쟁이들은 신체 구조상 자연스럽게 위아래 스윙을 하고 있다. 클럽 샤프트 길이를 그 사람들에게 맞춰서 제작했으니 얼마나 유리한가. 하지만 키가 작더라도 충분히 위아래 스윙의 감각을 느낄 수 있고 구사할 수 있다.

아이언의 경우 어드레스 때 양팔은 지면을 향해 수직이 되어야 한다. 백스윙을 거쳐 다운스윙을 거쳐 임팩트 때에도 당연히 양팔은 어드레스 때처럼 지면을 향해 수직이어야 한다. 단, 클럽 샤프트는 볼을 향하게 되어 팔과 비스듬하게 각이 형성된다. 이 각도를 예각이라고 한다. 어드레스 때 만들어진 이 예각은 임팩트 순간까지 지켜져야 한다. 이렇게 스윙을 하게 되면 헤드스피드를 엄청 향상시킬 수 있거니와 스윙이 단순해진다. 양팔이 볼을 향해서는 안 된다는 의미이다.

양팔은 위 아래로 움직여야 한다. 야구 스윙처럼 옆으로 스윙하지 않는다. 양팔이 반드시 아래로 가야 하는 이유는 여러 가지다. 중력을 이용하려면 위에서 아래로 떨어져야 함이 첫 번째이고, 이렇게 해야 허리에 착 달라붙어 힘을 쓸 수가 있으며, 앞에서 보게 되면 스윙의 궤도가 가장 커지게 되어 파워풀한 스윙과 부드러운 스윙을 할 수 있기 때문이다.

주의할 점은 팔을 지면과 수직이 되게 하기 위해서 어깨를 움츠려 위로 으쓱해서는 안 되고 허리가 숙여져서도 안 된다. 어깨가 위로 움츠리게 되면 스윙 궤도가 줄어드는 단점과, 어깨의 힘으로 스윙을 하게 되어 자연스러운 가속도가 나지 않는다.

키가 단신인 골퍼들에게 한 가지 팁을 주자면, 클럽 샤프트가 길어서 도저히 위아래 스윙이 나오지 않을 경우, 임팩트 때 골반과 배를 앞으로 내밀어서 양 손과 붙게 해서 스윙을 하게 되면 위아래 스윙의 장점을 충분히 살릴 수 있다. 이 동작은 야구에서 타자들이 사용하는 방법인데, 방망이와 허리를 최대한 붙이기 위해 배와 골반을 앞으로 확 내미는 동작을 통해 방망이에 몸의 무게를 싣는다.

위아래 스윙을 하는 방법은 2라운드 〈스윙의 올바른 궤도 2〉에 나와 있다. 익히고 나서 프로들의 스윙을 자세히 보게 되면 전부 이렇게 치고 있다는 것을 알 수 있다. 워낙 키가 작은 일본 여자 프로들조차 양손이 몸에 착 붙어 있는 것을 볼 수 있다.

연습하는 동안 다소 어색하더라도 며칠만 지나면 얼마나 스윙이 쉬워질 수 있는지 몸으로 느낄 수 있다. 그런 다음에야 방향성이나 비거리를 연습해도 충분하다. 프로의 스윙을 한 마디로 표현하자면 '간결함'이다. 두 마디로 표현하자면 '위아래 스윙'이다.

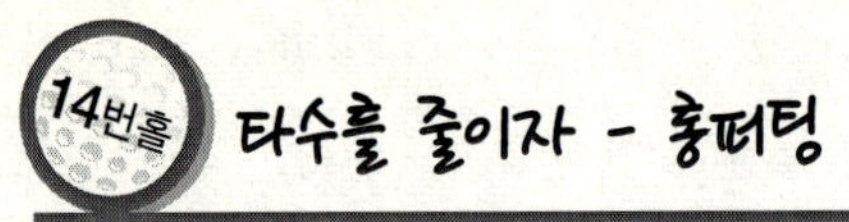

　동호인들은 대부분 롱퍼팅이 남을 경우 쓰리퍼팅이 기본이지만 싱글 이상인 골퍼들은 쓰리퍼팅이야말로 화가 나는 일이 아닐 수 없다. 200m 가 넘는 드라이버도 한 타, 1m 퍼팅도 한 타다. 실력이 향상될수록 퍼팅의 중요성이 절실하다 하겠다.

　그린에 올린 볼을 투펏 안에 넣으면 아주 훌륭한 퍼팅이다. 거리가 3미터이든, 6미터이든 투펏 안에 넣어야 한다. 그러기 위해서는 홀에 넣으려는 욕심보다는 1m 내에 붙이려는 퍼팅을 해야 한다. 그러기 위해서는 홀 근처의 경사(브레이크)를 눈여겨보고서 그 경사를 이용하여 붙이는 퍼팅을 해야 한다.

　그러나 남은 거리가 10m가 넘어버리면 약간 혼란이 온다. 퍼팅 후 볼이 빠르게 굴러가기 때문에 웬만한 브레이크는 그냥 직선으로 나아가게 된다. 물론 멈추는 시점에서는 볼의 속도가 느려져서 브레이크를 많이 타게 된다. 이러한 이유로 10m 이상 롱퍼팅에서는 브레이크를 덜 보고 홀 쪽으로의 직진성을 높이는 퍼팅을 해야 한다. 그렇다면 거리는 어떻게 맞출까?

　롱퍼팅에서 가장 중요한 점이 거리이다. 직진성을 높이고자 강하게 치게 되면 홀 가까이 스쳐 지나가게 할 수는 있어도 거리를 맞추기가 어려운 것이 사실이다. 이러한 이유로 홀을 많이 지나쳐버리거나 짧아버리는 황당한 퍼팅이 자주 나온다. 이때 이 방법을 사용해보자.

만약 20m 정도의 퍼팅을 해야 하는 상황이 있다고 하자. 사실, 이게 20m인지 23m인지 25m인지 알 수가 없다. 걸음으로 재보면 알 수도 있다. 실제 그런 연습을 한다. 하지만 초보가 이런 연습을 했다손 치더라도 그린의 경사와 브레이크를 전부 고려하면 오히려 엉뚱한 퍼팅을 하게 되는 황당한 상황이 자주 발생하는 것이 문제이다.

이때는 느낌, 감, 거리에 대한 본능을 사용해야 한다. 골프공을 손으로 이정도 굴리면 저기 홀까지 굴러갈 것이라는 감으로 속도를 맞추어야 한다. 그리고 20m는 정확히 못 굴리더라도 15m 정도는 감으로 거리를 맞출 수 있기 때문에 15m 지점을 바라보아야 한다. 그러고 나서 15m 지점을 목표로 연습퍼팅을 한 다음, 그것보다는 약간 강하게 스윙하게 되면 최소한 15m 지점은 통과해서 홀과 가까워진다.

이런 연습을 하게 되면, 아무리 먼 거리의 퍼팅이라도 최소한 엉뚱한 실수는 줄일 수 있다. 30m 정도가 남았다면 3분의 2 지점인 20m 정도의 지점을 목표로 연습 스윙을 한 다음, 그것보다는 좀 더 강하게 하면 된다. 특히, 초보 골퍼는 거리에 대한 백스윙 크기를 조절하기가 어렵기 때문에 이런 본능을 최대한 발휘하는 퍼팅을 해야 한다.

실제, 이런 방법을 사용하고 있다. TV에 보면 롱퍼팅을 하는 골퍼들이 홀에서 걸음을 걸어서 거리를 재는 경우가 잘 없다. 물론 골퍼와 캐디가 거리에 대해 의견을 나누지만, 결국 본능적으로 거리를 계산하고 위에서 설명한 '최소 지점 통과 퍼팅'을 한다. 연습장에서 몇 번만 해보면 아주 놀라운 결과를 얻을 수 있을 것이다. 행운을 빈다.

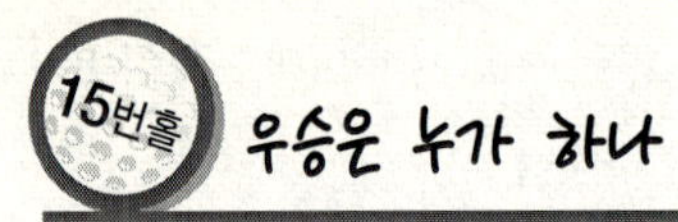

15번홀 우승은 누가 하나

시합에서 우승하는 선수들은 어떤 경기를 하는지 알아보자. PGA, LPGA, KPGA, KLPGA, 원아시아컵 등 수많은 경기를 한다. 특히, PGA는 한 번 우승하면 상금이 기본이 10억이다. 이 돈을 따먹기 위해 전 세계에서 내로라하는 선수들이 총출동한다.

전설의 타이거우즈는 6개 대회 연속 우승한 적이 있다. 그것도 두 번이나. 이렇게 보면 우승이 쉬울 것처럼 보이지만, 우승 한 번이 평생의 목표인 선수가 수두룩하다. 한 번의 실수로 선두권에서 밀려나는 경우도 있고, 선두를 지키려고 소극적으로 경기를 해서 역전되는 경우 또한 수두룩하다.

실제 PGA 경기에서 카메라에 담는 선수는 10위 안의 선두권이거나, 유명한 선수이거나, 멋진 샷을 한 선수의 한 장면이거나이다. 130명이 출전했지만 선두권이 아니면 카메라에 한 번도 안 잡히는 게 현실이다. 관중을 몰고 다니는 선수가 몇 명 있는데 반해, 홀로 경기를 하는 선수도 부지기수이다. 어쩌면 골프는 혼자만의 외로운 싸움일지도 모른다.

타이거우즈가 위대한 이유는 쇼맨십도 강하고, 관중이 있을 때 더욱 힘을 얻는다는 강점이 있다. 타고난 실력도 실력이지만 집중력이 대단하다. 그렇지만 이것이 우승의 원동력은 아니었다. 그렇다면 무엇 때문에 타이거우즈가 우승을 많이 했을까?

누구였는지는 기억이 안 나지만, 타이거우즈와 같이 경기했던 한 선수의 말을 빌리자면 "살다 살다 그렇게 퍼팅을 잘하는 선수는 처음 본다."고 했다. 그렇다. 결국 골프는 타수가 적은 선수가 우승한다. 결국 퍼팅 잘하는 선수가 우승하게 되어 있다. 운이든 실력이든 퍼팅이 우승을 결정한다.

이런 이유로 TV 중계에서 퍼팅이 차지하는 비율이 높을 수밖에 없다. 전성기 때 타이거 우즈 퍼팅은 필자가 판단하기에 신의 경지였다. 퍼팅 개수가 적으면 우승이고 퍼팅 개수가 많으면 꼴찌다. 골프 시합이 그렇다. 제일 짧은 퍼팅이 제일 중요하고, 그 다음이 칩샷이고 그 다음이 아이언이고 그 다음이 드라이버.

거기에 한 가지 더 우승을 하기 위한 필수 조건은 과감한 코스 공략이다. 1라운드, 2라운드는 컷 통과가 관건이다. 컷을 통과해야 돈이 나온다. 그래서 2라운드까지는 조심스럽게 플레이한다. 괜히 과감하게 공략해서 실수라도 해버리면 말짱 도루묵이 되어버린다. 도루묵한테는 미안하다. 도루묵찌개, 필자가 참 좋아한다.

무빙데이라고 일컬어지는 3라운드부터는 우승이 목표이기 때문에 과감하게 공략한다. 그래서 무빙데이, 즉, 스코어보드에 엎치락뒤치락하는 것이다. 그런데 문제는 과감하게 공략한다고 전부 성공하는 것은 아니다. 성공 확률이 낮다. 그러나 과감하지 않으면 우승도 없다. 과감하게 공격적으로 코스를 공략하는 선수들 중에서 성공한 단 한 선수가 우승한다. 타이거우즈가 그렇고, 청야니가 그렇다. 조심스러운 공략은 애당초 이들이게는 없다. 이러한 이유로 타이거우즈는 어려운 상황일수록 더욱 과감하게 공략하기 때문에 관중들의 환호를 불러일으킨다.

지난 몇 년간 타이거우즈가 죽을 쑨 이유는, 공략은 과감하게 했지만 실패했기 때문이다. 이유는 독자들이 더 잘 알 것이다. 조심스럽게 했으면 매 대회마다 10위권 안에는 들었을 것이다. 하지만 타고난 승부근성 때문에 그럴 수는 없다. 그게 타이거우즈스러운 행동이다. 우승을 70번 넘게 한 선수의 목표는 우승밖에 없다. 우승을 하든지 꼴찌를 하든지 말이다.

반면에 우리나라 선수들은 과감성이 조금 떨어지는 것이 사실이다. 하지만 최근 배상문, 서희경, 유소연 같은 선수들은 간이 배 밖에 나온 선수들이다. 실력도 실력이지만 이들에게는 우승이 목표다. 배상문 선수의 인터뷰를 들어보자.

"나는 컷 통과를 위해 PGA에 온 것이 아니다."

포스 넘친다. 배상문스럽다.

다음 시간에는 청야니가 왜 우승 독식을 했었는지 알아보자. 조금은 슬픈 비하인드 스토리가 있다.

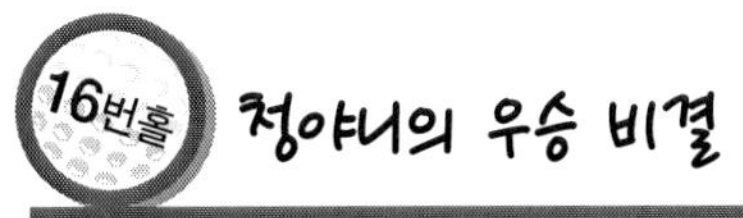 

16번홀 청야니의 우승 비결

LPGA에서 주목을 받고 있는 세계 1위 청야니의 독주는 2012년에도 계속 이어지고 있다. 2011년에도 이 선수가 참가한 대회 중 12개 대회에서 우승을 거머쥘 정도로 아니카 소렌스탐, 로레나 오초아를 잇는 골프 여제가 되어버렸다.

참 부럽다. 그리고 안타깝다. 우리나라 선수들이 대거 진출해 있는 미국에서 신지애 선수가 세운 세계 1위를 좀 더 누릴 수 있기를 바랐는데, 장타를 앞세운 청야니가 독식을 하고 있으니 부럽고도 안타깝다. 그래서 필자의 질투심이 발동을 해서 청야니의 독주 이유에 대해 지극히 개인적인 생각을 적어볼까 한다. 혹시나 반대 의견이 있더라도 좀 이해해 주길 바란다.

몇 년 전, LPGA에서 영어 시험 논란이 있었다. LPGA에 참가하는 선수에게 영어권이 아니면 시험을 쳐서 합격해야 참가할 수 있도록 하는 영어 시험 정책을 도입하려고 했었다. 표면적인 이유는 스폰서들이 원해서라고 했다. 그런데 그 시점이 한국 선수들이 엄청 우승을 많이 하고 있던 때라 한국 선수들이 우승을 못하도록 하는 정책이 아니냐는 비난의 목소리가 커졌다. 이유야 어쨌든 제일 피해를 많이 볼 수밖에 없는 국가가 우리나라였다. 그때 필자의 생각은 '드디어 이놈들이 본색을 드러내는구나.'였다.

미국은 강대국이다. 강대국으로서 좋은 역할을 하고 있는 분야도 많은 것이 사실이지만, 유독 스포츠와 머니게임에서는 실체를 드러내곤 하는 것도 사실이다. 탁구, 양궁, 쇼트트랙 등, 자국 선수가 우승을 하기 위해 규정을 바꾼다든지, 이점을 준다든지 하는 짓들이 얼마나 많았는가.

1998년 박세리 선수가 US오픈 연장전에 미국 선수인 슈아스리 뿡? 선수와 겨루었을 때 과연 박세리 선수를 응원했겠는가. 연장전 내내 뿡 선수가 우승하기를 기대하는 묘한 분위기를 필자는 느꼈다.

결국 박세리 선수가 우승하자 언론에서는 왜 국가대항전도 아닌데 태극기를 들고 갤러리들이 응원을 하느냐는 둥, 상대 선수와 악수도 나누기 전에 박세리 아버지가 딸내미를 안아주기 위해 뛰쳐나왔느냐고 기사를 흘린다. 미국이 질투하는 걸 보고 필자는 오히려 뿌듯했던 기억이 있다.

모 인터넷 신문에서는 이렇게 반박했었다.

모국을 떠나 미국에 이민 와서 어렵게 살고 있는 교포들이, 고국에서 날아온 스무 살 갓 넘은 어린 여자 골프 선수가, 미국에서 가장 큰 대회에서 우승을 위해 고군분투하고 있는 모습을 보기 위해, 벅찬 가슴을 안고 먼 길 마다않고 달려와 응원을 하고 있는데, 그때 태극기 들고 응원하지 뭘 들고 응원한단 말인가. 빤스 들고 응원하리???

스폰서들이 원해서 영어 시험을 본다고 했던 그들이 오히려 스폰서들의 반대로 무산되는 결말이 났으니 그들의 본색이 들통 난 꼴이었다. 그러나 거기에 굴하지 않고 자국 선수들이 더 많이 우승을 하도록 또 다른 꼼수를 부린다.

한국 선수들에 비해 장타를 치는 자국 선수들에게 유리하도록 코스 전장을 길게 해버린 것이다. 신지애 선수의 드라이버 비거리는 220m밖에 나가지 않기 때문에 엄청 손해를 보게 되는 것이다. 골프 시합을 장타대회 시합으로 바꿔 놓았다. 이럴 바에야 최고의 장타자인 미쉘 위라도 우승하길 바랐지만, 정교함이 부족해서 매번 우승을 놓치고, 어부지리로 청야니가 우승을 하기 시작한다. 어떤 대회에서는 연장전에서 둘이 겨루었는데 미쉘 위보다 드라이버 비거리가 더 나갔다고 하니 대단한 장타자임에는 틀림이 없다.

신지애 선수보다 30야드가 더 나간다고 한다. 30야드쯤이야, 라고 생각하는 분들이 있는데, 평균 드라이버 비거리가 30야드가 차이나는 선수를 이긴다는 것은 거의 불가능하다는 것을 아는 분들은 알 것이다. 여자 골퍼가 남자 대회에 출전해서 100% 실패한 이유가 바로 비거리 때문이다.

어떤 대회 때는 10위권 안에 우리나라 선수가 절반 이상을 차지하는 경우도 있었는데, 대부분 전장이 짧은 대회였던 것이다. 점수가 잘 나오는 짧은 전장의 대회에는 강점을 보이는 데 반해 점수가 잘 안 나오는 전장이 긴 대회에는 10위권 안에 한두 명만 들게 되는 것이다.

정교함이 부족했던 청야니 선수가 우승하기 시작한 시기는 우리나라 선수와 친하게 지내게 되는 시점부터이다. 우리나라 선수에게 뭘 배웠는지 정교함까지 장착해버리자 그때부터 독주를 하기 시작했다.

여기까지가 필자의 개인적인 생각이다.

청야니의 독주는 올해도 계속 된다. 그러나 우리나라 여자 선수들이 어떤 선수들인가. 아무리 룰을 뜯어고쳐도 곧 적응을 해버리는 악바리들이 아닌가. 더구나, 서희경, 유소연 같은 신진 세력들은 장타까지 장착했다. 곧 그들의 세상이 멀지 않았다고 필자는 본다. 우리나라 여자 골퍼 선수들이 우승할 수 있도록 필자와 두 손 꼭 잡고 같이 응원하도록 하자.

퍼팅 실력을 늘리는 방법을 알아보자.

필자는 입문 후 1년이 지날 때쯤에 매주 필드에 나갔다. 몇 개월을 필드에 나갔지만 돈이 한 푼도 안 들었다. 왜일까?

골프장에 가면 퍼팅 연습장이 있다. 그날의 잔디 컨디션을 미리 알려주기 위해 잔디를 코스 그린과 똑같이 깎아 놓는다. 필자는 매주 여기에서 퍼팅 연습을 했다. 라운딩을 하는 골퍼들은 30분 전에 미리 와서 이 퍼팅장에서 퍼팅 연습을 해야 함에도 불구하고 대부분 하지 않는다. 그거 안 해도 퍼팅 잘할 수 있다는 막연한 자신감을 가진 골퍼와, 미리 잔디를 밟고 마음을 다잡아먹는 골퍼 중 누가 잘 치겠는가?

퍼팅 연습은 퍼팅 연습장에서 하도록 하자. 대부분의 골퍼들은 필드에 나가서야 퍼팅 연습을 제대로 하게 된다. 주변에 골프장이 있다면 퍼팅 연습은 직접 필드에서 하도록 하자. 골프연습장에 설치된 인공 잔디 위에서보다야 훨씬 현장감이 있어서 좋다. 김밥 사가지고 가서 한나절 정도 퍼팅을 하게 되면 웬만한 거리나 브레이크는 읽을 수 있게 된다. 뚫어 놓은 홀에만 넣지 말고, 그린 여기저기에다 임의의 홀을 정하고 연습을 하게 되면 그 그린은 거의 외워버리게 되는 경지까지 갈 수 있다.

물론 눈치가 보일 것이다. 하루 종일 퍼팅 연습을 하고 있노라면 관리인이 물어볼 수도 있다. 그러나 한 번도 물어본 적이 없었다. 혹시 관리인이 "하루 종일 뭐 하세요?" 물어보면 이렇게 대답해라.

"내일 라운딩이 잡혀 있는데 반드시 이겨야 하는 친구가 한 놈 있어서 미리 연습하고 있습니다."

단, 연습하러 갈 때는 필자의 블로그에 쓰여진 대로 퍼팅 연습하는 방법을 미리 정독을 하고 가는 것을 잊지 않도록 하자.

LPGA 메이저 대회인 2012 크래프트 나비스코 챔피언십 대회가 우리 유선영 선수가 우승하면서 막을 내렸다. 청야니가 무너지고 유선영, 서희경, 김인경 선수가 선두로 나서면서 엎치락뒤치락 흥미진진한 시합이었다. 말했지 않은가. 청야니는 우리나라 선수에게 쨉도 안 된다고. 서희경 선수는 한때 세 타차 선두로 나섰다. 우승하길 바랐다. 하지만 안타깝게도 연속 보기를 함으로써 선두를 내주었다. 왜 그랬을까?

아이언의 미스도 있었지만 결국 퍼팅에서 결정 났다. 김인경 선수는 두 홀 연속 퍼팅을 성공시켰고, 서희경 선수는 짧은 퍼팅을 놓쳤다. 이렇게 된 이유를 필자는 리듬이 깨졌기 때문이라고 본다. 리듬이 깨지면 제일 먼저 프리샷 루틴이 불안정해진다. 프리샷 루틴이라는 것은 매 샷 하기 전까지의 일련의 행동이다. 연습 스윙을 두 번 하고, 타깃을 쳐다보고, 어드레스에서 2초 정도 쉬다가 드디어 스윙을 하게 되는 일련의 똑같은 동작이다.

그러나 퍼팅의 귀재인 서희경 선수는 긴장한 탓에 어드레스의 시간이 길어져 버렸다. 중요한 퍼팅일수록 루틴대로 해야 함에도 불구하고 너무나 중요한 퍼팅이라 긴장을 해버렸다. 너무나 안타까운 일이 아닐 수 없다. 필드에서 일반 골퍼들은 너무 급하게 스윙을 해서 문제가 되는 경우가 많고, 프로 선수들은 너무 신중해서 문제가 되는 경우가 많다. 이러한 루틴은 필드에서 반드시 지켜져야 한다.

필드에서 이러한 동작이 잘 안 되는 이유는,

첫 번째로는, 날아가는 볼을 빨리 보고 싶어 하는 조급함 때문이다.

두 번째로는, 경기 진행을 빨리 채근하는 캐디와 동료들 때문이기도 하다. 가라스윙(빈 스윙)을 조금만 많이 해도 동료들은 '아가씨'라고 핀잔을 한다. "아직도 가라스윙이가, 씨ㅇㅇ아." 이런 동료들과는 되도록 라운딩을 가지 말기를 권한다. 동료가 잘 치면 축하해주고, 실수를 하면 같이 안타까워 할 줄 아는 동료가 되어야 한다. 국제대회가 아니잖은가.

셋째로는, 이러한 루틴을 해야 한다는 생각조차 없기 때문이다.

루틴이 제일 짧은 선수로는 누가 있을까? 단연 앤서니 김이다. 그래서 경기 진행자가 제일 좋아하는 선수다. 볼이 놓인 위치고 목표 방향이고 뭐고 간에 그냥 쳐버리는 것처럼 보인다. 그러나 이러한 앤서니 김 선수조차도 철저한 자신만의 루틴을 지킨다. 골프 황제는 타이거우즈이지만, 골프 천재는 앤서니 김이 아닐까 생각해 본다.

필드에서 이러한 루틴을 지키기 위해서는 연습장에서 반드시 연습을 해야 한다. 연습 스윙 두 번 후에 볼을 치기를 권한다.

18번 마지막 홀의 30cm 퍼팅을 놓쳐 우승을 못한 김인경 선수에게는 참으로 안타깝다. 후유증이 한동안 갈 수도 있다. 하지만 이게 골프지 않은가. 반드시 다시 일어날 것이다. 우리나라 똑순이니까.

제 5 장

6개월 만에
싱글 골퍼로
가는 길
5라운드

1번홀 즐거운 라운딩을 위하여

드디어 필드 가는 날이 정해졌다. 연습장에서 죽어라 연습한 결과를 시험할 수 있는 날이다. 설레기도 하지만 은근히 걱정도 된다. 스코어가 실망스러울 수도 있다. 하지만 마음 맞는 동료들과 잔디를 밟으며 즐거운 한때를 보낸다고 생각하니 잠을 설친다. 초등학교 때 소풍 전날 잠을 설치듯이….

즐거운 라운딩이 되기 위해서 되도록 지켜야 하는 게 어떤 것이 있는지 알아보자.

라운딩 30분 전에 미리 가서 퍼팅 연습을 하자. 이유야 여러 가지지만 소풍가는 날에 허둥지둥해서야 되겠는가. 마음의 여유를 위해서라도 시간의 여유를 좀 가지자.

라운딩 중 음담패설을 하곤 하는데 괜찮다. 할 수 있다. 그러나 장소와 때를 가려서 하도록 하자. 좀 더 적극적으로 유머 하나 정도는 미리 인터넷에서 찾아서 동료들에게 해줄 수 있으면 더욱 좋다. 이런 행동은 동료들을 위한 조그마한 성의이자 노력이다. 되도록 최신 유머를 써먹자. 남들 다 아는 유머를 혼자 웃겨죽겠다고 이야기하게 되면 듣는 동료들도 맞장구를 쳐주기는 하겠지만, 화자에 대한 예의차원이지 진짜 재미있어서 웃는 것이 아닐 수도 있다. 그거 아는 얘긴데, 하면서 초치는 행동 또한 삼가라. 같은 얘기라도 분위기에 따라 달리 들리는 법이지 않은가.

예를 들어,

중년남자들이 찜질방에 모였는데 눈탱이들이 시퍼렇게 멍이 들어 있더랍니다. 그래서 왜 멍이 들었느냐 물었더니.

50대 남자 왈: 아침에 와이프가 화장하고 있길래 어디가? 물었더니 그만….

60대 남자 왈: 마누라랑 나란히 소파에 앉는다고….

70대 남자 왈: 잠자는데 와이프 몸에 살닿았다고….(능력도 없으면서 왜 건드리느냐고)

80대 남자 왈: 모르겠어요. 아침에 눈뜨니깐 눈떴다고 한 대 치더라구요….

동료의 스윙 미스를 안타까워 할 줄 알아야 한다. "천천히 해라." "연습 스윙하고 쳐라." 비가 온 경우 페어웨이에 물이 고여 있으면 "좋은 위치에다 놓고 쳐라." 등등. 동반자를 배려하는 행동들은 당사자도 즐겁게 만들지만 보는 사람도 흐뭇하다.

술 사먹지 마라. 마치고 먹어라. 그늘집에서 파는 술과 음료가 비싸서이기도 하지만 소풍 왔으면 김밥과 환타가 제격이다. 김밥 사가도 된다. 캐디도 좀 주고 해라. 캐디도 사람이라 네 명중 한 명이라도 인간적으로 다가가면 인간적으로 대해준다. 특히, 홍일점 여자 골퍼라면 계란이라도 삶아 가라. 단순한 남자들 감탄한다. 계란 하나로 하루 종일 여왕 대우 받는다.

연습장 프로와 동행을 하든지 그중 잘 치는 동료를 프로라고 불러라.

그러면 캐디가 빠른 진행만을 위해 무시하는 행동을 하지 않는다. 어느 나라든지 타이틀은 통한다. 필드에 나온 이상 전부 프로다.

돈 내기 해라. 긴장감을 준다. 하지만 한 홀 한 홀 하지 마라. 시장 바닥도 아니고, 천 원짜리 왔다 갔다 정신 사납다. 3만 원씩 내서 캐디피 걸고 하면 된다. 버디 치면, 혹은 초보는 파 치면 만 원을 시상하도록 하자. 게임이 끝나면 전부 내서 캐디피 계산하고, 남으면 기분 좋게 밥 사먹으면 된다.

그날 목표 타수를 미리 정하자. 그러면 집중력이 높아진다. 혹시 목표 타수를 오버하더라도 18홀까지 버디라도 하나 잡자는 목표를 세우게 되면 마지막까지 흥미를 잃지 않게 한다. 버디를 초반에 잡아버렸다면 어떡하느냐고? 지금 장난하나? 두 개 잡아라.

즐거운 라운딩을 위해서는 우선 마음이 즐겁고 흥분이 되어야 한다. 동료를 배려하는 행동으로 그 즐거움을 두 배로 키울 줄 아는 지혜로움이 절실하다 하겠다. 푸른 잔디가 기다리고 있다. 즐거운 라운딩이 되기를 기원한다.

　대부분의 싱글 골퍼들은 자기만의 무기가 있다. 예를 들어, 100m 거리를 52도 웨지로 정확히 보낸다거나, 6m 퍼팅은 눈감고도 붙인다거나, 하이브리드(일명 유틸리티, 레스큐, 스푼, 고구마(으잉?)라고도 한다) 클럽으로 툭 치면 180m는 날아간다거나, 자신 있는 거라나 클럽이 있다. 이러한 자신만의 무기가 있어야 하는 이유는 자신 있는 스윙으로 타수를 줄일 수 있는 장점뿐만 아니라, 불안함이나 긴장감을 풀어주어 라운딩 하는 동안 마음의 여유를 주기 때문이다.

　대부분의 초보들은 매 샷이 고역이다. 드라이버는 슬라이스 날까 고민이고, 아이언샷은 제대로 맞기나 해야 할 텐데 고민이고, 칩샷은 뒤땅이나 탑볼이 날까 고민이고, 퍼팅은 떨려서 제대로 스윙조차 못하는 등, 고민 또 고민이다. 이래서야 어디 라운딩을 즐길 수가 있겠는가.

　파4홀을 기준으로 할 때, 흔히 이런 말이 있다. 세 번의 나쁜 샷과 한 번의 굿 샷이 나오면 최소한 보기로 막을 수 있다고 한다. 자신 있는 무기는 최소한 보기로 막을 수 있는 도우미 역할을 하기 때문에 마음의 여유를 준다.

　PGA 챔피언십에서 양용은 선수의 무기는 3번 하이브리드였다. 4라운드 18번 홀, 극한의 압박 속에서도 3번 하이브리드를 과감하게 휘둘러서 핀에 붙여버렸다. 실제로 양용은 선수는 3번 하이브리드가 없었다면 PGA에서 좋은 성적을 못 냈을 것이라고 말한 바 있다.

대부분의 프로들은 버디를 잡기 위해 100m 내외의 어프로치샷을 주 무기로 가지고 있다. 그만큼 연습을 많이 한다. 드라이버는 연습을 하나 안하나 그들에게는 큰 차이가 없다. 아이언도 거리별로 딱 구분되어 있다. 퍼팅은 그 중요성 때문에 연습을 많이 하지만 감을 잃지 않게 하기 위해서가 대부분이고 무기는 되지 않는다.

연습장에서 스윙 연습을 하다 보면 유난히 잘 맞는 클럽이 있을 것이다. 아무리 컨디션이 나빠도 잘 맞아나가는 클럽이 있다. 그 클럽을 중점적으로 연습하는 기간이 있어야 한다. 경험에 의하면, 대부분의 초보들은 여러 개의 아이언 중 8번 아이언이 가장 잘 맞아나간다. 7번, 6번은 조금 길어서 스윙에 애를 먹는 경우가 많고, 더 짧은 아이언은 방향성에 애를 먹는 경우가 많다.

필자가 레슨하고 있는 키가 크고 힘이 좋은 분이 있는데, 그분은 3번 아이언이 가장 스윙하기에 편하다고 해서 3번 아이언을 충분히 연습하기를 권했다. 참 희한한 경우가 많다.

필자의 무기는 뭐냐고? 꼭 알아야겠는가?

필자의 무기는 10m 칩샷과, 양용은 선수와 같이 4번 하이브리드이다. 칩샷은 52도 웨지를 가지고 퍼팅하듯이 스윙을 해버린다. 짧은 칩샷에 자신이 없어서 러프에서도 퍼터를 잡는 분이 많은데, 칩샷을 많이 연습하게 되면 혹시 그린을 놓치게 되더라도 불안하지 않을 수 있다.

4번 하이브리드는 언제나 나를 푸근하게 한다. 약간의 드로로 날아가고 있는 볼을 바라보노라면 순간적이지만 세상의 스트레스를 날려버리는 기분이 든다.

당신의 무기는 무엇인가? 자신만의 무기가 아직 없다면 이번 기회에 하나 만들자. 한층 라운딩을 풍요롭게 만들어 주리라 확신한다.

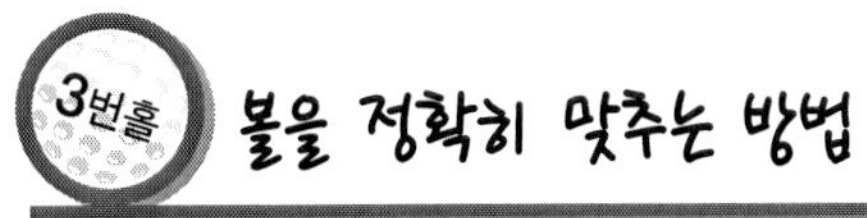

볼을 정확히 맞추는 방법

　흔히 스윙할 때 볼을 끝까지 보아야 한다고 한다. 이 당연한 말씀을 일반 골퍼들은 하지 않는다. 볼을 끝까지 보지 않는다. 정확히 말하자면 볼을 끝까지 보는 스윙을 하지 않기 때문에 볼을 끝까지 볼 수 없다???

　백스윙이 중요치 않다. 백스윙이 어떻게 올라가는지 알아서 뭐하겠는가. 백스윙은 그냥 흔들어서 올리고 흔들어서 내려오면 된다. 그런데 대부분의 골퍼들은 볼을 세게 치기 위해 백스윙을 과도하게 크게 하거나 손목을 비틀어서 올리거나 과도한 힘을 쓴다. 그러하니 힘으로 다운스윙 할 수밖에 없게 되어 다운스윙 궤도가 흔들려 버린다.

　필드에서는 연습장에서보다 더 볼에 대한 집중력이 필요하다. 왜냐하면 연습장에서는 평평한 매트 위에 볼이 완전히 떠 있다. 클럽헤드도 매트 위에 살짝 닿아 있어서 볼과 수평을 이룬다. 그러나 필드에서는 볼이 잔디에 묻혀 있다. 그런데 클럽헤드를 잔디에 푹 파묻어버리면 볼보다 더 아래에 놓일 수가 있다. 하물며 힘을 줘서 클럽을 눌러버리는 어드레스를 하는 경우가 많다. 이렇게 되면 지면 때문에 클럽헤드가 더 못 내려가서 그렇지, 실제로는 볼보다 훨씬 아래에다 두는 꼴이다.

　아래와 같은 루틴을 하기 바란다.

　어드레스 때 리딩에지(헤드 칼날)를 볼의 맨 위 딤플에 맞추고 나서, 무릎을 볼 한 개 높이만큼 아래로 굽혀서 볼과 평평하게 리딩에지의 높이를 맞추기 바란다. 이렇게 하게 되면 무릎의 높이를 고정시키는 역할을 한다. 무릎은 위아래로 움직여서는 안 되기 때문에 어느 정도 힘이 들어가야 한다. 일반 골퍼들은 하체를 너무 편안하게 하다 보니 위아래 스웨이가 어느 정도 있는 경우가 많다.

그리고 이 동작은 클럽헤드가 지면을 누르는 현상을 방지한다. 헤드가 지면에 닿아야 하는 것은 사실이나 눌러버리면 안 된다. 살짝 떠 있어야 한다. 단, 너무 오버해서 또는 백스윙에 잔디가 스치는 것이 어색해서 번쩍 들고 백스윙하는 것도 좋지 않다.

위에서 살펴본 대로 볼을 정확히 맞추기 위해서는 첫째, 볼을 끝까지 보아야 하고, 둘째, 어드레스 한 후 무릎을 살짝 굽혀 볼과 클럽헤드를 평평하게 놓는 습관을 가져야 한다. 어드레스 때 클럽헤드는 잔디에 살짝 닿아야 하는 것이지 눌러버려서는 안 된다.

간결한 스윙의 파워를 아시나요?

과유불급이란 옛 고사성어가 있다. 과함은 모자람만 못하다는 얘기. 말이 나왔으니 말이지만, 필자는 이 말이 처음부터 마음에 안 들었다. 제대로 알기 위해서는 일단 '오버스럽더라도 밀어붙여서 끝장을 봐야 제대로 알 수 있지 않을까' 요런 생각이 먼저 들었다. 내 나이 너무 젊어서이기도 했지만 그때는 그게 진리인줄만 알았다.

직장을 다니고 빡빡한 사회생활을 할 때에도 이 마음 변치 않았다. 대기업에서 초고속 승진은 아니더라도 그나마 남들보다 빠른 승진을 연거푸 하다 보면 세상이 나를 중심으로 돌아가고 있다는 착각이 들 때가 있었다고 고백한다.

벼는 익을수록 고개를 숙인다고 했던가. 인생을 오래 경험한 고수들이 보기에 얼마나 꼴값이었겠는가. 하지만 그때는 그게 최선이라고 생각했다. 골프 또한 그러리라 여기고 밀어붙였다. 그때는 그랬다. 내 방식대로 스윙을 하고 내 방식대로 배웠다. 그게 필자의 법칙이었다. 더 나은 법칙을 알기 전까지는….

그런데 이제는 더 나은 방법을 고민해야 하는, 소위 가르치는 역할을 해야 하는 위치에 있다 보니 갑자기 이런 생각이 든다. 내가 배운 방식이 최선이 아니었으며, 더 나은 방식을 알려주는 이가 없어서 시행착오를 많이 했을 뿐더러, 아니면 그 방법을 알려주신 전문가들이 있었는데도 불구하고 무시하고 내 방식을 고집해서 오히려 먼 길을 돌아 왔을 수도 있다는 생각이 든다.

혹시 독자들 중에서도 필자의 입문 초기와 같이 먼 길을 돌 뻔하지는 않을까. '아~ 이 산이 아니라 저 산이었네' 하고 엉뚱한 길을 벌써 가버린 건 아닐까. 먼 길을 다시 돌아가야 하는 절망을 느껴 골프에 흥미를 잃어버리지나 않을까 걱정이 되기도 한다. 설마 나는 아니겠지 싶은 분들도 있을 것이다. 하지만 엉뚱한 길을 가는 분들을 너무나도 많이 봐 온 필자로서는 걱정할 수밖에 없음을 이해해주기를 바란다.

오늘따라 유난히 떠오르는 말이 있어서 적을까 한다.

'간결한 스윙'

참 단순한 말이다. 하지만 이 말에 포함된 의미는 아주 크다. 골프에서의 스윙은 자연스러움이다. 왜냐하면 자연스럽지 못하면 일단 익히기가 어렵고, 억지로 익혔다 하더라도 오래가지 못하기 때문이다. 골프에서의 스윙은 간결해야 한다. 복잡하면 그 자체로 어지럽다.

골프공은 클럽헤드가 친다. 그 클럽을 쥐고 있는 신체는 바로 손이다. 그 이외의 모든 신체는 손을 제대로 이용하기 위해서 받쳐주는 역할을 해야 한다. 그 다음이 팔이고, 그 다음이 어깨이고, 척추이고, 골반이고, 무릎이고, 양 발의 체중 이동이다. 그래야 클럽헤드에 무게를 실어주게 되어 적은 힘으로 멀리 보낼 수가 있어서 방향성에도 도움이 된다.

손이 신체와 멀어지게 되면 힘을 쓸 수가 없는 것은 당연하다. 가장 중요한 손의 역할을 가장 먼저 익혀야 하므로 똑딱이부터 연습하는 것이다. 그러나 이 순서가 반대로 되는 경우를 너무나 많이 본다. 왜냐하면 스윙의 순서가 하체부터 시작이 되기 때문이다. 여기서부터 과하게 되니, 골반이 이리 삐뚤 저리 삐뚤 하게 되고, 어깨와 팔이 오버 스윙이 되어 힘을 다 써버리게 되니 정작 손을 써야 할 시기에는 힘 한번 제대로 써보지도 못하고 지나가버리게 되는 것이다.

간결한 스윙의 반대는 복잡한 스윙이리라. 여기서 복잡하다는 의미는 과한 체중 이동으로 상체의 스웨이가 많아져서 일정한 스윙을 방해한다거나, 과한 백스윙으로 인해 임팩트 때 써야할 힘을 백탑에 써버려서 가속도를 방해한다거나, 어깨에 과한 힘이 들어가서 정작 헤드의 속도를 높이는 역할을 하는 손목의 릴리스를 방해한다거나, 과한 상체의 회전으로 인해 손목을 쓸 여유가 없게 되어버린다거나, 과한 팔로스로우로 상체가 끌려가버려 볼이 둔탁하게 맞게 하는 행위들이라고 볼 수 있다.

그 외에도 과한 동작들의 폐해는 너무나도 많다. 과한 동작들이 문제가 되는 이유는 과한 동작으로 인해 정작 써야 하는 동작을 방해하기 때문이다. 이러한 이유로, 현명한 골퍼라면 연습장에서 제일 먼저 연습해야 하는 스윙은, 손이 자유스럽게 회전이 되면서 상·하체의 움직임이 크지 않은 짧은 피칭샷이어야 한다. 즉, 백스윙 해준 만큼 팔로우가 되고, 백스윙 때 꺾어진 손목만큼 팔로우 때 손목이 꺾어져야 하는 좌우 대칭 스윙이 우선이 되어야 한다는 얘기다. 모든 클럽의 스윙은 이렇듯이 좌우 대칭이 기본이 되는 스윙이어야 한다.

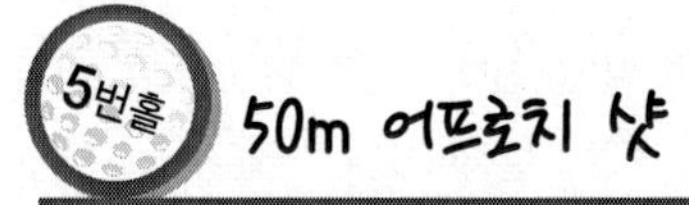

50m 어프로치 샷

유독 짧은 어프로치 샷이 불안한 골퍼들이 많다. 100m는 자신 있는데 40~50m는 도무지 감을 못 잡겠다고 한다. 그럴 수 있다. 그 이유는,

첫째, 풀샷이 아니기 때문이다.

둘째, 연습을 안 하기 때문이다???

셋째, 풀샷이 아니고 연습을 안 하기 때문이다. 결국 풀샷의 리듬은 연습을 통해서 어느 정도 리듬감이 있는데 하프스윙은 왠지 어색한 것이 사실이다.

여기 정답 들어간다.

짧은 어프로치샷은 상하 스웨이가 전혀 없어야 한다. 최소한 연습 초기에는 상체든, 하체든, 위아래 스웨이가 없어야 한다. 이것은 펀치샷의 기본 토대가 되기도 한다. 상체의 스웨이가 없기 위해서는 상체의 턴이 팔보다 앞서가면 안 된다. 팔과 같이 상체의 턴이 되려고 해도 어차피 상체의 턴이 조금 앞서가게 된다. 그것은 어쩔 수 없다 하더라도 최소한 느낌만이라도 상체와 팔이 같이 턴이 되도록 해야 한다.

하체의 스웨이가 없기 위해서는 굽혀진 무릎에 힘을 꽉 주어서 조금도 굽혀지거나 펴지지 않도록 해야 한다. 특히, 백스윙에서 팔로우까지는 절대 굽혀져서는 안 된다. 즉, 무릎이 옆으로만 미끄러져야 한다. 이렇게 되

면 일부러 볼을 높이 띄우려고 하지 않아도 볼이 붕붕 뜨게 된다.

백스윙탑에서 무릎이 펴지게 되면 뒤땅은 피할 수가 없다. 임팩트 때 하체가 조금이라도 주저앉게 되면, 필자가 가장 안타까워하는 도끼질 스윙이 된다. 습관이 되기까지는 양 무릎에 최대한 힘을 꼭 주기를 바란다. 피니쉬까지 절대 펴지 않도록 해보자.

"그리고도 스윙이 되나요???"

이래야 스윙이 된다. 특히 필드에서는 평평한 라이가 없기 때문에 이 무릎의 견고함이 더 절실하다 하겠다. 하체의 견고함은 숏게임의 기본이다. 이 동작을 많이 연습하게 되면 모든 스윙의 토대가 되기 때문에 반드시 해보기를 권한다. 그리고 50m 어프로치 스윙을 위해서는 백스윙크기를 일정하게 해야 한다.

참고로 필자는 팔이 지면과 수평이 될 정도로 백스윙을 해준다. 50m를 완성하고 나서는 40m나 60m는 백스윙을 조금 줄이거나 조금 늘리면 되겠다. 단, 여기서 주의할 점은 피니쉬는 백스윙보다 작아서는 안 된다. 짧은 어프로치 샷을 실수를 하게 되면 그 실망감은 드라이버 오비 두 방 낸 것과 견줄 만하다 하겠다.

6번홀 골프시합 중계를 더 재미있게 보려면

오늘은 TV 중계를 좀 더 재미있게 즐기는 방법과, 골퍼의 실력 향상에 도움이 되는 방법을 살펴보도록 하자. TV 중계를 통해서 뭘 배울 수 있겠는가, 라고 생각을 하는 분들도 있겠지만, 마음먹기에 따라 이게 실력 향상에 도움이 될 수도 있고 안 될 수도 있다.

박지성 선수가 잉글리시 프리미어 리그에서 경기를 하는 걸 가만히 보면, 수많은 관중들이 어떻게 90분을 즐기는지 알 수 있다. 그들은 골 장면에만 박수를 치고 환호를 하는 것이 아니다. 그들은 자기가 직접 필드에서 공을 찬다는 생각을 하고, 좋아하는 선수의 일거수일투족을 지켜본다. 드리블 하나, 패스 하나, 발재간 하나하나에 박수를 보낸다. 그만큼 순간순간을 즐기기 때문에 90분이 긴 시간이 아니다. 선수 교체를 하게 되면 그동안 잘 뛰었다고 기립박수를 보내준다. 고마움에 선수도 답례를 한다. 선수와 관중이 동시에 그 순간 주인공이 된다.

나와 닮은 선수는 누구일까? 어린 골프 선수에게 가장 존경하는 선수가 누구냐고 물어보면, 예전에는 실력이 가장 좋은 선수를 좋아한다는 의견이 많았는데, 요즘 신세대들은 인기와 관계없이 본인과 체격도 비슷하고 스윙도 비슷한 즉, 롤모델로 삼고 있는 선수를 가장 좋아하는 경우가 많다.

필자는 스티브 스트리커를 좋아한다. 폼이 비슷해서가 아니라 폼을 닮고 싶어서 좋아한다. 유연한 스윙에서 뿜어져 나오는 부드러운 파워를 좋아한다. 그가 스윙을 할 때면 바짝 집중해서 지켜본다. 좋아하는 선수가 있다면 그 선수가 우승하기를 바라면서 중계를 지켜보면 재미있지 않겠는가?

스윙 매니지먼트가 뭘까?

남은 거리별로, 볼이 놓인 환경별로 구사하는 스윙이 다르다. 만약 내가 저 환경이라면 어떤 스윙을 할까 상상을 해보자. 해저드가 놓여 있다면, 끊어갈지, 옆으로 비켜갈지, 넘기는 모험 샷을 할지 같이 고민해보자.

30m 어프로치가 남았다면, 언덕을 넘기는 피칭샷을 할지, 굴리는 아이언 칩샷을 할지, 러프를 고려해서 로브샷으로 띄울 것인지 미리 판단을 해보고, 그 선수는 어떤 결정을 하는지 살펴보도록 하자. 그렇게 하면 실제 필드에서 어떤 공략을 할지 연습이 될 수 있을 것이다.

코스 매니지먼트가 뭘까?

18홀 동안 한 홀 한 홀 같은 홀은 없다. 페어웨이가 좁거나 좌우로 휘어 있거나, 그린이 보이지 않는 펜텀 홀이거나 장애물이 어디어디에 있다거나, 매 홀 어떻게 그린까지 올려야 할지 선수와 같이 고민해보도록 하자.

시청자의 이해를 돕기 위해서 티박스에서 그린까지 헬기로 촬영해서 미리 보여주는 것이다. 이런 친절한 노력을 왜 하겠는가? 직접 시합하는 골퍼들의 코스 매지니먼트를 미리 예측하고 코스공략 전략을 판단해보라는 의미이다. 골프 선수들은 가장 안전한 공략을 최우선으로 여긴다. 위험한 코스에 과연 드라이버를 잡을 필요가 있는가부터 고민한다.

필자가 어제 예쁜 미녀 아가씨와 스크린을 쳤는데, 태어나서 처음으로 드라이버를 한 번도 잡지 않고 18홀을 돌았다. 예전부터 계획은 했었는데 그게 참 어려웠다. 중간 중간 드라이버의 유혹을 이겨내기 어려웠었다. 그러나 결심한 이상 한 번도 드라이버를 잡지 않고 게임을 한 결과는???

12언더를 쳤다. 그리 뛰어난 성적은 아니지만 드라이버를 사용했다면 더 좋은 스코어가 될 수도 있었지만 조그마한 실수가 전혀 없었다는 것이 가장 큰 수확이었다. 철저히 위험을 피해가는 코스매니지먼트를 했다. 뭔가 느낀바가 컸었다. 독자 분들도 느끼는 바가 있었으면 좋겠다.

친절한 아나운서와 캐스터의 설명을 경청하는 것도 게임을 즐기는 데 도움이 된다. 특히, 선수들의 기술적인 면을 상세히 설명해 주는 부분을 듣다 보면, 그 선수가 무엇을 잘못해서 결과가 안 좋았는지 알 수 있어서 필드에서 실수를 줄이는 데 도움이 될 수 있다.

개인적으로, TV에 나오는 레슨 프로 중에서 좋아하는 사람이 있다. 레슨을 받고 있는 골퍼의 부족한 점을 정확히 꼬집어내서 어떻게 하면 고칠 수 있는지 이 사람만큼 정확한 사람을 아직 보지 못했다. 레슨하는 방법이라든지, 기술이라든지, 설득력까지 참 대단한 분이다. 송경서 프로님이다. 이분의 레슨을 관심 있게 보기를 바란다. 어쩌다가 글이 삼천포로 빠졌다.

예전과 달리 TV에서 골프를 배울 수 있는 기회가 많아졌다. 그냥 스쳐 보내기에는 아까운 레슨 프로그램들, 고수들이 펼치는 멋진 경기들에서 조금만 귀 기울여 관심을 가진다면 실력 향상에 엄청 도움이 될 수 있다고 필자는 생각한다.

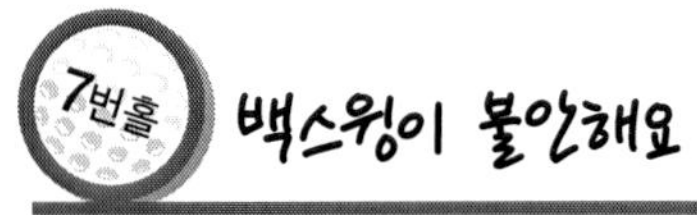

7번홀 백스윙이 불안해요

이번 시간에는 듣기에 따라 조금은 극단적인 얘기를 좀 해야겠다. 스윙의 리듬을 잡기 위해 어드레스에서 피니쉬까지 하나-둘-셋을 세며 스윙을 하곤 한다. 백스윙 탑에서 '두~울' 하고 인터벌을 두고, '셋' 하는 순간 임팩트가 된다.

이러한 동작을 하는 이유는 급한 스윙을 피할 수 있고 일정한 리듬을 주기 위해서일 것이다. 또한, 다운스윙할 때 하체가 미리 과하게 회전하는 것을 방지하고, 즉, 하체와 상체를 동시에 회전하여 다운스윙이 되도록 하여 임팩트 구간에서 하체와 손이 붙어있는 공간을 높여 볼에 힘을 실을 수 있도록 하기 위해서일 것이다.

하지만 스윙의 리듬은 하나, 둘에서 끝이 나야 한다. 즉, '하나' 할 때 출발하고 '둘' 할 때 다운스윙이 되어야 한다. 하나-둘-셋 동작은 하나-둘로 가기 위한 과정일 뿐이지 실제로는 없다. 즉, 스윙은 처음부터 끝까지 연결되어져야만 한다. 다만, 상·하체가 언밸런스하게 꼬여지지만 않으면 되는 것이다. 특히 초보 골퍼들에게서 이러한 증상이 많이 보이는 이유는 볼을 서둘러 히트하고 싶은 조급증이 있기 때문이다.

이 조급증을 없애고 상 하체의 밸런스를 맞추기 위해 할 수 없이 하나-둘-셋에 스윙의 리듬을 맞추는 것이다. 그렇다면 이 조급증은 왜 생기는 것이며, 그 출발은 무엇이겠는가? 백스윙 즉, 테이크어웨이에서부터 문제가 된다. 하체의 체중 이동과 어깨의 턴에 의해 자연스럽게 손목과 클럽이 돌아가야 함에도, 팔의 힘으로 클럽을 출발시키는 데서 문제가 시작된다.

백스윙은 흔들어서 턴이 되어야 하는 것이지 위로 번쩍 들어 올리는 것이 아니다. 즉, 우측으로 어깨의 회전에 의해 자연스럽게 턴을 하다 보면 더 갈 곳이 없으니까 위로 들리는 것이지, 처음부터 위로 번쩍 드는 것이 아니라는 얘기다. 이 동작은 전체 스윙을 결정짓는 아주 중요한 동작이라고 할 수 있다.

힘 빼라, 힘 빼라, 그렇게 얘기해도 잘 안 되는 이유가 바로 힘에 의한 급한 백스윙 때문이다. 특히, 백스윙 때 미리 손등을 열어버리는 동작이 나오게 되면 힘에 의한 스윙이 될 수밖에 없다. 백스윙을 부드럽게 하려면 손목을 허리 아래에서 좌우로 자연스럽게 왔다 갔다 하여 손목의 긴장을 풀어주고, 클럽이 손목에 의해 자연스럽게 흔들리도록 해야 한다. 프로 선수들이 손목 웨글을 해주는 이유가 바로 이 때문이다.

"볼을 강하게 치려면 손목에 힘이 들어가야 하는 것 아닌가요?"

맞다. 힘 줘야 한다. 하지만 과정이라는 게 있다. 힘 빼는 데 3년이라고들 하지만 마음먹기에 따라 3일 만에 이룰 수도 있는 것이다. 손목에 힘 꽉 주고 3년을 친 결과, '아~ 이게 아니었구나' 깨닫게 된다면 얼마나 허탈하겠는가. 힘을 줘도 부드럽고 자연스러운 회전의 힘을 줘야 하지 않겠는가.

파3홀 공략 방법

파3홀 공략 방법을 알아보자.

파3홀이든 파4홀이든 파를 잡기 위해서는 실수를 하지 않아야 한다. 그런데 그게 어디 마음대로 되어야 말이지. 실수는 하게 되어 있다. 필자도 많이 하고, 독자 분들도 하고, 프로들도 한다. 그러나 되도록 줄여야 한다. 어떻게 줄일 수 있는지 알아보자.

티를 반드시 꽂아라. 연습장에서 숏티를 꽂지 않고 연습을 했다고 해서 필드에서 안 꽂고 치는 경우가 있는데 절대 꽂아야 한다. 왜 그래야 하는지 묻지도 마라. 그냥 꽂아라. 여러 가지 이유가 있지만 한 가지만 대자면, TV에서 프로 선수들도 다 꽂고 친다. 타이거우즈도 물론이다. 그러하니 제발 꽂아라. 방법은 T의 윗부분 삼각형 끝이 지면에 오도록 하면 된다. 대략 1cm이다.

자, 티를 꽂았다. 드라이버 티보다는 낮지만 왠지 올려치고 싶은 충동이 든다. 왜냐하면 그래야 스윗스팟에 맞을 것 같은 휘~일(feel)이 들기 때문이다. 절대 올려쳐서는 안 된다. 지면에 있다고 생각하고 똑같이 내려쳐야 한다. 이렇게 친절하게 설명하는데도 이게 잘 안 된다. 여기서 팁 하나. 양손을 왼쪽으로 조금 이동한 다음 백스윙을 시작하면 내려치는 데 도움이 된다. 필 미클슨 선수는 모든 샷을 이렇게 한다. 기회가 있으면 한 번 보기 바란다.

홀이 있는 곳으로 에이밍해서는 안 된다. 홀인원 하고 싶어도 좀 참자. 홀이 그린 가장자리에 있어도 중앙을 공략해야 한다. 이것 또한 참 지키기가 어렵다. 그린 옆 러프가 넓은 지역이 있다면 그곳도 그린이라고 생각하고 중앙으로 에이밍하기 바란다. 한쪽은 언덕이고 반대쪽은 낭떠러지라면 당연히 언덕으로 쳐야 한다.

"저번에 안전하게 치려고 언덕으로 쳐 봤는데 언덕에 정확하게 볼이 박혀버려서 애를 먹었는데요. 동반자들은 전부 그린에 올렸는데 나만 러프였어요. 그래서 공격적으로 치고 싶어요."라고들 한다. 그 마음 안다. 그렇다 하더라도 무조건 안전한 곳을 공략해야 한다.

독자 분들이나 필자나 프로 선수가 아니다. 프로 선수들조차도 대부분 위험한 곳으로 무리하게 공략하지 않는데 어찌 무모하게 치려 하는가. 볼은 둥글다. 사춘기 아이처럼 어디로 튈지 알 수가 없다.

특히 긴 파3홀은 보기를 한다는 마음으로 반드시 언덕과 그린 사이로 공략해라. 언덕을 타고 내려올 수도 있다. 얼마나 고마운 언덕인가. 그 언덕은 비가 오나 눈이 오나 묵묵히 그 자리를 지키고 있다. 이용해라. 여러분들은 누군가의 푸근한 언덕이 되어준 적이 있는가?

한 클럽 크게 잡고 부드럽게 스윙해라. 이것 또한 참 지키기 어렵다. 이게 정 어렵다면 제 클럽을 잡더라도 높게 강하게만 치지 마라. 좀 짧아도 괜찮다. 엉뚱한 방향으로만 가지 않으면 성공이라고 봐야 한다.

지금까지 파3홀을 공략하는 몇 가지 방법을 살펴보았다. 위 사항을 다 지키려니까 머리가 복잡하다고? 정 그렇다면 이것 한 가지만 지키자. 이른바 강한 풀스윙만 하지 않으면 된다. 똑딱이 하듯이 정확히 임팩트만 되도록 하자. 그러기 위해서는 연습장에서 연습해야 한다. 정확한 임팩트를 위해 부드럽고 간결한 스윙을 연습해야 한다. 매 샷 파3홀에서 친다고 생각하고 부드러운 스윙을 연습해야 한다.

그런데 과연 이런 스윙이 파3홀에만 적용이 될까?

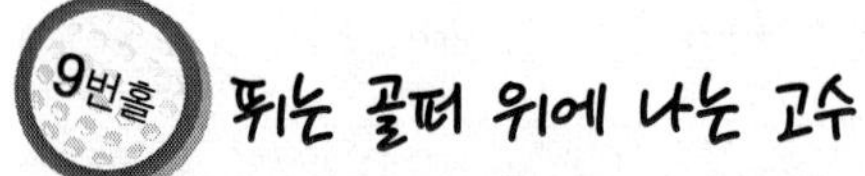

뛰는 골퍼 위에 나는 고수, 이 제목이 무슨 뜻이지? 밑에 나온다. 조금만 기다리자.

예전 포스트에 언급한 적이 있다. 골프 실력이 늘지 않는 가장 좋은 방법은 혼자 열심히 치는 것이라고. 이 말을 언급한 필자조차도 이 중요한 의미를 실천하고 있지 않았었다. 부끄러운 일이다. 그래서 우연한 기회에 레슨을 받았다. 누군가 본인의 스윙 폼을 봐준다는 것이 얼마나 중요한지 깨달은 한 시간이었다.

실내에서만 스윙하느라 스크린 골프는 타의 추종을 불허하리만큼(?) 자신이 있는 필자였었는데, 아뿔싸, 필드에서의 스윙은 왠지 어색해지고 자신이 없어졌다. 짐작하건대, 스크린에서는 클럽헤드를 위로 들어 치는 드로스윙이 잘 먹히지를 않아서 우측으로 밀리는 듯하다. 이런 이유로 스피드만 높여서 당겨치는 버릇이 오랫동안 들어버린 것이다.

그래서 모 골프장에 부속으로 딸려 있는 야외 연습장에서 몸을 풀기로 했다. 드라이버, 4번 유틸리티, 8번 아이언 세 개를 가지고 연습을 하고 있었다. 뒤 타석에서는 초보자인 듯 스윙이 어색한 아주머니 한 분이 어떤 나이 드신 분에게 코치를 받고 있었다. 정식 레슨은 아닌 듯, 원포인트 식으로 설명하는 듯이 보였다. 레슨이 끝나고 필자의 옆으로 스처지나갈 때 "선생님, 제 스윙을 한번 봐주시겠습니까?" 하고 나지막이 말을 걸었다. 그분은 흔쾌히 수락했다.

뒤에서 필자의 스윙을 눈여겨 본 듯했다.

"뒤에서 살짝 봤는데 스윙은 참 좋은데 훅이 가끔씩 나네요. 훅을 방지하려면 팔을 아웃으로 좀 더 휘둘러주면 좋겠어요."

딱 한마디 하셨다. 훅 안 나는 스윙을 필자가 왜 모르겠는가. 다섯 가지 훅 방지 처방 중에 어떤 것을 선택할까 고민이었는데 그중 하나를 알려주신 것이다. 그래서 연세 지긋하신 그분이 일러주시는 대로 쳤다.

드라이브 레인지가 250m 말뚝까지밖에 없었는데 캐리로 연속으로 10개쯤 넘겨 버렸을 즈음 "아주 훌륭한 드로볼입니다. 250을 넘어버렸네." 하시고는 등을 돌리셨다.

"선생님, 감사합니다."

"아, 별말씀을…."

가만히 생각해보니, 1년 전까지만 해도 이런 스윙을 했었다는 기억을 해냈다. 언젠가부터 나의 스윙은 점점 궤도를 이탈하여 무너지고 있었다. 단지 본인만 모르고 있었을 뿐.

주위의 몇몇 분들이 떠드는 소리를 들어보니, 그분은 저번 주에 이 골프장에서 이븐을 치셨다고 한다. "그날은 운이 좋았어요."라고 겸손의 말씀을 하시는 그분을 보면서 필자의 머리 위로 훨훨 날고 계시는 고수의 포스를 느꼈다. 그분의 한마디가 없었다면 아직까지도 땀을 뻘뻘 흘리며 예전 스윙을 찾아 킬리만자로 산을 이리저리 헤매고 있었을지도 모른다.

결론은?

연습장에서든 필드에서든 고수의 한마디를 흘려듣지 말기를 권한다. 타인의 실력을 폄하하거나 시기하기보다는 항상 겸손하고 배움의 자세를 잃지 않기를 필자와 같이 노력하자.

 칩샷 완전정복

안정적인 칩샷을 구사하는 방법이 없을까? 오랜 고민 끝에 드디어 찾은 듯하다. 그리고 레슨 받는 분에게 임상실험(?)을 해본 결과 놀라운 효과를 보았다. 오늘은 그 방법을 알려주면서 독자들의 의견을 들었으면 한다.

이전에도 필자는 실제로 이런 스윙을 하고 있었고, 몇몇 분들에게는 장려하기도 했다. 하지만 체계화시켜 이론으로 만들지는 않았다. 이 연습 방법은 아마도 널리 보급될 수도 있으리라고 본다.

칩샷에서 가장 문제가 되는 것이 뒤땅이다. 뒤땅이 발생하는 이유는, 팔과 손목의 힘을 이용한 스윙을 하기 때문이다.

회전의 축이 흔들리기 때문이다.

과도한 하체의 스웨이 때문이다.

볼을 띄우려고, 또는 힘으로 당겨서 찍어 치기 때문이다.

손목의 릴리스가 빠르기 때문이다.

위에서 살펴본 칩샷의 문제점이 전혀 없는 스윙이 있다. 바로 퍼팅이다. 어찌 보면 칩샷의 스윙은 아이언 스윙보다 퍼팅에 더 가깝다고 필자는 생각한다.

퍼팅에서는 뒤땅이 거의 나오지 않는다. 그 이유는,

팔과 손목을 사용하지 않고 어깨로 스윙한다.

어깨 아래는 전혀 움직이지 않아 회전의 축이 흔들리지 않는다.

체중 이동이 전혀 없어 하체의 스웨이가 없다.

볼을 띄울 필요가 없을뿐더러, 춘향이 그네처럼 자연스러운 스윙이다.

연습 방법 1단계는 이처럼 웨지를 가지고 퍼팅을 해버리는 것이다. 이렇게 해주면 대부분의 골퍼들은 약간의 타핑이 나온다. 그래도 볼은 뜨게 된다. 실제로 필드에서도 가까운 칩샷은 웨지를 가지고 퍼팅하듯이 칩샷을 하고 있다. 이런 칩샷의 이름을 지어주자. '웨지퍼팅' 어떤가? 이걸로 하자. 이 웨지퍼팅을 연습하다 보면 백스윙을 크게 해주면 20m까지도 보낼 수 있게 된다. 단, 어드레스는 칩샷 어드레스를 그대로 해주면 된다.

필자가 포스팅에 언급한 퍼팅의 특징 두 가지를 기억하는가? 왼쪽 어깨만으로 백스윙하고, 양손으로 다운스윙 해준다. 때리지 않고 피니쉬까지 중단 없이 스윙이 되어야 하며, 피니쉬에서 3초 동안 멈추어준다. 한 가지 주의할 점은, 퍼터헤드는 피니쉬 때 닫아주지 않듯이 웨지헤드 또한 닫아주면 안 되겠다. 이렇듯 릴리스가 없기 때문에 피니쉬 때는 퍼팅과 같이 상체가 약간 꼬인 듯이 되어야 한다.

연습 방법 2단계는 임팩트 순간에만 왼쪽으로 살짝 체중 이동해주면 된다. 이 동작을 많이 연습하게 되면 위아래 스웨이가 없어져서 정확한 볼 컨텍을 할 수 있다. 이 동작만으로 50m 어프로치샷을 구사할 수도 있다. 퍼팅의 형이 칩샷이고, 칩샷의 형이 어프로치고, 어프로치의 형이 펀치샷이라고 필자는 생각한다. 모두가 위아래 스웨이를 최대한 없게 하면서 직진성을 극대화시켜야 하는 스윙이다.

11번홀 스크린골프 잘 치는 방법

스크린골프는 타수가 잘 나온다. 왜냐하면,

라이가 평지이고, 매일 연습하는 환경과 같다.

바람도 불지 않고, 춥지도 덥지도 않다.

언덕을 오를 필요도 없어서 힘이 남아돈다.

그늘집이 없어서 음주를 하지 않는 것도 장점이라면 장점이다.

벙커샷 탈출이 너무나 쉽다.

무엇보다 큰 장점은 퍼팅라인을 정확히 보여준다.

정확한 브레이크와 거리를 알려준다.

이 많은 장점에도 불구하고 타수를 줄이지 못하는 이유는 뭘까? 이러한 장점에 관심을 갖지 않기 때문이다. 철저하게 이용해야 한다. 너무 계산적인 사람은 욕을 얻어먹지만 계산적인 스크린골프는 타수를 줄일 수 있다.

첫 홀부터 18번 홀까지 동일한 힘의 스윙을 해야지만 일정한 스윙을 끝까지 유지할 수 있어서 거리감과 구질이 일정할 수 있다. 그러려면 힘에 의한 스윙보다는 80%의 힘으로 스윙하는 습관을 가져야 한다. 80%의 힘으로 스윙하게 되면 희한하게도 95%의 거리가 나간다. 이 습관은 필드에서도 그대로 적용이 되기 때문에 강력히 추천한다.

여기서 잠깐! 주의할 점은 술을 마시고는 스크린골프를 치지 말기를 권한다. 근육의 긴장감이 줄어들어서 늑골을 다치기 십상이다.

철저히 계산된 스윙이 뭐냐고? 하나하나 알아보자.

드라이버

안 잡아도 된다. 얼마 전 드라이버를 잡지 않고 게임을 한 결과 12언더를 친 적이 있다. 동료들의 눈치가 보인다고? 정 그렇다면 페어웨이가 넓은 홀만 드라이버 티샷을 하자. 그렇게 한 홀 한 홀 하다 보면 어? 드라이버가 제법 맞아나가네? 그때는 자신 있게 드라이버를 휘두르도록 하자.

우드샷

페어웨이 우드는 거리를 멀리 보내는 역할을 한다. 그래, 멀리 보내라. 그렇지만 최소한 5번 홀까지 만이라도 80%의 힘만으로 리듬을 잡고 스윙하기 바란다. 처음부터 강하게 스윙해서 정타가 나지 않게 되면 마지막 홀까지 헤매게 된다.

아이언샷

아이언샷이야말로 일정하고 부드럽게 스윙을 해야 한다. 아이언이 왜 여러 개인지는 알 것이다. 좀 활용하자. 피칭은 100, 9번은 110. 이렇게 딱 정해놓아야 한다. 피칭으로 세리 치면 120미터도 갈 수 있다고? 그래, 안다. 예전에 시험 삼아 피칭으로 몇m까지 갈 수 있는지 시험해 보았는데 150m까지 날렸다. 늑골 부러지는 줄 알았다. 우리끼리니까 하는 말이지만 제발 무식하게 좀 치지 말자.

칩샷, 퍼팅

20~30m는 무조건 붙여야 한다. 그러기 위해서는 기준 거리를 딱 정해야 한다. 백스윙을 얼마큼 하니까 얼마가 나가더라는 확실한 기준이 있어야 한다. 막상 스윙에 들어가면 백스윙이 커지는 경우가 많다. 퍼팅 또한 기준 거리를 반드시 연습해야 한다. 그래야 마음이 놓인다. 컴퓨터는 절대 거짓말을 하지 않는다. 센스가 잘못됐다느니, 높이 떠서 짧았다느니, 거기다 대고 욕할 필요 없다. 누워서 침 뱉기다.

여기서 잠깐, 골프 매너 하나!

라운딩 나갔을 때 차 안에서 꼭 이런 말을 하는 사람이 있다.

"어제 얼마나 술을 펐던지 아직도 머리가 띵하다."

"잠을 못 잤어, 잠을…"

이렇게 얘길 하면 주위 동료들이 "어~ 그래? 핸디 더 줄게. 컨디션 참 안 좋아 보이네." 이렇게 말하겠는가? 천만에!

왜 이런 말을 하면 안 되느냐 하면 골프에서는 절대 핑계를 대서는 안 된다는 것이 골프매너교본 3장 2절에(???) 나오기 때문이다. 잘 치면 운이 좋았고 못 치면 내 탓이요. 이런 마음가짐을 두고 우리는 겸손이라고 한다. 잘 치면 내 실력이고 못 치면 재수가 없어서… 이런 마음가짐을 두고 우리는 네가지(???)라고들 한다.

그렇다. 필드에서는 잘 치는데 스크린은 영 나하고 안 맞는다는 것도 핑계이고 그 반대도 핑계이다. 모두 잘 치기 위해 열심히 땀방울 흘리며 연습하는 골퍼들이 있는 한, 이런 말을 하는 것조차 실례인 것이다. 필드에 나가는 이상으로 스크린골프장을 찾고 있는 현실을 감안할 때, 스크린골프의 특징과 매력을 좀 더 신경 써서 위 사항을 연습했으면 한다.

그런데 과연 위에서 나열한 계산된 스윙이 스크린에서만 쓰일까?

드라이버 스윙 궤도와 스윗스팟

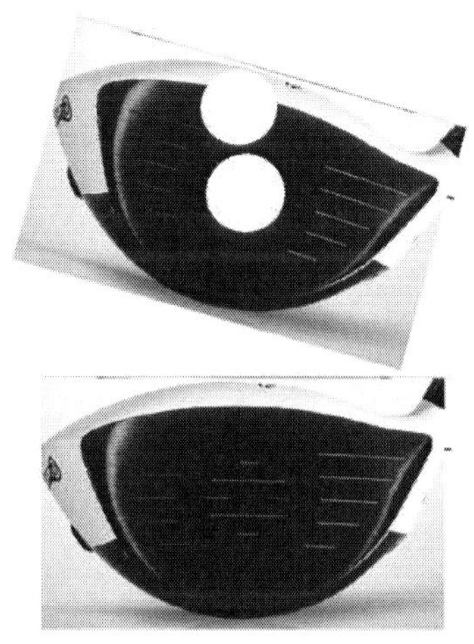

드라이버 스윙을 보게 되면, 스윗스팟이라고 부르는 헤드 중앙에 임팩트가 되면 헤드의 무게를 고스란히 실어주게 되고, 클럽의 뒤틀림도 없어서 볼을 멀리 보낼 수 있고 일정한 구질도 보장된다. 그러나 세상사가 그러하듯 매번 정확할 수가 없는 것이 현실이다. 위에도 맞고 아래도 맞고, 토우 쪽, 힐 쪽 어디에도 맞을 수가 있다. 되도록 중앙에 맞추기 위해 오늘도 연습장에서 모기 물려가며 열심히 드라이버를 휘두르고 있다.

이번 시간에는 구력이 어느 정도 되는 골퍼들에게조차 자주 일어나는 현상이 있어 짚어보고자 한다. 정타를 맞았다 싶은데도 가끔씩 훅이 나는 분들이 있다. 타핑이나 뒤땅이 나지도 않았는데 희한하게도 타구감이 살짝 떨어지면서 볼이 엉뚱한 구질을 보이는 분들이 있다.

제2장 '클럽별 히팅 포인트'에서 잠깐 언급한 적이 있는데, 키가 큰 골퍼들은 위아래 스윙에 가깝기 때문에 드라이버 헤드의 위아래가 긴, 즉 딥페이스 클럽이 유리하고, 키가 아담한 분들은 대각선 스윙에 가깝기 때문에 토우 쪽과 힐 쪽이 긴, 즉 샬로우 페이스가 유리하다고 언급한 적이 있다.

오늘 살펴볼 내용은 위 그림처럼 딥페이스라 하더라도 스윙 습관에 의해 히팅 스팟이 달라지면 일정한 구질이 되지 않고, 심한 혹이 생길 수 있는지에 대해 알아보고자 한다.

스윙스팟의 아래에 맞게 되면 회전축인 샤프트와 가까워지기 때문에 볼 스피드가 줄지 않지만, 위에 맞게 되면 순간적인 클럽 비틀림이 일어나서 볼의 구질이 바뀌어 버린다. 특히 드라이버는 샤프트의 비틀림(토르크)이 아이언에 비해 크기 때문에 토우 쪽이나 위쪽에 맞게 되면 상당히 위험한 구질이 생길 가능성이 크므로 주의해야 한다. 그렇다면 토우나 위쪽에 맞지 않기 위해서는 어떻게 해야 하는지가 화두로 떠오른다.

드라이버 클럽헤드의 윗부분이나 토우에 맞는 골퍼들의 스윙을 살펴보면 평소보다 빠르고 센 스윙을 위해 나도 모르게 어깨나 팔꿈치를 움츠리게 되면 회전 반경이 줄어들어 토우 쪽에 맞게 된다.

그렇다면 해결 방법은?

어깨를 부드럽게 해서 팔로우까지 아웃사이드로 스윙을 해주어야 한다. 이렇게 해주면 회전 반경도 커지게 되어 스윙스피드가 좋아진다. 스윙스피드를 높이려면 힘을 빼야 하는 이유가 여기에 있다. 그러니 힘 좀 빼자.

클럽헤드의 윗부분에 볼이 맞는 이유도 비슷하다. 드라이버는 잔디를 건드리지 않고 볼의 하단을 히트시켜 위로 올려치는 스윙을 해야 한다. 하기사 위로 올려치는 스윙이라고는 하지만 실제로 볼의 하단을 히트하는 것은 아니다. 수평으로 맞는다고 봐야 한다. 하지만 어깨나 상체에 힘이 들어가게 되면, 당겨치거나 내려치게 되어, 즉, 아이언 스윙과 비슷하게 되어버려 일명 뽕샷이 나오게 된다. 이를 방지하기 위해서는 팔로우가 위로 향해야 한다. 아주 중요하다.

그런데 여기서가 중요하다. 팔로우를 위로 향한다는 의미는 손목도 위로 살짝 꺾여야 한다는 의미이다. 흔히들 백스윙 때 열린 헤드를 닫아주기 위해 손목을 이용해서 인사이드로 닫아주게 되면 헤드가 위로 향하는 팔로우가 되지 않고 인사이드 쪽으로 확 당겨져 버리게 된다. 이래서는 볼의 방향성이나 임팩트 파워를 보장할 수 없게 된다. 팔로우를 크게 하는 이유는 직전구간을 많이 하기 위해서이지 클럽헤드를 닫아주기 위한 것이 아니다.

위 두 가지 실수를 줄이기 위한 스윙은 어떤 것이겠는가. 어깨를 부드럽게 해서 팔로우를 아웃사이드로 스윙을 해야 하고, 위로 올려치는 스윙을 해야 하며, 손목의 릴리스는 아웃에서 인으로 닫아주는 것이 아니라 헤드가 가는 방향으로 해야 한다. 이 릴리스의 각도에 따라 볼의 방향성이 정해진다고 본다.

위에서 언급한 내용은 다소 이해하기 어려울 수도 있으나, 예전부터 고민을 해온 부분이기도 하고, 또, 엉뚱한 곳에서 고민을 하고 있을 수도 있는 골퍼가 있을 듯해서 포스팅한다. 구력이 어느 정도 있으면서 훅이 나는 골퍼들은 임팩트 지점을 잘 살펴보기 바란다. 그리고 무리하게 클럽을 닫아주는 스윙을 하고 있지 않은지 살펴보기 바란다.

참, 위 그림을 비교해 놓은 이유는 토우가 많이 들리는 스윙은 볼이 정중앙에 맞지 않고, 위에 맞게 되면 토우 쪽에 가까워진다는 의미이다. 그만큼 훅이 생기기 쉽다는 의미이다.

그립의 종류는 여러 가지다. 잡은 손가락의 모양에 따라 베이스볼 그립, 인터로킹, 오버래핑 그립이 있다.(그림은 인터넷에서 찾아보기 바란다) 입문 초기에 '베이스볼 그립'이라고 해서 '아하! 이게 기본 베이스그립인가 보다' 생각하고 이 그립이 기준이 되는 그립인 줄 알았다. 알고 보니, 야구 그립이었다. 이런 쯔팔리는 경우가 있나.

손목을 얼마나 돌려 잡느냐에 따라 위크 그립, 뉴트럴 그립, 스트롱 그립이 있다.(이것도 인터넷에서…) 어떤 그립이 좋은 것일까? 고수들은 그립을 자주 바꾸지 않는다. 왜냐하면 그립에 따라 스윙 궤도를 또 수정해야 하고, 안정이 되려면 또 몇 개월을 연습해야 하기 때문이다. 피곤하다. 귀찮다.

당신은 위에서 나열한 여섯 가지 그립 중 어떤 그립을 잡고 있는지 아는가? 그리고 현재의 그립이 적합한 그립이라고 확신하는가? 어떻게 확신하는가? 다 잡아보고 하는 말인가? 모 그룹 회장이 했던 말이 생각난다. "해 봤어?"

필자는 골프 입문 초기에 다 잡아봤다. 그래서 제일 편안하고 적합한 그립을 가지고 있다. '그래, 결심했어. 이 그립이 내 그립이야! 그렇게 찾아 헤매던 그립을 드디어 찾은 거야'

그러나 구력이 늘수록, 멀리 보내려고, 똑바로 보내려고, 예쁜(?) 스윙 폼을 위해서, 낮은 탄도를 위해서, 스핀을 많이 걸기 위해서, 또는 그 무엇을 위해서 그립을 계속 수정할 수밖에 없었다. 그래서 깨달았다.

'스윙을 바꾸면 우선 그립부터 달라지는구나.'

스윙을 바꾸면 그립이 달라지는지, 그립을 바꾸면 스윙이 달라져야 하는지 필자도 모르겠다. 하지만 달라져야 하는 것은 확실하다.

필자는 손가락 모양에 따른 세 가지 그립과는 다른 그립을 잡고 있다. 뭐냐고? 그게 중요한 게 아니다. 왜냐고? 그냥 편해서다. 세 가지 그립을 다 잡고 스윙을 해보아도 뭔가 어색함이 있어서 나만의 그립을 개발해서 고집스럽게 지금까지 잡고 있다.

손목을 돌려 잡는 세 가지 중에서는 스트롱 그립을 잡고 있다. 프로들이 제일 많이 한다고 해서 잡은 것은 아니었다. 또한 처음부터 이렇게 잡은 것은 아니었다. 열악한(?) 신체 조건으로 멀리 보내려고, 낮게 보내려고 욕심을 부리다 보니 스트롱으로 잡을 수밖에 없었다. 모든 장점에는 단점이 있기 마련인가 보다. 그만큼 단점도 있었다. 허리가 완전히 꺾여야만 했다. 남들이 보기에 경상도 말로 좀 남세스러운 스윙을 할 수밖에 없었다.

이 글의 주제가 무엇이겠는가? 골프 스윙에서 그립은 상당히 중요한 부분이다. 본인에게 제일 적합한 그립을 찾기 위해서는 입문 초기에 여러 가지를 다 잡아보아야 한다. 그리고 한번 잡은 그립을 고집해서는 안 되겠다. 항상 변할 수 있고, 항상 변해야 한다는 것이 기준이 되어야 한다. 고민을 해보기를 바라면서…

14번홀 치킨스윙(닭 날개)을 고치는 방법

임팩트 순간, 클럽헤드에 무게를 실으려면 왼쪽 팔꿈치를 편 상태에서 겨드랑이가 팔과 밀착되어야 한다. 그런데 팔꿈치가 굽혀지고 겨드랑이가 바람이 술술 셀 정도로 벌어져 있는 경우가 많다. 일명 닭 날개 스윙이 된다. 이렇게 되면 샷감이 전혀 없이 둔탁한 임팩트가 될 뿐만 아니라 비거리도 엄청 손해 본다.

이런 스윙이 나오는 이유는 여러 가지다. 근본적인 이유는 왼팔로 당기는 스윙을 하기 때문이다. 사람의 근육은 힘을 쓰게 되면 굽혀지고 움츠러들게 되어 있다. 왼쪽 팔꿈치를 펴서 당길 수는 없기 때문에 굽혀지게 되고, 어깨도 위로 으쓱 올라가서 자라목이 된다. 원운동, 즉 회전운동을 하게 되면 자연스럽게 겨드랑이가 팔에 밀착이 되는데 초보에게는 이게 쉽지 않을뿐더러, 의식하지 않으면 까먹게 된다.

자연스럽게 고칠 수 있는 팁을 보자. 이러한 스윙이 나오는 원인은 스윙의 기준이 없기 때문이다. 그래서 초보 골퍼는 공을 때리기에 급급하다. 한 가지 기준을 제시한다.

다운스윙할 때 임팩트 전, 왼쪽 팔꿈치가 배꼽까지 왔을 즈음 왼손바닥이 정면을 보도록 돌려서 스윙을 해버리면 된다. 팔로우 동작에서는 자연스럽게 하늘을 가리키면 된다. 이렇게 하면 팔꿈치가 허리에 붙어서 임팩트를 할 수 있다. 왼손 한손으로 먼저 연습해보고 스윙을 해보기 바란다.

백화점이나 전시회에 가면 안내 도우미들이 "어서 오세요. 저쪽입니다." 하면서 왼손바닥이 하늘을 향하면서 왼쪽으로 가리키는 동작과 같다. 이게 되면 슬라이스가 자동으로 고쳐진다. 즉, 왼손바닥을 일찍 돌려주면 줄수록 훅을 낼 수 있다.

또한, 왼쪽 팔꿈치가 펴지게 되어 궤적이 커지고 비거리가 증가할 뿐아니라, 방향성이 아주 좋아진다. 비거리와 방향성이 좋아지면 자신감이 생길 것이고, 자신감이 생기면 타수가 줄어들 것이고, 타수가 줄어들면 쩐이 들어온다. 즉, 치킨스윙을 고치면 쩐이 들어온다는 결론이 나온다. 흠, 너무 갔다. 이게 아닌가 보다.

드라이버, 아이언, 우드 스윙에 적용된다. 단, 퍼팅과 칩샷은 예외다. 왼쪽 팔꿈치 엘보가 있는 분은 이 스윙에 의해 엘보를 예방할 수 있다.

오늘 언급한 이런 연습방법을 통칭 팁이라고 한다. 작은 정보, 요령, 이런 뜻이다. 이런 팁들이 필요한 이유는 마음만으로는 고칠 수 없기 때문이다. 앞으로도 많은 팁을 알려주려고 한다. 이번 팁은 필자가 생각하기에 너무너무 중요하다.

더운 여름, 삼계탕 한 그릇들 드시고 더욱 열심히 연습하길 바란다. 다만 닭 날개 스윙은 안 했으면 하는 바람이다.

"혹시 아이언이나 드라이버는 맞는데, 우드가 들쭉날쭉하다면 어떤 원인이 많을까요?"

스윙 템포는 드라이버처럼, 스윙 궤도는 아이언처럼 하면 된다. 우드는 샤프트가 길다. 그리고 FLEX(휨새)가 크다. 이런 이유로 드라이버처럼 큰 원을 부드럽고 천천히 스윙을 해야 한다.

아이언보다 조금 더 길다고 만만하게 휘둘러 버리면 안 된다. 드라이버를 빠른 템포로 휘둘러버리면 나타나는 증상이 우드에 그대로 나타난다. 엎어 치게 된다. 슬라이스가 난다. 스윗스팟에 안 맞는다.

스윙 궤도는 왜 아이언처럼 해야 할까? 바닥에 있는 볼을 맞추어야 하기 때문이다. 그 외에 여러 가지 이유가 있지만 위에 지적한 두 가지 느낌만 가지고 스윙해주면 자연스럽게 고쳐지는 이유들이라서 생략한다.

정리하면, 드라이버 스윙처럼 크고 부드럽게 천천히 스윙을 해주면서 아이언 스윙처럼 그립을 왼쪽 허벅지에 되도록 붙여서 다운스윙이 되어야 하고, 자연스러운 손목의 릴리스가 되어야 한다. 위 동작들을 지키면서 힘 빼고 100번만 해주면 된다. 끝!

이렇게만 적어 놓으면 너무 성의가 없어 보여서 부연 설명을 조금 하겠다. 레슨 프로와 골퍼의 관계에서 가장 중요한 부분이 바로 소통이다.

소통은 "이렇게 하세요. 저렇게 하세요."처럼 일방통행이 아니다. '왜?'가 중요하다. 설득력이 중요하다는 얘기다. 우리 사회도 마찬가지 아닌가?

우드나 유틸리티의 특징을 살펴보면, 바닥에 솔(바운스)이 넓어서 아이언처럼 스윙을 해도 땅에 박히지 않고 쓸린다. 흔히, 우드는 쓸어 쳐야 한다고 하는데, 아이언처럼 스윙을 해주면 자동으로 쓸린다. 그러니 일부러 쓸려고 노력할 필요가 없다. 일부러 쓸어 치려고 하게 되면, 다운스윙을 하는 동안 볼을 맞추러 가기 위해서 30cm가량 잔디의 모가지를 날리면서 볼을 맞추게 되는 스윙이 된다. 이래서는 헤드스피드가 팍 죽어버린다.

라이가 좋지 않거나 맨땅이거나 디봇에서는 위에서 언급한 솔의 기능이 사라지기 때문에 되도록 치지 말아야 한다. 볼만 살짝 걷어 칠 수 있는 고수가 되면 그때에는 라이가 어떻든지 도전해볼 만하다 하겠다.

우드로 스윙을 했는데 임팩트가, 거리가, 방향이 들쭉날쭉하다면 스윙의 리듬과 템포가 맞지 않았을 가능성이 크다. 스윗스팟에 맞는다는 가정하에. 이럴 경우 무엇을 해야 하겠는가? 그렇다. 빈스윙, 즉, 이미지 스윙을 많이 해주어야 한다. 이미지 스윙이 불안한데 실제 스윙이 좋을 확률은 확신하건대 전혀 없다.

"어드레스 시 삼각편대를 유지하기 위해 가슴과 어깨가 움츠러드는 게(조이듯) 맞을까요, 곧은 구심점 유지를 위해 가슴을 내밀고 어깨를 활짝 펴는 것이 맞을까요?"

양 팔꿈치를 모으긴 모아야 되는데, 이렇게 되면 어깨가 움츠러들게 되고, 힘이 들어가게 된다. 어깨 힘은 빼야 된다고 했는데 고민이다.

고민할 거 없다. 한 가지 기준을 세워보자. 기준을 세우게 되면 헷갈리지 않아서 일정한 스윙에 도움이 된다. 어깨는 위로 으쓱하면 안 된다. 그리고 양쪽 겨드랑이는 붙여야 한다. 어깨를 조이듯 앞으로 내밀게 되면, 겨드랑이가 떨어진다. 겨드랑이는 임팩트 때 볼을 강하게 칠 수 있는 근간이 되기 때문에 어드레스에서도 붙여야 일관성이 있다.

어깨를 위로 으쓱하지 않고, 양쪽 겨드랑이를 붙이려면 어떻게 해야겠는가? 힘을 빼야 한다. 견고하게 하라는 것은 부드럽게 펴라는 의미이지, 힘을 줘서 뻣뻣하게 하라는 의미는 아니다. 척추 또한 굽히지 않고 펴야 하지만 뻣뻣할 정도로 힘을 줘서는 안 된다.

"그렇게 해주면 여자의 경우 가슴이 팔의 회전을 방해하는 거 아닌가요?"

맞다. 방해가 된다. 어떻게 해야 할까? 그런데 팔은 왜 회전시키려고 하는가? 회전은 하체가 담당한다고 누누이 언급했었다. 무릎과 골반을 사용해야 한다. 설마 하체만으로 회전하겠는가. 당연히 상체도 약간 회전을 한다. 하지만 의식적으로 상체를 비틀어버리면 안 된다는 것이다.

여자의 특성상, 앞으로 볼록 나온 두 봉우리 때문에 스윙이 힘들다고들 하는데 실제로는 이 봉우리 덕분에 남자에 비해 겨드랑이를 쉽게 붙일 수 있고, 삼각형을 유지하는 데도 도움이 된다. 그러니 팔꿈치로 가리려고 하지 말고 자신 있게 내밀어야 된다. 좀 민망하다고들 하는데 그렇게 따지면 어드레스 때 엉덩이를 쭉 내미는 동작(오리궁둥이)은 안 민망한가? 지금 민망 따질 때인가? 만약 골프의 신이 엉덩이를 1cm 더 빼면 한 타 줄일 수 있다고만 한다면 주저 없이 10cm는 더 뺄 수 있다.

부드럽고 리드미컬한 골프 스윙은 하나의 아름다운 행위예술 작품과 가깝다. 이런 관점에서 보면 민망할 게 하나도 없다고 필자는 생각한다. 이상하게 보는 사람이 더 이상하다. 자신 있게 가슴을 내밀기를 바라면서….

우드를 구해야 할지 하이브리드를 구해야 할지 궁금해 하는 분들이 많다. 이런 고민을 하고 계시는 분들이 있을 수도 있다. 아니면 캐디백에 우드와 하이브리드를 모두 장착하고 있는 분들은 또 다른 고민이 있을 수 있다.

'우드로 쳐야 할까? 하이브리드로 쳐야 할까?' 고민이다. 대부분은 그나마(?) 잘 맞아나가는 하이브리드를 선택한다. 잘 안 맞으면 그만큼 연습을 더 해주어야 한다. 이것은 진리다. 하지만 어느 것을 선택하느냐 하는 것은 또 다른 문제이다. 날도 더우니 거두절미하고 정답을 얘기하겠다.

클럽은 14개를 선택할 수 있다. 드라이버 한 개, 아이언 피칭부터 3번까지 여덟 개, 퍼터 한 개, 우드 한 개, 웨지 한 개, 해서 도합 12개이다. 여기서 하이브리드를 두 개 추가하든, 웨지를 두 개 더 추가하든(실제로 웨지를 세 개 가지고 있는 프로들이 의외로 많다) 사용하지 않는 아이언 개수를 줄이게 되면 다른 클럽을 더 장착할 수 있다. 심지어 드라이버를 두 개 선택할 수도 있다. 즉, 사용할 클럽을 추가하고 사용하지 않는 클럽을 뺀다는 얘기다.

일반 골퍼들은 3번, 4번을 잘 사용하지 않는다. 사용하지도 않으면서 이 더운 날에 오늘도 절그럭거리며 무거운 캐디백을 짊어지고 다니느라 욕보는 분들이 참 많다. 우드보다는 하이브리드가 오히려 잘 맞아서 멀리 가는 경우도 다반사이다.

실제 TV에서 보면, 3번 우드는 드라이버 대신 사용하고 페어웨이에서는 거의 사용을 하지 않는 경우를 자주 볼 것이다. 타이거 우즈가 파5 홀에서 투온을 3번 우드로 온그린 하는 걸 본 적이 있는가? 있다고? 그래, 있을 수도 있다. 특이한 경우에 한해서이다. 대부분은 드라이버 대용으로 사용하고 있다는 얘기다. 일반 골퍼들이 세컨샷이 많이 남거나, 또는, 파5홀에서 세컨샷을 우드를 사용하는 경우에, 그 성공률이 그리 높지 않은 것이 사실이다.

간곡히 부탁하고 싶다. 우드 실력이 되면 우드를 장착하시되, 지금은 하이브리드를 사용하기를 바란다. 하이브리드가 탄생한 이유를 충분히 이용하기를 바란다. 더군다나 롱아이언이 잘 맞지 않는다고 하니 그 거리를 보낼 수 있는 클럽이 있어야 되지 않겠는가?

"하지만 남들도 가지고 있는 우드를 과감히 빼기가 쉽진 않은데 어떡하죠? 연습만 하면 잘 맞지 않을까요?"

흐이그, 내 그럴 줄 알았다. 아래의 예를 살펴보고 결정하자.

필자가 아는 프로 중에, 십수 년 전에, 김국진 씨가 도전한 그 프로 입단 테스트에서 실제 겪은 일이다. 18번 파5 마지막 홀에 드라이버까지 잘 쳐놓았다고 한다. 파만 잡으면 프로를 달 수 있다. 보기를 해도 되고 더블 보기를 해도 통과할 수 있다. 흥분이 된다. 욕심이 생겼다. 투온을 시도하기 위해 문제의 3번 우드를 비장하게 꺼내었다. 그 결과는?

OB 두 방에 무너졌다고 한다. 지켜보던 관중이 더 안타까워했다고 한다. 물론 다음 해 테스트에 통과했다. 이 바쁜 세상에 3번 우드 때문에 1년을 기다린 것이다. 이 정도면 이유가 되겠는가? 더 강력한 이유가 필요하면 필자에게 연락하라.

90타를 깨는 방법은 저번에 언급했다. 80타를 깨기 위해서는 오늘 살펴볼 임팩트를 알아야 한다. 오늘 얘기할 내용은 상당히 고급동작이다. 어쩌면 고수와 하수를 구분 짓는 가장 중요한 요소가 될 수도 있는 동작이다. 그만큼 중요한 동작이다.

올바른 어드레스, 부드럽고 큰 백스윙을 거쳐 리드미컬한 다운스윙까지 모든 것이 완벽해야 하는 이유가 무엇인가? 정확한 임팩트를 위해서이다. 정확한 임팩트의 의미는 스윗스팟에 맞추는 데만 그치지 않고 볼의 스핀을 결정짓는 정확한 다운블로, 클럽헤드의 무게를 볼에 최대한 실어주는 역할까지를 포함한다.

골프는 히트가 아니라 스윙이라고 했다. 그렇다. 스윙에 의해서 볼은 맞아나가야 한다. 이 말의 의미는 볼을 때리는 느낌이 아니라 스윙을 하는 느낌을 가져야만 일정한 리듬과 템포를 유지할 수 있고, 클럽헤드에 무게를 실을 수 있다는 의미이다. 하지만 스윙에만 신경을 쓰다 보면 볼을 때리는 임팩트 순간의 집중을 살릴 수 없게 될 소지가 크다. 여기서 프로들의 비밀 스윙을 한 가지 알려주겠다. 레슨할 때에도 절대 가르쳐 주지 않으면서 프로들만 하는 동작이 있다. 가르쳐주기 싫어서가 아니라 결코 쉽지 않은 동작이기 때문이다.

아래 사연을 몇 가지 들어보자.

"제가 아이언스윙을 하면 디봇이 전혀 안 생깁니다. 물론 이유는 다운 블로가 안 되어 그런 거라는 거 알겠는데요. 흑흑. 원인이 궁금해서요."

"리드미컬하게 채를 떨굴 때 캐스팅 돼서 떨어지는 것이 아니라 코킹이 된 상태로 채가 떨어지는데요. 보통 어느 정도까지 코킹을 유지를 해야 할까요? 빨리 풀리면 뒤땅, 늦으면 열려 맞을 거 같고요."

이 외에도 볼을 때리는 시점에서의 임팩트 감이 좋지 않아서 발생되는 수많은 문제들과 궁금증들이 필자의 메일에 가득 쌓여 있다.

임팩트는 릴리스의 시작과 끝에 의해 결정 난다.

이해하기 어려운가? 하나하나 살펴보자.

백스윙할 때 자연스럽게 코킹이 되는 것처럼 손목을 펴주는 동작을 릴리스라 한다. 1라운드 〈릴리스의 중요성〉에서 "릴리스는 어디까지나 고급(?) 동작이거니와 초보자가 쉽게 익히기 위해서는 무던한 노력과 집중이 필요하다. 하지만 익혀놓으면 스윙의 메커니즘을 새롭게 정립할 수 있으며 한층 업그레이드 된 스윙으로 가는 길임에는 틀림없다고 믿는다."라고 언급했다.

이 릴리스의 시작과 끝을 알게 되면 골프 스윙을 완성했다고 필자는 생각한다. 모든 스윙의 해답이 여기에 있을 수도 있다. 이 릴리스에 의해 임팩트가 정해지고, 탄도가 정해지고, 스핀량이 정해지고, 구질이 정해진다.

릴리스의 시작은 코킹과 관련이 있다.

드라이버를 예로 들자면, 드라이버의 코킹은 통상적으로 아이언에 비해 코킹의 시점이 늦다. 그래서 다운스윙 때 릴리스가 일찍 일어난다. 즉, 백스윙 때 코킹의 시작 지점이 다운스윙 때 릴리스의 출발점이 된다.

흔히 우드를 쓸어치라고 하는 의미가 바로 릴리스가 일찍 일어나서 바닥을 쓸게 된다는 의미이다. 테이크어웨이를 뒤로 쭉 빼라는 의미도 이 코킹의 시점을 늦추어야 큰 궤적이 된다는 의미이기도 하다.

즉, 샤프트가 긴 클럽일수록 자연스럽게 코킹이 늦어지고, 릴리스가 일찍 일어나게 되어 있다. 신경 써서 의도하지 않는 한, 자연스럽게 이렇게 된다.

즉, 드라이버는 릴리스가 일찍 일어나고, 아이언은 좀 더 어드레스 자세와 가까이 왔을 시점에 릴리스가 일어난다. 손목을 캐스팅하지 않고 좀 더 몸 쪽으로 끌고 오라는 의미도 이 릴리스의 시작을 늦추라는 의미다.

여기까지 이해하겠는가?

문제는 릴리스의 끝이다. 아이언의 경우, 우측 허벅지까지 끌고 내려온 코킹을 천천히 릴리스하게 되면 볼을 강하게 타격할 수가 없다. 순간적으로 릴리스, 즉 손목을 빨리 풀어야 한다. 드라이버는 릴리스가 일찍 일어남으로 해서 상대적으로 손목을 천천히 풀어줘도 된다.

자신의 스윙을 상상해보자. 아이언일 경우, 임팩트 순간에 양 팔꿈치가 펴지는가? 왼팔은 펴지더라도 오른팔은 아직 굽혀진 상태이다. 왜냐하면 볼이 양발의 중앙에 있어서 양손이 아직까지 다운스윙 되고 있기 때문이다. 그렇다면 언제 펴지는가? 바로 왼발 앞에서야 모두 펴진다. 이 지점이 릴리스의 끝이고 팔로우의 시작지점이다. 즉, 어드레스 자세처럼 양 어깨와 손이 삼각편대를 다시 이루는 지점이다. 편의상 이 지점을 터닝 포인트라고 하자.

드라이버의 경우 볼의 위치가 아이언보다는 좀 더 왼발과 가깝다. 그래서 양 팔꿈치가 좀 더 펴진 상태에서 임팩트가 이루어지는 것이다.

즉, 코킹의 시점은 다르더라도, 릴리스의 시작시점은 다르더라도, 릴리스의 끝은 둘 다 왼발 앞이다. 이런 이유로 아이언은 볼을 임팩트하고서도 왼발 앞까지 디봇이 난다. 왜냐하면 계속 팔꿈치가 펴지고 있기 때문이다.

이전 글에서 필자는 스윙할 때 팔로우만 신경 쓴다고 했다. 이 말의 뜻이 바로 왼발 앞, 즉 오른쪽 팔꿈치가 다 펴지는 지점에 모든 신경을 쓴다는 의미이다. 그리고 이 순간까지는 고개를 들지 않고 유지를 해준다.

흔히 프로들의 스윙에서 임팩트 자세를 자세히 보면, 볼을 끝까지 보는 것처럼 보이지만 실제로는 양 팔꿈치가 쫙 펴지는 지점, 즉, 터닝 포인트에 집중하고 있기 때문에 그런 자세가 나오게 된다.

터닝 포인트에서 주의할 점은,

첫째, 어드레스 때처럼 양 어깨가 목표 방향으로 스퀘어가 되어야 한다. 어깨가 목표 방향으로 열리지 말아야 한다. 그래야 일정한 터닝 포인트의 효과가 있다.

둘째, 클럽샤프트와 양팔은 대문자 Y처럼 쫙 펴져야 한다. 그래야 최저점을 만들 수 있다.

이 터닝 포인트는 골퍼마다 다소 다를 수도 있다. 왼발 앞이 될 수도 있고, 좀 더 왼쪽일 경우도, 좀 더 중앙일 수도 있다. 하지만 반드시 있어야 한다는 데는 이견이 없다. 그리고 되도록 클럽별로 달라져서는 안 된다.

아이언 디봇이 안 나는 이유는 릴리스가 빨리 풀려버려 터닝 포인트가 볼을 히트하는 동시에 끝이 나버리기 때문이거나, 아니면 릴리스가 되지 않고서 손과 팔이 그대로 회전이 되어버리기 때문이다. 전자는 남자, 후자는 여자에게서 많이 일어난다. 딱 소리를 내며 볼이 맞는 이유도 똑같다.

이번 홀에서는 릴리스가 끝나는 시점이자 팔로우가 시작되는 시점, 즉 터닝 포인트에 대해 알아보았다. 이 방정식을 알고 실천할 수 있는 골퍼라면 스윙의 기준이 확 달라질 것이다.

릴리스가 잘 안 되는 이유는 릴리스를 해야 한다는 생각을 하지 않기 때문이라고 언급한 적이 있다. 이 터닝 포인트도 마찬가지다. 그냥 휘두르는 것이 아니라 이 터닝 포인트를 확실히 염두에 두고 스윙을 하게 되면, 스윙의 핵심 기준이 무엇인지 알 수 있을 것이다.

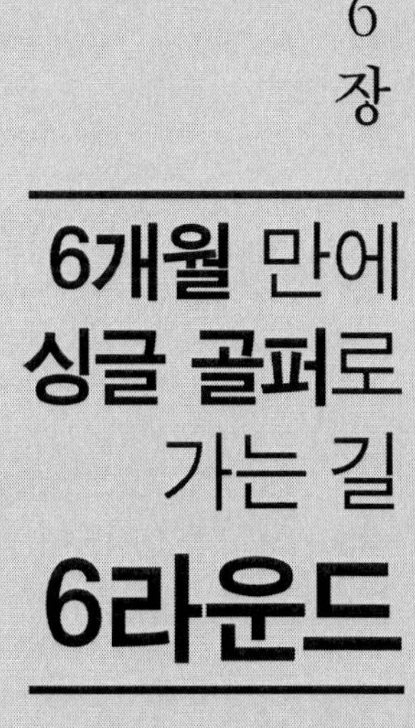

6개월 만에 싱글 골퍼로 가는 길 6라운드

초보 골퍼들의 흔한 실수들

골프에 처음 입문하시는 골퍼들이 흔히 저지르는 실수를 살펴보자. 왜냐하면 이런 실수들을 고치지 않고서 계속 스윙을 하게 되면 잘못된 스윙으로 굳어져 버리기 때문이다. 그 지경이(?) 되기 전에 자가진단을 해보고, 올바른 연습 방법의 기준을 정해야 한다. 그 전에 클럽마다 달라지는 기준이 무엇인지 살펴보자. 초보 골퍼들의 실수와 연관이 있기 때문이다.

클럽별로 달라지는 것은 흔히 볼의 위치, 양발의 간격, 볼과 발과의 거리, 허리 굽힘, 클럽헤드의 궤도 등이다. 클럽이 길어질수록 볼의 위치는 왼쪽으로 놓고, 양발 간격은 넓어지고, 볼과 발과의 거리는 멀어지고, 허리는 펴지고, 클럽헤드의 궤도는 플랫해진다. 그 외에도 많다. 지면과 샤프트의 라이각, 그립도 조금씩 달라진다고 봐야 한다. 눈에 확 구별이 되지는 않지만 미세하나마 조금씩 달라진다.

예를 들어 볼의 위치를 보면, 숏아이언은 중앙에서 공 한두 개 우측, 우드는 공 한두 개 좌측, 나머지는 그 사이에 놓으면 된다.

"뭘 그렇게 계산 복잡하게 합니까. 그냥 중앙에다 놓고 치면 되지."

이러면 안 된다는 얘기다. 클럽별로 달라지는 것들은 이미 예전 포스트에 언급한 것들도 있다. 클럽별로 달라져야 하는 이유는 클럽별로 달라지는 위 사항들을 지켜주어야만 제대로 된 스윙을 할 수 있기 때문이다.

너무 복잡한가? 그렇다면 잊어버려라. 알려고도 말아라. 알면 아는 만큼, 모르면 모르는 만큼, 아직 정해지지 않았으면 정해지지 않은 대로 편안한 스윙을 하면 된다. 단, 아래의 기준을 참고하기만 하면 된다.

골프 입문 초기에 발생할 수 있는 것들을 살펴보자. 아래 사항을 제대로 지키면 클럽별로 복잡하게 달라지는 것들을 따로 외울 필요 없이 제일 편하게 스윙이 되는 대로 자동으로 내 몸에 맞는 기준이 된다고 보면 된다.

첫째, 입문 초기에는 대부분의 골퍼들이 허리를 너무 굽힌다. 그 이유는 볼과 눈과의 거리를 좀 더 가까이 하고픈 본능 때문이다. 그래야 볼을 잘 맞출 수 있을 것 같은 느낌이 든다. 좀 일어나자. 일어나서 스윙을 하게 되면 얼마나 클럽별로 굽혀야 하는지 알 수 있지만, 많이 굽혀서 스윙을 하게 되면 얼마나 펴야 하는지 감이 안 온다. 이런 이유로 허리를 최대한 펴주는 자세, 거의 서서 치는 자세가 기준이 되어야 한다.

둘째, 스윙에 힘이 너무 들어간다. 어깨에도 힘이 들어가고, 팔꿈치, 손목, 심지어 손가락도 힘으로 꽉 쥔다. 혹시나 스윙 중에 클럽이 날아갈까 봐….

부드럽게 스윙을 해주면 어느 구간에서 얼마나 힘을 써야 하는지 알지만, 힘으로 스윙을 해주면 어디서 힘을 빼야 하는지 알 수가 없다. 팔을 자연스럽게 펴주는 것과 힘으로 뻗어주는 것과는 천지 차이다. 이런 이유로 힘을 빼고 스윙을 해야 하는 것이 기준이 되어야 한다.

셋째, 양손이 몸과 너무 떨어져서 스윙이 된다. 어드레스에서 양 손이 허벅지와 주먹 한두 개 간격으로 스윙을 하게 되면, 클럽별로 나에게 맞는 간격을 알 수 있지만, 처음부터 너무 띄우게 되면 얼마나 붙여서 스윙을 해야 하는지 전혀 알 수 없다. 이런 이유로 양 손은 어드레스 때나 스윙할 때도 최대한 몸에 붙이는 것이 기준이 되어야 한다.

즉, 볼과 발과의 간격은 허리 펴고, 양 손을 몸에 붙였을 때 클럽헤드가 놓인 곳에 놓으면 된다.

볼의 위치는, 위와 같이 간격을 두고 힘을 뺀 상태에서 가장 히트감이 좋은 위치가 볼의 위치가 된다.

양 발의 간격은 위의 기준을 지키면서 힘 빼고 스윙을 했을 때 자연스러운 체중 이동에 의해 임팩트가 되는 만큼 벌려주면 된다. 양 발을 넓게 벌리는 의도는 힘으로 스윙을 하겠다는 뜻이다.

클럽헤드의 궤도와 그립은 위의 기준을 지키면서 가장 편하게 스윙이 되는 궤도와 그립이 기준이 된다.

정리하면, 허리 펴고 힘 빼고 붙여서 스윙하면 된다. 너무 간단한가? 외우기 쉽도록 간략하게 적다 보니 이렇게 되어버렸다. 스윙은 어떻게 하라고? 크고, 부드럽고, 과감하게 하면 된다. 너무 간단해서 피부에 와 닿지 않는가? 좀 심하게 얘기하자면 골프 스윙 연습에서 가장 중요한 기준 6가지를 방금 언급했다. 과연 나는 어떤 기준으로 스윙을 하고 있는지 고민해보기 바란다.

마인드 컨트롤

TV에서 시합하는 프로 선수들은 대개 4라운드로 경기를 치른다. 그런데 왜 매일 스코어가 달라질까? 매일 운이 달라서? 아침에 먹은 음식이 달라서? 관중수가 달라서? 홀 위치가 달라서?

아니다. 컨디션이 다르기 때문이다. 이 컨디션 때문에 백돌이가 90타를 칠 때도 있고, 이븐을 치는 분이 80대 중반을 치기도 한다. 미셸 위 선수도 85타를 쳤다.

필드에서 있을 수 있는 프레셔나 스트레스를 조절할 수 있는 방법을 알아보자, 컨디션 조절, 또는 마인드 컨트롤에 대해 알아보자.

필자는 유독 소음에 민감하다. 고등학교 1학년 때 동네 형에게 배운 전기기타에 한동안 빠져서 고음의 울림소리에 민감해졌을 수도 있다는 생각이 퍼뜩 떠오른다. 헤비메탈을 유독 좋아했던 아는 동생이 음악 들을 때 드럼, 기타, 베이스 기타를 따로 들어보라고 해서 섬세하게 듣는 연습을 해서 그렇게 됐을 수도 있다.

어드레스 자세에서 굉음을 지르고 날아가는 비행기 소리는 아무 지장이 없는데 반해 헛기침 소리, 칵 가래 뱉는 소리(으~), 짤그락 소리, 귓속말 소리가 들리면 무조건 미스샷이 나곤 했다.

몇 해 전, 찰칵 사진 찍는 소리 때문에 미스샷을 낸 미국 LPGA의 어떤 선수는 화를 이기지 못하고 갤러리가 들고 있던 카메라를 뺏어서 던져버리기까지 했다. 대부분의 선수들은 이런 소음이 들릴 경우 자세를 풀고 루틴을 다시 시작한다. 이런 행동을 하면서 마음을 진정시킨다. 그러나 한번 들린 소음은 언제든지 다시 들릴 수 있다는 불안한 심리상태가 남아 있어서 정상적인 스윙에 방해를 받는다. 아무리 친한 동반자라고 해도 상대방의 스윙을 방해하는 행동을 해서는 안 되겠다.

예전에 캐디피를 걸고 두 편으로 나누어서 게임을 한 적이 있었다. 우리 팀이 앞서가자 같은 또래인 상대편의 한 친구가 이런 방해를 해왔다. 필자가 테이크어웨이를 하는 순간 자기편과 대화를 해버렸다. 여지없이 미스샷으로 이어졌다. 파3였는데 헤저드로 날아갔다. 참았다. 그날 라운딩에서 처음 만난 친구라서 뭐라 말도 못하고 마음을 진정시켰다. 바로 그 다음 홀 드라이버 테이크어웨이에 또 방해를 했다. 더 이상 참지 못했다. 요즘 말로 하자면 멘붕 상태가 왔다.

백탑까지 갔던 동작을 순간적으로 풀고 그 친구를 향해 말했다. 무슨 중요한 이야기이길래 남 스윙 하고 있는데 하느냐고 물었다. 말해보라고 다그쳤다. 내가 들어보고 중요한 이야기인지 아닌지 알아야겠다고 말했다.

화가 풀리기까지 상당한 시간이 걸렸다. 재미로 시작한 게임이 필자의 행동 때문에 싸늘한 라운딩이 되어버렸다. 그러나 생각할수록 괘심했다. 일부러 분위기를 만들어서 후반 홀에는 판돈을 올려 그린피까지 내기로 정했다. 거기다 밥값까지 걸었다. 밥까지 맛있게 얻어먹었다. 그 친구는 패배의 원인을 자기편 동료 탓으로 돌렸다. "너하고는 다시는 같은 편 안 먹는다." 필자와 다시는 라운딩 안 한다는 소리로 들렸다. 이후로 다시 볼 일 없었다.

그날 필자의 행동은 다소 지나쳤다. 그 정도까지 가지 말았어야 했다. 지금이야 마인드 컨트롤이 몸에 배었지만 그때는 제어할 방법을 몰랐다. 방법이 뭐냐고? 글쎄… 골퍼마다 다르겠지만 경험상 몇 가지 소개한다.

스스로에게 질문해보자.

스윙할 때 어떤 표정을 짓는가? 굳은 의지를 나타내는 비장한 표정인가? 이번에도 뒤땅일 거야, 노심초사하는 걱정의 표정인가? 에라 모르겠다. 될 대로 되라는 표정인가?

필자가 아는 프로 한 분은 스윙할 때 특이한 표정을 짓는다. 스윙하는 동안 웃는다. 웃으면서 스윙을 한다. 참 독특한 분이라 생각했다.

"형님, 스윙이 재밌습니까?" 역수로 궁금해서 물었더니 대답이 걸작이다.

"^^"

이게 대답이었다. 정말 골프를 사랑하고 있다는 필이 꽉꽉 온다. 그만큼 여유를 가지고 즐기려고 노력하다 보니 웃는 표정으로 굳어져 버린 듯했다. 필자도 형님에게서 뭔가 느낀 바가 있어 스윙할 때마다 마음속으로 미소를 짓고 양쪽 입술 미간을 쭈욱 당긴다.

긍정적인 마인드의 힘은 대단하다. 스윙할 때의 스트레스, 극도의 프레서를 건디게 해주는 힘이 있다고 믿는다. 마음이 여유로워야 몸이 여유로워진다.

자, 독자 분들도 오만 걱정 잊어버리고 스마일 스윙을 해보자. 그러다가 미스샷하면 어떡하느냐고? 또 치면 되지 뭐 까짓것….

페어웨이가 좁은 홀에서는 조금만 빗나가도 OB가 난다. 이 사실을 알고 있는 대부분의 골퍼들은 소극적인 스윙을 한다. 스윙이 급해지고 피니쉬 자세가 잘 안 나온다. 이때 필자는 더 오버해서 스윙을 한다. 여유를 가지고서 더 큰 스윙, 더 큰 피니쉬 동작을 해버린다. 그러다 OB 나면 어떡하느냐고? OB 티 가서 치면 되지 뭐 까짓것….

이런 여유로운(?) 마인드가 습관이 되면, 좁은 페어웨이가 운동장만하게 보일 때가 온다.

저번에 이틀간 휴가를 받은 적이 있다. 첫날은 18홀, 둘째 날은 18홀, 9홀, 세 군데 골프장을 돌면서 드라이버 비거리 250m를 보냈다. 물론 페어웨이가 좁은 홀도 있었다. 아무 상관없었다. 내 마음에 내 스윙에 여유가 있고 자신이 있는데 그깟 페어웨이 좀 좁은 게 대순가.

롱아이언이나 우드를 칠 경우, 멀리 보내야 한다는 강박관념이 있어서 힘이 들어가곤 한다. 긴 클럽일수록 피칭 아이언이라고 생각하고 쳐야 한다. 드라이버라고 별거 없는데도 주눅이 들어서 스윙에 힘이 들어간다. 피칭 아이언 100미터 스윙한다고 생각하면 손목의 릴리스는 자동으로 된다. 해봐도 안 된다고? 된다. 안 될 리가 없다. 필자가 달려갈까?

물론 이 모든 것이 쉽지만은 않다. 완벽하지도 않다. 수많은 실수를 타이거우즈도 하고, 독자 분들도 하고, 필자도 하고 있다. 실수를 반복하지 않도록 하기 위해서는 무던한 연습이 필수이다. 거기에다가 이미 저질러버린 실수에 대해서는 더 이상 연연하지 않고 스스로를 용서하고, 항상 새로운 각오로 여유로운 마음으로 가벼운 발걸음으로 앞으로 나아가야겠다.

쟁반을 받치라구요?

백탑에서 쟁반을 받치라는 말이 있는데, 필자는 레슨 때 이런 말을 잘 안 쓴다. 뿐만 아니라 백탑에서의 동작에 대해서 언급을 잘 안 하는 편이다. 이유는 두 가지다.

첫 번째 이유는, 순간 동작이 중요하지 않기 때문이다.

초보 골퍼들의 특성상 특정한 자세에 신경을 쓰는 순간, 스윙에서의 가장 중요한 원운동, 회전운동을 잊어버리기 때문이다. 하물며 이전 홀에서 언급한 대로 오른쪽으로 흔들어서 멈추는 지점이 백탑이고, 왼쪽으로 흔들어서 멈추는 지점이 피니쉬라고 한 적이 있을 정도로 특정 동작에 신경 쓰지 말기를 권했다.

두 번째 이유는, 사람마다 편한 자세가 다 다르고 레슨 프로마다 권하는 자세가 다 다르기 때문이다. 어떤 자세이든 간에 나에게 맞는 기준을 정하는 것이 좋다. 백탑에서 왼쪽 팔꿈치를 굽혀도 좋고 펴도 좋다. 반드시 굽혀야 하고 반드시 펴야 한다는 원칙이 없는 것이다. 백탑에서 쟁반을 받쳐도 좋고, 뚝배기(?)를 얹어도 좋다. 단, 본인은 기준을 정해야 한다. 그래야 본인의 스윙에 믿음이 생긴다.

언젠가 얘기했다. 기준대로 안 해도 공은 맞아나간다고. 다만 기준을 세우게 되면 스윙의 일관성을 살릴 수 있다고 했다. 백탑에서 쟁반을 받친다는 의미는 독자 분들이 생각하는 의미와는 좀 다를 수 있다. 왜 쟁반을 받치는 동작이 나오게 됐느냐가 더 중요하다.

첫째 이유는, 오른손으로 쟁반을 받치는 동작이라야 양 팔꿈치가 멀어지지 않기 때문이다. 어드레스에서 피니쉬까지 양 팔꿈치의 간격은 같아야 한다. 그래야 스윙이 된다. 백탑에서 벌어지게 되면 왼팔로 당겨치는, 일명 도끼찍기 동작이 저절로 나오게 되기 때문에 쟁반을 받쳐야 하는 것이다.

둘째 이유는, 오른손으로 쟁반을 받쳐야만 왼쪽 손목이 바깥쪽으로 꺾이지 않기 때문이다. 대부분의 초보 골퍼들은 백탑에서 오른쪽 손목이 펴지고 왼쪽 손목이 반대로 꺾이게 되어 슬라이스를 유발하기 때문이다.

셋째 이유는, 오른손이 바깥쪽으로 꺾인 상태에서 다운스윙이 되어야만 오른 팔꿈치가 좀 더 아래로 향하는 자세가 나오게 되어 자연스럽게 오른쪽 팔꿈치가 옆구리에 딱 붙어서 다운스윙이 되기 때문이다. 즉, 인사이드 아웃 스윙이 된다. 오른 손목이 풀려버리면 여지없이 아웃인 스윙이 되거나, 당겨치거나 엎어치게 되기 때문이다. 프로들의 스윙을 보면 백탑에서의 오른 손목을 우측 허벅지까지 그대로 유지하면서 다운스윙 되는 동작을 볼 수 있다.

복잡하지 않은가?

물론 이런 이론상의 사실들을 다 알면 도움이 될 것이다. 그러나 이런 이론들이 골프 스윙의 근거가 되는 것은 결코 아니다. 오히려 스윙 동작에 의해 이런 이론들이 유추되었을 가능성이 크다. 스윙감에 의해 스윙이 되어야 실력이 느는 것이지, 순간순간 동작에 의해 실력이 느는 것은 아니다. 이것이 필자가 특정한 동작에 너무 신경 쓰지 말라고 하는 이유다. 타이거우즈 스윙동작을 따라한다고 해서 타이거우즈가 되지는 않는다.

물론 레슨해주는 프로의 성향에 따라 이론이 다를 수도 있고, 가르치는 방식이 다를 수도 있을 것이다. 필자의 초라한 지식이 맞는다는 근거도 없다. 이 책에서의 모든 내용은 반드시 이 기준이 맞는 것이며 이 기준대로 하지 않으면 절대 실력이 늘 수 없다는 의미가 아니다. 본인에게 가장 적합한 기준을 찾아주기 위해서 필자의 경험을 토대로 추천하고 있을 뿐이다. 그렇다고 해서 필자의 스윙을 기준으로 추천을 하지는 않는다. 고민에 고민을 거쳐서 추천한다. 이것만은 믿어줬으면 좋겠다.

필자의 드라이버가 두 동강 난 사건이 있었다.

한 달 전쯤에, 가끔씩 가는 실외 연습장에 연습을 하러 갔다. 저번 홀에서 고수를 만났다는 그 연습장이다. 얼마나 더웠던지 땀이 줄줄 났다. 레슨을 하고 계시는 그날 처음 보는 최 프로라는 분이 계셨는데 음료수를 하나 건넸다.

"제가 이렇게 더운데 프로님도 더우실 것 같아서…."

"이런 고마울 때가… 복 받으십시오."

물론 대가를 바라고 음료수를 건넨 것은 아니다. 하지만 아니라고도 할 수는 없을 것이다. 조금 있으니까 필자의 예상대로 나에게로 와서는 뭐 봐줄 게 있는지 물었다.

"드로볼과 직선타가 번갈아가면서 나는데 타이밍을 못 잡겠어요."

그랬더니 필자의 드라이버를 달라고 하더니 거꾸로 잡고서는 몇 번 휘두르면서 설명을 해주었다.

"릴리스 구간이나 히팅 순간까지 너무 힘을 많이 쓰고 계세요. 백탑에서만 잡아주고 나머지는 이렇게 그냥 돌도록 휘둘러 주세요. 그러면 이렇게 소리가 팩팩 나죠." 하면서 몇 번 휘둘렀는데, 아마도 잔디에 살짝 스치기라도 했는지 "뚜각" 하면서 드라이버 모가지가 부러지면서 두 동강 나버렸다. 오 마이 갓!

그럼에도 불구하고 레슨은 계속되고, 필자는 계속 경청을 하고 있었다. 그 순간에는 누구라도 약간 당황할 만도 한데, 그 최 프로는 역시 프로였기에 레슨을 계속했고, 필자 또한 최대한 당황한 기색을 감추며 프로의 자세를 유지하고 있었다. 오히려 당황한 쪽은 주위에서 연습하고 있던 몇몇 분들이 놀랍다는 듯이 이쪽을 바라보고 있었다.

부러진 드라이버의 참담한 모습이다.

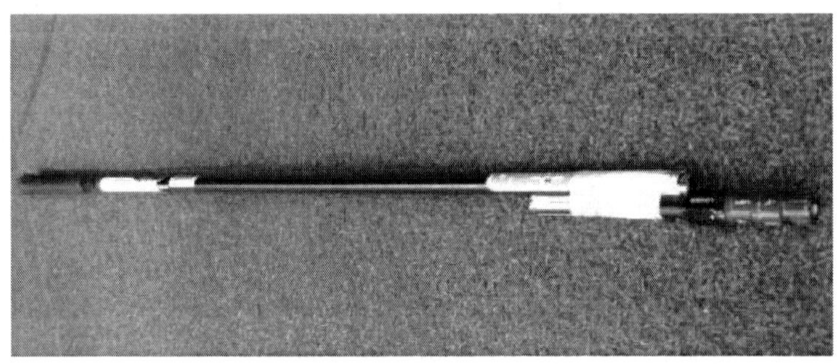

그 최 프로는 부러뜨린 책임으로 잘 아는 피팅샵에 가서 교체를 해주겠다고 한다. 비용은 내가 내겠다고 했다. 전화번호를 알려주기 위해 최 프로의 휴대폰으로 전화를 했다. 잠시 후 최 프로는 이상하다는 듯이 자기 휴대폰을 필자에게 보여주었다. 거기에는 필자의 이름과 폰 번호가 이미 최 프로의 휴대폰에 저장되어 있었다.

"실례지만 누구세요?"

고개를 갸웃거리며 최 프로가 묻는다.

"술 마시면 제가 기억을 잘 못하는 편인데, 아마 술자리에서 봤겠지요. 근데 제 이름 뒤 괄호의 숫자는 뭐예요?"

"나이입니다."

그러고 보니 필자의 나이가 맞다.

"대단하십니다."

새로 둥지를 튼 필자의 샤프트다.

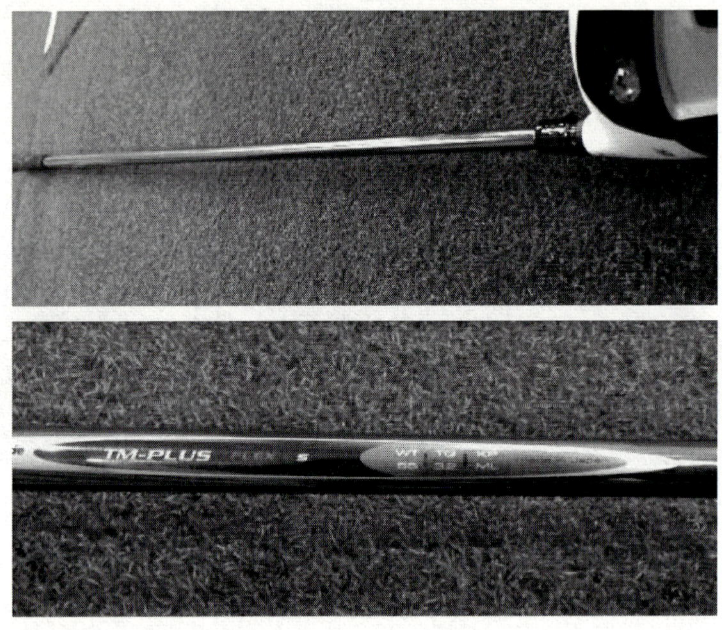

최 프로가 보관하고 있던 샤프트를 필자에게 주었다. 피팅샵에서 해
준 듯 헤드 밸런스를 맞추기 위해 힐 쪽에 납을 칭칭 감아서 헤드 무게
가 묵직했지만, 샤프트가 가벼운 만큼 스윙 웨이트는 거의 예전과 비
슷했다.

"이런 무게에, 이 토크에, 강도 S는 요즘 구하기 어렵습니다."

최 프로는 자기 일인 양 뿌듯해 했다. 고마운 최 프로 덕에 스윙감이 더 좋아진 드라이버를 장착하게 되었다. 감사합니다, 최 프로님. 제 드라이버를 부러뜨려 주셔서….

샤프트의 종류는 크게 네 가지로 구분한다.

FLEX

측정은 시간당 진동수로 구분한다. 진동수가 많으면 강하다. 헤드스피드가 빠를수록 강한 샤프트를 쓴다.

종류를 보면,

L Lady 여성용

A Amateur / Senior 아마추어 / 시니어용

R Regular 보통의 강도

SR Stiff Regular 강함과 보통의 중간 강도

S Stiff 강한 강도

X Extra Stiff 매우 강한 강도

XX Extra Extra Stiff 매우 매우 강한 강도

보통은 파란 글씨의 네 가지로 구분한다. 나머지는 좀 더 세분화시키려는 분들에 의해서 나누어진 듯하다.

스윙 웨이트

스윙할 때 느껴지는 클럽의 헤드 무게감이다. 샤프트와는 직접적으로는 상관이 없지만 샤프트 길이와 관련이 있다. A0부터 G10까지 있다. 남성용은 딱 중간인 D0에서 D1이 보통이고, 여성용은 C5에서 C7 사이라고 한다.

힘이 있는 골퍼는 헤드 무게를 좀 더 무겁게 하면 관성모멘트를 더

키우게 되어 멀리 보낼 수 있을 것이다. 볼의 비거리는 헤드의 무게감과 헤드스피드에 의해 좌우된다. 그 무게감을 결정하는 것이 스윙 웨이트이다. 힘 없는 분이 내 클럽은 D3야 자랑하면 안 되는 이유 되겠다.

토크

토크는 샤프트의 비틀림이다. 스윗스팟에 맞지 않으면 샤프트가 비틀어지게 된다. 그렇다면 비틀어지지 않는 뻣뻣한 샤프트를 쓰면 되지 않나요? 그렇게 되면 타구감이 좋지 않다. 어느 정도의 유연함은 항상 필요한 것이다. 휨새(flex)는 좋으면서 토크가 적은 샤프트는 적은 힘으로 멀리 보내고, 방향성도 좋기 때문에 나이 드신 분이 사용하기에 좋다고 한다. 단점이 있다면 가격이 어마어마하다.

이 토크가 대두된 시기는 피팅 시스템이 도입되기 시작할 때와 맞물려 있다고 한다. 그러나 아직 정확한 쓰임새의 기준이 없다. 어떤 사람이 토크가 많아야 하고, 어떤 사람이 토크가 적어야 하는지가 골프 제조사마다 다르다고 한다. 토크 수치가 적어야 좋은 샤프트라는 인식이 있어서인지 실제보다 낮춰서 표시를 하는 경우도 있다고 한다.

측정하는 방법도 각각이다. 초기 측정 방법보다 좀 더 발전했다고 하는 것이 샤프트 양쪽에 바인드를 물려놓고 한쪽을 일정한 힘으로 돌려버리면 샤프트가 찢어지는 각도로 판정을 한다고 한다. 현재 주문생산으로만 판매하는 1,500원(?)에 팔리는 최고가의 드라이버는 다른 드라이버에 비해 이 토크를 차별화하고 있다. 과연 이 차별이 얼마나 스윙에 도움이 되는지는 필자도 안 쳐봐서 잘 모르겠다. 혹시나 가지고 계시는 분은 필자에게 택배로 보내주기 바란다. 물론, 골프채는 필자가 보관하면서 예의 주시하겠다. ^^

김자영 선수가 새로 장착한 클럽세트가 7,500원(?)이라고 한다. 그리고 2개 대회를 우승했다고 하니 비싼 값을 하는지도 모르겠다.

나의 드라이버는 토크가 얼마지? 샤프트에 표시되어 있는 경우도 있으니 유심히 살펴보도록 하자. 단, 여기서 주의할 점은 이게 맞나 싶어서 꼭 비틀어보는 분이 있는데 그러지 좀 말자.

킥포인트

그립 쪽에서 휘어지는 경우는 하이킥(high kick), 헤드 쪽에서 휘어지는 경우는 로우킥(low kick)이라고 하고, 중간에서 휘는 경우는 미들킥(middle kick)이라고 한다.

대부분의 여성 클럽은 중간에서 휘어진다. 빠른 스윙을 하는 골퍼는 좀 더 아래에 킥포인트가 있다.

길이가 길수록 스윙 웨이트, FLEX, 토크는 커지게 되어 있다. 너무 길어서 힘이 들거나 키가 아담한 분은 짧은 샤프트를 선택하면 된다. 흔히,일제 스팩은 샤프트가 짧고, 미제 스팩은 샤프트가 길다.

독자 분들의 드라이버는 어떤 샤프트인가?

물론 몰라도 된다. 이 복잡한 샤프트 중 어느 것이 나에게 맞는지 알 수가 없다. 단, 스윙이 어느 정도 안정이 된 골퍼라면 드라이버만이라도 피팅을 하기 바란다. 드라이버 샤프트는 위에서 살펴본 대로 길이가 길기 때문에 변화의 폭이 커서 스윙 스피트와 맞지 않는 경우가 흔히 있기 때문이다.

오늘은 샤프트를 구분하는 네 가지를 살펴보았다. 도움이 되었으면 한다.

백스윙을 부드럽게 해야 할까, 아니면, 강력하게 번쩍 들어야 할까. 유치원생도 다 아는 질문이다. 그렇다. 부드럽게 해야 한다. 그런데 이게 잘 안 된다. 이번 시간에는 초보 골퍼라면 누구나 한 번쯤 고민이 되었거나, 지금도 끊임없이 고민을 하고 있을 부드러운 백스윙에 대해 살펴보자.

백스윙은 두 가지 동작으로 이루어진다. 하체의 회전과 손을 올리는 두 동작이다. 하체 즉, 왼 무릎과 골반의 회전에 의해 양손은 자연스럽게 우측으로 돌아가게 되어 있다. 이 반동을 이용하게 되면 굳이 큰 힘을 줄 필요 없이 양 손의 회전력으로 쉽게 백스윙할 수 있다. 이런 이유로 양손을 번쩍 들어주는 동작 이전에 하체 회전이 우선이 되어야 한다.

체중이 우측으로 가면서 팔을 흔들어야 이 무거운 클럽이 회전을 할 게 아닌가. 이렇게 하면 상체가 우측으로 흔들리는 일명 스웨이가 발생하는 게 아닌가요? 스웨이는 무조건 나쁜 거 아닌가요? 나쁘다. 맞다. 스웨이는 아주 나쁜 놈이다. 그런데 부드러운 백스윙을 위해서는 이 나쁜 놈의 스웨이를 이용해야 한다. 이런 과정을 거치면서 회전력을 키워야 한다. 그러면서 점점 스웨이를 줄이면 된다. 왜 이래야 할까.

초보 골퍼들이 저지르기 쉬운 실수 중에 이런 게 있다. 백스윙을 할 때 절대 왼발을 땅에서 떼서는 안 된다고 생각하거나, 양 팔꿈치는 힘을 줘서라도 쭉 펴야 한다고 생각하거나, 하체는 이리 흔들, 저리 흔들, 스웨이가 되면 안 된다고 생각한다. 완벽하게 틀렸다. 왜 틀렸는지는 김혜윤 프로의 드라이버 스윙에 나온다. 인터넷에서 찾아보길 바란다.

여러 가지 이유가 있지만 한 가지만 얘기하자면, 뻣뻣한 스윙이 돼버리기 때문이다. 지금 부드러운 스윙에 대해 얘기하고 있다. 부드러운 백스윙을 위해서는 양 팔이 뻣뻣하면 안 되겠다. 하물며 퍼팅을 할 때 부드러운 스윙을 위해서 양 팔꿈치를 굽히기까지 한다.

어드레스 때는 팔을 늘어뜨리는 것이지 힘을 주어 펴는 게 아니다. 이렇게 되면 팔꿈치를 펴는 게 아니라 뒤집어버리게 되는 형국이다. 힘을 좀 빼자. 어깨도 늘어뜨리고, 팔꿈치도 자연스럽게 펴주자. 이 상태에서 출발해야 한다. 백스윙 탑에서 80%의 골퍼는 왼 팔꿈치가 살짝 굽어진다고 했다. 왜냐하면 이게 자연스럽기 때문이다.

테이크어웨이 할 때 우측 발까지 반듯하게 일자로 바닥을 쓰는 느낌으로 길게 빼려고 하는 골퍼들이 많다. 이 동작만은 정답일 것이라 여기고 있다. 정답은 땡이다. 틀렸다. 왜냐하면 그립을 쥔 양손은 힘을 줘서 밀어서도 안 되고, 당겨서도 안 된다. 이 동작은 자연스럽게 팔에 힘을 주게 되어 밀기 때문에 문제가 된다. 직진성을 극대화해야하는 퍼팅도 이렇게까지 하지는 않는다. 왜 빼려고 하는가? 누가 시켜서? 프로들도 다 이렇게 하는 거 같아서?

이전 포스트에 언급한 적이 있다. 스윙의 기본 원리는 회전이다. 회전을 해야 하는데 쭉 빼버리면 어떻게 되는가? 백스윙 때 쭉 빼버리면 다운스윙 때 볼을 히트 후 쭉 밀어주란 말인가? 이게 아니다. 그냥 회전한다, 회전. 회전하는 기분으로 백스윙을 하기만 해도 엄청 부드러워진다.

처음 어드레스 때 양손과 왼쪽 허벅지의 간격이 주먹 한두 개다. 이 간격을 테이크어웨이 때, 하체의 체중 이동과 회전에 의해 양손이 오른쪽 허벅지를 통과할 때까지만이라도 유지해야 한다. 천천히 직접 해보기를 바란다. 이게 잘 안 되거나 쉽게 잊어버린다면, 일주일 동안만이라도 스윙 전에 웨글을 해주기를 바란다. 유소연 선수는 매 샷 이렇게 한다. 이걸 몰라서 해주겠는가. 다시 한 번 되새기기 위해서다. 그리고 이 동작 자체가 부드러운 스윙을 리더해주기 때문이다.

정리하자면, 어드레스 때 어깨와 팔꿈치에 힘을 완전히 뺀 다음, 무릎과 골반의 회전을 먼저 시작하고, 양손이 오른쪽 허벅지를 통과할 때까지 주먹 한 개 간격을 유지한 채 회전을 해주면 되겠다. 하체를 회전시키는 웨글을 해주는 습관이 들면 더 좋고. 이 동작은 인사이드 아웃 스윙의 기본이 된다. 그만큼 중요하다.

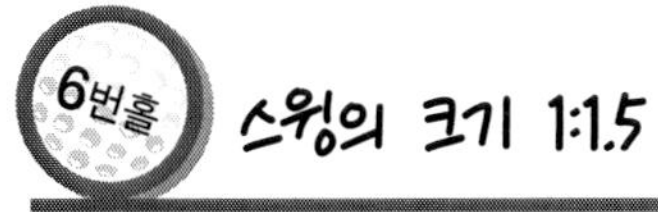

6번홀 스윙의 크기 1:1.5

리드미컬한 스윙 궤도의 크기는 1:1.5이다. 여기서 말하는 1은 백스윙 크기이고, 1.5는 팔로우까지의 크기이다. 피니쉬까지가 아닌 것은, 피니쉬는 회전의 마무리이기 때문에 회전력은 팔로우까지라는 의미다.

왜 1:1이 아니고 팔로우가 커야 할까. 펀치샷이나 칩샷은 1:1에 더 가까운 것 아니냐는 분도 있을 것이다. 그러나 회전력을 유지하기 위한 스윙 궤적의 비율은 팔로우가 커야 한다. 팔로우가 작으면 임팩트에 치중하는, 일명 때리는 스윙이 되어버린다. 회전력을 살려주려면 어드레스했을 때 팔로우가 큰, 즉 회전력을 줄이지 않는 스윙이 되도록 딱 마음을 먹어야 한다.

이 비율을 강조하는 이유는 어느 정도 볼이 맞아나가기 시작하면 임팩트에 너무 치중한 나머지 체중 이동이나 하체의 회전을 줄이는 습관이 들게 되면, 그때부터 도끼질이 시작되기 때문에 주의해야 한다. 실제 이런 스윙을 하는 골퍼들이 많다.

"나는 팔로우를 짧게 해도 체중 이동 다 되고 회전력도 충분한데, 굳이 해줄 필요가 있나요?" 이런 분들도 있을 것이다. 하물며, 펀치샷이나 칩샷은 팔로우가 오히려 짧은 경우도 있으니 충분히 있을 수 있는 얘기다. 그러나 연습하는 과정에서는 절대 지켜져야 한다. 이래야 어깨의 힘을 뺄 수가 있어서 부드러운 스윙을 살릴 수 있고, 코킹을 유지시켜 클럽헤드의 회전력을 향상시킬 수 있다. 칩샷이나 펀치샷도 멈출 시점에서 인위적으로 멈추어주는 것일 뿐 때리는 샷이 절대 아니며, 특히나 회전력을 줄이는 것도 아니라는 얘기다.

퍼팅의 경우 내리막 라이이거나 숏퍼팅일 경우 1:1로 스윙을 해주는 경우도 있지만, 회전력을 미리 줄여서는 안 된다는 얘기다. 회전의 기본은 팔로우가 큰 스윙이라야 한다. 인위적으로 멈추게 되면 손목을 쓰게 되어 때리는 샷이 자동으로 나온다.

사람의 신체가 참 간사해서 임팩트 후에는 더 이상 힘을 들이기를 싫어한다. 가속도를 내며 다운스윙되는 힘에 의해 자연스럽게 팔로우가 커지는 스윙을 위해서는 처음부터 이런 습관을 들여야 한다. 힘이 있을 때는 백스윙 궤적도 컸는데, 힘이 빠질수록 궤적이 점점 줄어드는 이유도 같은 맥락이다. 힘이 빠질수록 자꾸 볼을 때리는 데만 힘을 쓰게 되는 것이다. 양보할 걸 양보해야지. 마누라와 스윙 크기는 절대 양보해서는 안 된다. 웁스!!! 연습장에서는 볼 때리는 연습보다 스윙을 완성해가는 스윙 연습이 우선이잖은가.

위 글 중에 '죽이고, 살리고' 용어가 자주 나오는데 실제 필드에서도 사용되는 골프 용어다. 주로 OB가 날 때 사용한다. "내 공 죽었나, 살았나?" 절박한 골퍼의 심정을 대변해주는 아주 슬픈 용어 되겠다. 경험에 의하면 대부분 죽는다. 살더라도 죽기보다 못한 경우도 다분하다. 회전력을 살리는 1:1.5 스윙을 하기를 바란다.

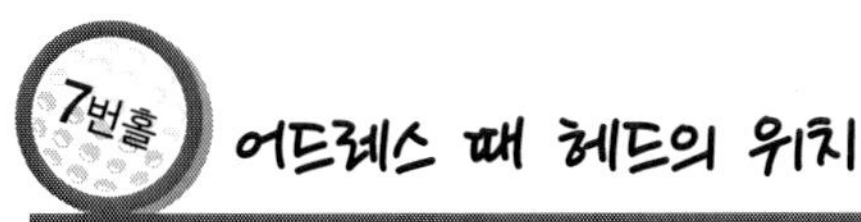

7번홀 어드레스 때 헤드의 위치

드라이버 어드레스 때 잔디에 클럽헤드를 놓는 경우와, 약간 들어서 시작하는 것과 어떤 차이점이 있을까? 어떤 장단점이 있을까?

대부분의 경우, 잔디에 헤드를 살짝 닿도록 어드레스 한다. 김형태 선수를 비롯해 몇몇 선수는 헤드를 살짝 들어서 어드레스 한다. 또는 몇몇 프로들은 어드레스 때는 잔디에 헤드가 살짝 닿지만, 테이크어웨이를 시작할 때에는 살짝 들어서 출발하기도 한다. 아니면 잔디를 살짝 쓸면서 백스윙을 하기도 한다.

정답은 무엇일까? 어느 것이 나에게 맞는 방법일까? 많이 궁금할 것이다.

이렇게 적어놓으면 필자는 분명히 정답을 알고 있고 곧 이야기해 줄 것 같은 분위기다. 미안한 얘기지만, 나도 모르겠다.(으잉?)

각자의 개성일 수도 있고, 처음 골프를 배울 때 했던 동작이 습관이 들었을 수도 있고, 자연스럽게 그렇게 됐을 수도 있다. 처음 잡았던 그립이 본인의 그립이 되는 것처럼 말이다. 어느 하나가 정답이면 나머지는 틀렸다는 얘기인데, 골프 스윙은 초등학교 산수 문제처럼 그렇게 간단하지가 않다. 이 두 가지 동작의 차이점과 장점을 살펴보자.

클럽헤드를 잔디에 놓게 되면, 어드레스가 편하다. 클럽헤드가 정지 상태이기 때문에 안정적이다. 들고 있으면 아무래도 흔들리기 쉽지 않겠는가? 또한 같은 위치에서 출발할 수 있다. 문제는 테이크어웨이할 때 잔디를 살짝 쓸어야 하는 부담감이 있다. 연습 매트에서야 쉽게 미끄러지지만, 필드에서는 삐죽삐죽 잔디가 나 있기 때문에 잔디의 마찰이 없을 수가 없다. 이게 부담스러워서 클럽헤드를 살짝 들고 출발하게 된다.

왜 헤드를 들어서 출발하는가? 볼이 거기 있기 때문이다. 아이언을 바닥에 대는 것은 거기를 쳐야 하기 때문이고, 드라이버도 잔디를 치는 게 아니라 스윗스팟에 볼을 쳐야 하기 때문에 띄워서 출발한다. 즉, 어드레스에서부터 스윗스팟을 볼에 딱 맞춰놓고 출발한다. 어차피 스윗스팟에 볼을 맞추어야 하니 출발에서부터 맞추어 놓고 시작하게 되면 그대로 돌아오기만 하면 정확히 볼을 히트시킬 수 있을 것 아닌가, 라고 생각한다.

하지만 이게 꼭 그렇지만은 않다.

아이언 스윙에서는 클럽헤드를 바닥에 놓고 시작한다. 헤저드 지역이나, 벙커일 경우에는 바닥에 놓으면 패널티를 받는 구역을 제외하고는 바닥에 놓는다. 그래서 처음 위치로 돌아와 볼을 치기만 하면 된다. 그러나 처음 위치로 정확히 클럽이 돌아오지는 않는다. 어찌 보면, 조금 위로 와서는 볼을 먼저 히트한 후, 잔디를 파게 된다. 실제로 이렇게 되어야 한다. 처음 위치로 돌아오도록 스윙을 하게 되면 여지없이 뒤땅이 된다. 이렇게 되는 이유는 여러 가지가 있다. 릴리스 타이밍, 체중 이동, 하체 회전과도 관계가 있다.

역으로, 드라이버는 위로 올려쳐야 한다. 잔디에 닿을 경우, 클럽헤드의 스윗스팟은 볼보다 낮은 위치에서 출발한다. 그리고 위로 올려주는 스윙 궤도에 의해 스윗스팟에 볼을 히트하게 된다. 많은 연습을 하

게 되면 이것 또한 자연스럽다. 어떤 형태를 가지든 괜찮다. 하지만 이
것만은 지켜줘야 한다.

첫째, 바닥에 대더라도 살짝 들어야 한다. 엄지손가락으로 클럽헤드
를 잔디에 꾹 눌러주는 것이 아니다. 오히려 그 반대다. 클럽을 양손으
로 들고서 천천히 잔디 위에 살짝 닿게 해야 한다는 의미다.

둘째, 클럽헤드를 출발시키기 전에 양 손을 좌측으로 살짝 반동을 주
어야 한다. 그 반동으로 테이크어웨이를 쉽게 할 수 있다. 이 동작을 위
해서는 초보 때는 아무래도 클럽헤드를 들고서는 좀 곤란하다. 어드
레스 때는 잔디를 닿고, 테이크어웨이 출발할 때 살짝 띄워서 해보자.

처음 골프 입문 때는 다해보아야 한다고 저번에 언급한 적이 있다. 그
래야 어떤 그립이, 어떤 어드레스가, 어떤 스윙 궤도가, 어떤 볼의 위치
가 나에게 맞는지, 나에게 편한지 알 수 있다. 한 가지 가치만이 중요한
게 아니듯이 한 가지만 고집해서는 안 되겠다. 골프도 인생도 외골수가
되어서는 발전이 없다.

 # 에이밍 한 대로 볼을 잘 보내는 법

필드에서 이런 경험이 있을 것이다. 저번 홀에서 언급한 에이밍 하는 방법대로 에이밍을 잘해놓았는데도 불구하고, 볼은 출발부터 좌우로, 중구난방으로 날아갈 때가 있을 것이다. 왜 그럴까. 슬라이스, 훅이 아니라 아예 출발부터 엉뚱하게 날아가는 이유를 알아보자.

필드에서 흔히 나타나는 현상들을 보면 체중 이동이 안 된다, 팔에 힘이 들어간다, 급해진다. 이러한 결과로 당겨치게 된다.

이를 피하기 위해서 뭘 해야 하는가? 연습 스윙을 해야 한다. 연습 스윙은 몇 번을 해야 하는가? 마음에 들 때까지 해야 한다. 그리고 실제 볼을 칠 때에는 최대한 연습 스윙의 리듬과 같이 쳐야 한다.

문제는 연습 스윙을 건성건성 한다는 데 있다. 연습 스윙은 실제 스윙의 60%의 힘으로, 80%의 속도로 쳐야 한다. 근데, 뭐가 그리 급한지 연습 스윙을 5초 만에 후다닥 3번을 해버리고 볼을 친다. 이래서야 연습 스윙을 한 보람이 있겠는가. 최소한 어드레스 자세에서 1초 동안은 동작 그만 자세를 취해줘야 한다. 더 중요한 것은 피니쉬를 끝까지 하고, 피니쉬 자세를 2초 이상 유지해 줘야 한다. 그래야 체중 이동이 습관이 된다. 피니쉬 하자마자 바로 어드레스 자세로 연결동작으로 돌아오는 골퍼들 참 많이 본다. 여러분들도 그렇게 하는가? 설마 아닐 것이다. 그럴 리가 있겠는가.

"그걸 제대로 다 지키려면 너무 시간이 많이 걸리지 않나요? 기다리는 사람도 생각해줘야 하는 거 아닌가요?"

이런 말까지는 안하려고 했는데 고양이 쥐 생각해 준다는 옛 어른들의 지혜로운 말씀이 있다. 남들 스윙하는 거 쳐다보고 있을 시간에 연습하면 된다. 볼까지 조금만 빨리 걸으면 시간이 남아돈다. '이동은 신속히, 어드레스는 천천히' 대표적인 골프 표어다.

"언니, 몇 번 아이언 주세요." 심부름 시킬 시간에 직접 챙겨가서 연습 스윙해라. 대략 20번 정도는 할 수 있다. 이 글을 읽는 분 중에는 연습 스윙 할 시간이 부족해서 못한다는 분은 더 이상 없을 줄 안다.

이렇게 체중 이동이 되고, 어깨 힘 빼고, 여유 있게 연습 스윙을 해 줬는데도 불구하고 볼이 중구난방으로 간다면, 필드에서 동영상 찍어서 필자에게 메일로 보내길 바란다. 필자도 상당히 궁금하다. 그 이유가….

　3라운드 〈볼의 위치〉에서는 양 발의 중앙을 중심으로 클럽별로 좌우로 얼마만큼 볼을 옮겨야 하는지 알아봤다. 이번 시간에는 볼과 양 발 간의 간격을 얼마나 해야 되는지 알아보자.

　아이언을 기준으로 볼 때, 골프는 바닥에 있는 볼을 치는가? 아니면 공중에 떠있는 볼을 치는가? 클럽을 위로 들어서 아래에 있는 볼을 히트한다. 그러면 볼과 발 사이가 가까워야 하는가? 멀어야 하는가? 당연히 가까워야 한다. 얼마나 가까워야 할까?

　퍼팅의 볼 위치는 왼쪽 눈 바로 아래다. 레슨 프로그램에서 가끔씩 볼을 왼쪽 눈 아래에다 두고서 떨어뜨려서 아래에 있는 볼을 맞추는 걸 본적이 있을 것이다. 필자의 욕심 같아서는 더 가까이 놓고 싶지만 전문가들조차 이게 맞는다니까 일단 따르도록 하자.

　하지만, 골퍼마다 신체적인 조건이 다르므로 꼭 고집할 필요는 없다. 이상하게도 홀 쪽으로 퍼팅을 했는데도 불구하고 매번 조금씩 당겨지는 골퍼가 있다면, 볼을 몸 쪽으로 좀 더 가까이 놓아야 한다. 볼이 밀린다면 몸과 좀 더 멀리 놓아야 한다. 이해하겠는가? '세상에나! 늘 당겨지는 퍼팅이 하프로 말대로라면 내 탓이 아니었던 게야. 정석이라는 말만 믿고 눈 아래에다 딱 맞췄는데 그게 아니었던 게야.'

눈의 위치라는 게 상체를 얼마나 굽혀주느냐에 따라 달라진다. 또는 목이 길거나 짧거나 상체가 길거나 짧거나에 따라 달라지는 법인데, 어떻게 눈 밑에 놓는 것이 정확하다고만 할 수 있겠는가. 실제로는 어깨를 기준으로 편안한 스윙을 할 수 있는 위치에 볼이 위치해야 한다고 본다. 그게 어려워서 통상적으로 눈을 기준으로 하는 것이다. 누가 주장했느냐고? 필자가 세계 최초로 이 책에서 주장하고 있다. 근거가 있느냐고? 물론 있다. 모든 클럽, 즉 아이언, 드라이버가 다 어깨를 기준으로 볼을 놓고 있기 때문이다. 아닌가? 맞다.

팔을 바닥으로 쭉 늘어뜨려 그립을 잡은 상태에서 클럽헤드가 볼의 중심에 놓아지도록 하고 있다. 여기서 오늘 글의 핵심을 언급했다. 어깨를 바닥으로 쭉 늘어뜨려 팔이 지면으로 향해야 한다는 것이다. 이것으로 볼과의 간격이 정해진다. 양손과 허벅지의 간격이 주먹 한두 개가 되는 것도 이 동작 때문이다.

하지만 대다수의 초보자들은 볼을 향해 양 팔을 뻗어주기 때문에 모든 스윙의 문제점이 발생한다. 스윙 폼은 아주 좋은데 볼을 정확히 못 맞힌다거나, 구질이 이상하게 가는 분들이 있다. 슬라이스를 고치기 위해 아무리 노력을 해도 안 되는 경우도 있다. 정작 원인은 볼을 너무 멀리 놓았거나 너무 왼쪽에 놓은 경우가 많다.

아이언도 드라이버도 마찬가지다.

클럽의 길이가 길수록 볼의 위치는 좌측으로 놓게 된다. 그래야 정확한 히팅 모멘트가 되기 때문이다. 히팅 포인트나 관성 모멘트는 들어봤어도 히팅 모멘트는 처음 들어본다고? 당연하다. 필자가 지어냈으니까. 스윙하는 동안에 볼을 히트시키는 순간의 릴리스 타이밍이랄까. 뭐 그렇다.

드라이버는 릴리스가 다 된 상태에서 맞아야 한다. 상체를 일찍 돌려 버리면 릴리스가 되는 도중에 맞아버리게 되어 슬라이스가 나거나 푸 쉬볼이 되어 버린다. 어드레스 상태로 상체가 돌아와야 하는데, 상체의 회전에 의해 손을 휘둘러버리면 클럽헤드가 따라오지를 못한다. 볼이 몸과 멀면 백스윙이 열리고, 열린 페이스를 닫아주는 과정에서 맞기 때 문에 슬라이스가 난다. 그렇다고, 안 닫아주면 푸쉬성이 된다.

팔을 바닥으로 늘어뜨려 볼과의 간격을 좁히게 되면 여러 가지 장점 이 있다.

볼과 가까이 서면 직진 구간이 많아진다. 백스윙이 덜 열린다. 그만 큼 닫아서 치기가 쉽다. 히팅 순간에 체중을 싣기가 편함은 물론이다. 스윙은 헤드를 열었다 닫았다 하는 게 아니라 구심점(목척추)을 기준으로 원운동 한다. 이때 볼이 멀리 있으면, 앞뒤의 회전이 커진다. 그래서 히 팅 모멘트를 잡기가 어렵다.

쌩크가 난다고 자꾸 볼을 멀리 두면 절대 안 된다. 근본적인 치료법 이 아니거니와, 먼저 스윙 궤도를 수정해야 한다. 그러기 위해서는 절대 어깨와 팔을 늘어뜨려서 그립을 잡아야 한다.

프로들은 볼을 클럽헤드의 샤프트 쪽, 힐 쪽을 겨냥하고, 맞출 때는 중앙을 히트하지만, 일반 골퍼는 토우 쪽을 겨냥하고 중앙을 히트한다. 즉, 프로들은 스윙을 몸에 붙여서 하고, 일반 골퍼는 휘둘러서 스윙하기 때문에 몸과 멀어진다. 쌩크가 나는 근본적인 원인이다.

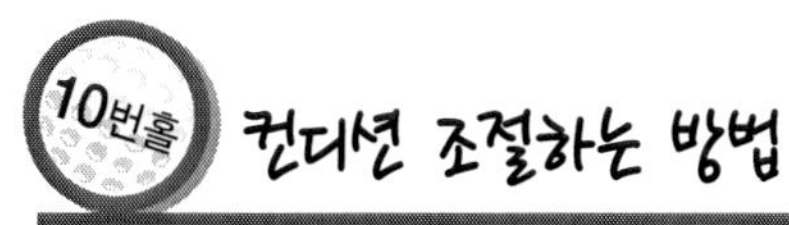

컨디션 조절하는 방법

필자의 경험 중에 이런 경우가 있었다. 처음 접하는 골프장에서는 성적이 항상 좋았다. 왜 그럴까 곰곰이 생각해보니, 처음 찾은 골프장이라서 약간 긴장을 할 수밖에 없었다. 그만큼 한 샷 한 샷 집중해서 치려고 노력하게 되고, 페어웨이나 그린을 좀 더 신중하게 살핀다.

오히려 몇 번 가본 골프장에서는 '한 번 쳐봤다'는 쓸데없는 자신감이 넘쳐서 신중하지 못한 샷들이 많아진다. 이럴수록 매 샷 신중해야 하는데 말이다. 그날그날 컨디션에 따라서 샷감이 많이 달라지는데도, 자만심이 생기게 마련이었다. 컨디션 조절에 대해 알아보자.

어떤 날은 휘두르기만 해도 온그린이 되는 날이 있는 반면에, 어떤 날은 잘 맞았다고 생각했는데 전혀 엉뚱한 곳에 떨어지는 경우도 있다. 왜 이러는 걸까. 똑같이 스윙을 했다고 생각했는데 왜 달라지는 걸까.

투어 선수들이 인터뷰 중에 "오늘 좋은 경기를 펼칠 수 있었던 이유가 무엇입니까?" 물어보면, 대부분 빠지지 않는 대답이 "샷감이 좋았어요."이다.

컨디션이 좋았다는 얘기다. 즉, 컨디션이 나쁘면 조절에 실패하면 점수가 안 나온다는 얘기다. 컨디션이 좋지 않은 원인은 아직 현대과학으로 밝혀지지 않고 있다. 하지만 컨디션을 조절하는 방법은 있다. 선수들도 나름대로 컨디션 조절을 하는 방법을 가지고 있다. 몇 가지 도움이 될 만한 방법을 소개하고자 한다.

첫 번째는, 연습장에서 매일 2시간씩 연습을 할 경우, 각 클럽별로 순서를 정해서 그 순서에 따라 매일 똑같이 연습을 해주면 좋다. 각 클럽마다 시간 분배를 해주면 더욱 좋다. 예를 들어, 준비운동 후 칩샷을 50개 치고, 아이언별로 각각 20개를 치고, 그 다음에 우드를 20개 치고, 드라이버를 20개 치고, 나머지 시간에는 부족한 클럽을 연습한다. 그리고 항상 연습 스윙 2번 후에 실제 스윙 2번을 쳐준다. 이렇게 해주면 클럽을 바꿀 때마다 잠깐의 휴식을 가질 수 있어서 힘을 분산해서 연습을 할 수 있다.

잘 안 맞는 드라이버만 연속으로 200개를 때린다고 해서 절대 실력이 느는 게 아니라는 얘기다. 드라이버 스윙은 20개가 넘어가게 되면 더 이상 연습이 아니다. 그쯤 되면 막가자는 얘기다. '내가 이기나, 공이 깨지나 함 해보자' 이렇게 돼버린다. 축구선수든, 배구선수든, 연습 방법을 매일 바꾸지는 않는다. 기본적인 훈련시간 분배는 항상 지키면서 부족한 점은 따로 연습할 시간을 할애한다. 이렇게 하게 되면 어제 부족했던 부분이 차츰 나아지는 것을 매일 체크할 수 있게 된다.

두 번째는, 클럽별로 스윙 연습을 할 때에는 작은 스윙에서 큰 스윙으로, 적은 힘의 스윙으로부터 힘을 점점 더 주는 스윙을 해야 한다. 그래야 리듬 감각이 생긴다. 필자가 생각하기에 프로들의 그 〈샷감〉이라는 것은 그날그날 달라지는 컨디션이 우연히 맞아 떨어진 것은 아니라고 본다. 기회는 준비한 자에게 온다는 격언처럼 샷감도 컨디션도 매일매일 연습하는 방법에 의해 향상시킬 수 있고 기복을 줄여 주리라 생각한다.

선택은 여러분의 몫이다.

'그래, 그게 좋다니 한 번 따라주지 뭐.'

'천만에 말씀. 지가 뭔데 이래라 저래라야. 내 멋대로 할 거야.'

현명한 판단을 바라면서 이만 줄인다.

드라이버와 아이언의 차이점과 공통점

드라이버는 토크가 커서 스윗스팟에 맞지 않으면 방향성이 많이 흔들린다. 칠 때마다 구질이 일정하지 않거나, 비거리가 늘지 않는 중요한 원인이 스윗스팟에 맞지 않았을 경우가 많다. 좀 더 부드러운 스윙을 해주면 나아진다. 반대로 좀 더 세게 치면 전혀 나아지지 않는다. 부드럽게 쳐야 하는 이유가 많지만 이런 이유도 있다.

아이언과 비교해서 드라이버의 특징을 살펴보자. 드라이버는 아이언에 비해 샤프트 길이가 길기 때문에 이 비틀림이 많아진다. 이러한 이유로 스윗스팟에 꼭 맞추어야 한다. 그러기 위해서는 입문 초기에는 백스윙 궤도를 따라 허리 높이까지 테이크어웨이 동작을 천천히 해보는, 웨글 동작을 습관화하면 도움이 된다. 이렇게 하게 되면 백스윙 궤도가 일정하게 되고, 다운스윙 궤도를 잡는 데도 도움이 된다.

드라이버와 아이언의 가장 다른 점을 꼽으라 하면 드라이버는 티에 볼을 올려놓고 스윙도 올려치는 반면에, 아이언은 내려치게 되므로 되도록 볼을 히트한 후 디봇을 만들어야 한다. 그런데 문제는 대개 아이언 스윙을 먼저 접하게 되므로 드라이버 스윙을 위해 올려치는 데 익숙하지 않아서 내려치는 스윙을 하게 되는 경우가 많다.

올려치는 드라이버 스윙을 연습하는 방법은 개개인마다 다르므로 딱

히 어떻게 하라고 알려줄 만한 공통분모는 없을 것 같다. 다만 경험에 비추어 팁을 주자면, 아이언에 비해 볼의 위치가 왼발에 더 가깝게 있다고 해서 상체가 왼쪽으로, 또는 볼 쪽으로 따라가서는 안 된다. 어깨가 더 열려서는 안 된다는 의미이기도 하다. 그리고 오른쪽과 왼쪽 팔꿈치의 간격을 20cm 내로 유지한 채 왼쪽 귀에다 붙이는 피니쉬를 해주면 자연스럽게 위로 칠 수 있다. 물론 양손은 머리위로 가야 한다. 올려치는 스윙이 잘 안 될 경우 피니쉬만이라도 위에처럼 해주게 되면 차츰 올바른 궤도가 나올 것이라고 본다. 이 동작이 나오려면 임팩트 때 손목이 자연스럽게 돌아가지 않으면 절대 나올 수 없다.

드라이버는 아이언에 비해 샤프트 길이가 길다. 그러므로 한 번 스윙하는 시간이 길다. 그런데 문제는 아이언과 같은 템포로 스윙하려고 하니 힘을 쓸 수밖에 없다. 스윙 템포는 길이에 비례하기 때문에 백스윙부터 천천히 해주면 좋다. 즉, 오른쪽으로 크게 흔들어주는 백스윙이 되어야 한다. 크게 흔들어 주기 위해 오른발에 체중을 다 실어도 무방하다. 이런 과정을 거쳐야 스윙의 리듬을 찾게 되어 일정한 스윙을 할 수 있다.

백스윙만 천천히 해야 할까? 다운스윙도 천천히 해야 한다. 즉, 백탑에서 여유를 가지고 출발해야 한다. 샤프트의 flex(휨새)가 크기 때문에 갑작스럽게 다운스윙 해버리면 샤프트가 꺾이게 되어 비거리 손실, 슬라이스가 나게 된다.

위에서 살펴본 대로 드라이버는 아이언에 비해 샤프트가 약하고 길기 때문에 큰 원을 그릴 수 있도록 여유를 가져야 한다. 출발은 여기부터다. 이렇게 해주게 되면 스윙이 빨라지더라도 큰 궤도를 유지할 수 있다. 그리고 보니 아이언 스윙의 특징은 전혀 언급을 안 했네. 그냥 넘어갈 수는 없다.

위로 올려치는 거 외에는 드라이버 스윙과 똑같이 하기를 바란다. 즉, 드라이버 스윙에서 장점만을 그대로 가져와야 한다. 드라이버와 아이언 스윙을 병행해야 하는 이유가 바로 이런 장점을 몸으로 느끼고 익히기 위해서이다.

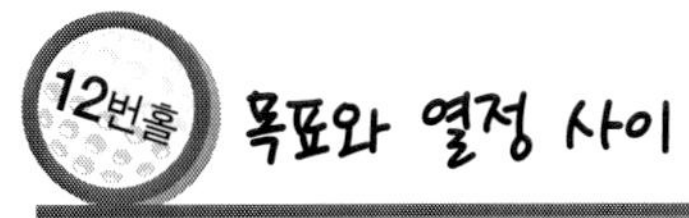

목표와 열정 사이

필자가 학교에 다닐 때 고시공부를 2년 했었다. 왜 했냐고? 먹고살라고 했다. 남들 하니까 따라한 거 아니냐고? 주변에 고시 공부하는 학생은 전혀 없었다. 우야다가 공부에 맛을 들이고 나니까 제일 힘든 공부가 어떤 것이든 도전해서 성공할 수 있다는 자신감이 들었다.

매일 6시에 도서관에 출근(?)해서 밤 10시까지 공부란 걸 했다. 몰두하다 보니 수업 시간을 잊어먹은 적도 많았다. 10시까지 해서 고시에 붙는다는 것은 고시 공부하는 학생들에게는 모욕이다. 10시 이후에는 뭘 했겠는가? 선배와 30분 동안 전투 당구를 쳤다. 두 게임 치는데 30분 넘은 기억이 별로 없다. 참고로 그 선배는 모 지역 TNT파 창단 멤버였다. TNT파가 뭐냐고? 뭔가 확 와 닿지 않는가? 그래, 그거다.

자기는 꼭 권력을 쥐고 싶다는 말을 자주 하더니 드디어 권력을 쥐었다. 열심히 공부해서 지금은 공무원이 되어 있다. 그 선배는 수지가 300이고 필자는 250이었다. 필자가 이기기 위해서는 공부할 때보다 더 대단한 집중력이 필요했다. 다섯 큐 안에 끝내야만 했다. 왜냐하면 선배는 네 큐 안에 끝을 냈으니까. 10시 30분부터 11시까지는 찜닭 반 마리에 소주 한 병을 나누어 먹었다. 그리고 잤다. 이 생활을 2년 동안 했다.

이렇게 공부해서는 도저히 합격할 수 없다는 것을 알 만한 사람은 알

텐데도 말리는 사람 하나 없었다. 필자 또한 안 되는 줄 뻔히 알면서도 그냥 재미가 있어서 계속 했다. 2년 정도 하다 보니 이런 생각이 들었다. 소크라테스 형님이 말씀하신 '니 꼬라지를 알라'에 대비해 보자면, 5년 정도 더 공부하면 합격할 확률이 50% 정도 될 것 같았다. 51%였다면 계속 했을 텐데, 50%라서 포기했다. 졸업하고 아무 데나 시험 쳤다.

그때 당시로서는 공개 시험을 치르는 기업이었는데 어려운 문제가 별로 없어서 한 번에 합격했다. 반은 영어고 반은 상식이었는데 그 상식이란 것이 고시 수준이었기 때문에 필자에게는 딱 맞는 옷과 같았다. 그 영어 시험 수준이라는 것이 고3 수준이었는데, 카투사 제대해서 3개월 동안 집 밖으로 한 번도 나가지 않고 문법 공부를 다시 했더니 어느 정도 수준이 되어 있었다. 3개월 동안 방 안으로 밥상을 달라고 해서 방 안에서 먹고, 공부하고, 자고를 했다. 한 번도 싫은 기색을 보이지 않으신 어머니시지만, 지금 생각해 보면 아들 건강 걱정을 한 번도 하지 않으신 게 조금 서운하다면 서운하다.

복학해서 학교 내에 토익 강좌가 신설되었는데, 토익 강사가 다른 학생들 방해된다고 나오지 말라고 했을 정도였으니 제법 했는가 보다. 입사 경쟁률이 138대 1이었는데, 합격자 중에서도 상위 10% 안에 드는 성적이었으니 1,380대 1이었어도 합격했을 것이다.

지금까지는 필자의 얘기였고 필자의 자랑질이었다. 이제 독자 분들의 얘기를 한번 해보자.

재미로 시작한 골프이니 사생결단 낼 정도로 하고 싶지는 않다고? 그렇다면 목표라도 세우자. 1년 안에 81타를 한 번이라도 치겠다는 목표를 세워 보자. 너무 무모한 목표가 아니냐고? 자신을 너무 낮추는 것은 겸손도 아니고 미덕도 아니다. 자신의 능력을 너무 과소평가하는 습관은 그 자체로도 나쁘지만 자식들에게도 좋지 않은 영향을 준다.

"우리 아빠는 1년 골프 쳤는데 아직 100돌이야. 그래놓고는 나보고는 공부 열씨미 하래." 친구들끼리 이런 얘기 안 할 거 같은가?

골프는 시간과 열정의 싸움이다.

시간은 누구에게나 공평하다. 문제는 열정이다. 그 열정을 일으키는 원동력이 바로 목표를 세우는 데서 출발한다고 필자는 확신한다. 열정이 없이는 시간을 내고 싶은 마음도 사라지기 때문에 무엇 하나 실력이 늘 수 있는 조건이 없다. 연습할 시간도 없고, 열정도 없고, 목표도 없는 상태에서 실력만 늘기를 바라니, 화만 나고, 꼼수만 늘어나고, 요행을 바라게 되고, 지름길만 찾게 되고, 시기심만 더 생기는 것이다.

열정이 무언지 알고 싶은가?

어릴 때 한 친구가 있었다. 정확히 얘기하자면 필자보다 한 살 많다. 시골에서는 도시와는 달리 아이들이 많지가 않아 1, 2년 터울은 어울려서 같이 논다. 그 선배는 어려서부터 아주 활달하고 명랑했다.

동네 야구를 아주 많이 했었는데, 장비가 넉넉지 않아서 자주 사고가 나곤 했다. 포수 마스크조차 없어서 누구도 포수를 하지 않으려고 했지만 그 선배는 항상 포수를 자청했다. 한 게임이 끝나면 몸이 만신창이가 되기 일쑤지만 다음날에는 또 포수를 맡았다.

필자가 4학년 때쯤, 그날도 친구들과 야구 삼매경에 빠져 있던 중, 갑자기 그 선배의 형이 그를 다급히 불렀다. 모친이 돌아가셨다. 어린 필자가 느끼기에도 아주 후덕하고, 선하시고, 아이들에게도 항상 웃음을 보이시던 인자하신 분이었는데 안타깝게도 갑자기 떠나가셨다.

어머니를 일찍 여의었지만 그 친구는 내색하지 않고 아버지를 홀로 모시고 고등학교를 졸업할 때까지도 웃음을 잃지 않았다. 선배 집에 자주 놀러갔는데 유난히 가수 이선희를 좋아해서 이선희 테이프를 몽땅 가지고 있었다. 이선희와 결혼할 거라고 하면서 누구도 이선희를 좋아해서는 안 된다고 우기던 때도 있었다. 그 당시에는 누구라도 경험이 있듯이 홍콩 액션배우 홍금보 흉내를 곧잘 내기도 했다.

지금 와서 가만히 생각해보면 그 선배는 겉으로 평범해 보이는 것과는 달리, 주체할 수 없는 엄청난 에너지를 억누르고 있는 듯했다. 무엇인지는 확실치 않지만 넘치는 어떤 열정을 가지고 있었다.

아마도 그런 이유였으리라. 더 이상 참지 못하고 고등학교를 졸업하자마자 서울로 간다고 하면서 친구들 곁을 떠났다. 혈혈단신으로 상경한다는 것이 지금이나 그때나 보통 결심이 아니었을 텐데 그 선배는 꿈을 찾아서 미지의 세계를 향해 주저 없이 달려갔다.

몇 년 동안 소식이 없더니만 스포츠 신문에 기사가 났다. 어린이 뮤지컬인지 연극인지 그야말로 요즘 잘나가는 인물란에 그의 이류과 사진이 실렸다.

어린이 연극이라니, 참 그 선배와 잘 어울린다는 느낌이 들었다. 덩치에 어울리지 않게 천진난만한 행동을 곧잘 하곤 했으니까. 곰 인형을 덮어쓰고 연기하는 모습이 눈에 선했다. 그 선배의 열정과 끼에 잘 어울린다는 느낌이 들었다. 결국 원하는 꿈이 그런 것이었구나 생각했다.

그러던 중, 몇 년 후에는 영화 〈범죄의 재구성〉에 출연을 하더니 영화 여기저기서 보이기 시작했다. 외모는 많이 변했지만 풍기는 이미지는 옛날과 전혀 다름이 없었다. 영화 〈타짜〉에서는 그 옛날 선배들과 고돌이 칠 때 표정과 거의 똑같았다. 담배를 삐딱하게 꼬나물고 화투패를 쪼우던 장면 또한 똑같았다. 영화를 위해서 따로 연기 연습할 필요도 없었을 것이다.

그러더니 청룡영화제에서 영화 〈즐거운 인생〉으로 남우조연상을 받았다. 그 선배의 수상 소감은 한때 언론에 회자됐었는데 100% 공감했다.

"제 손으로 밥벌이를 못하고 살 줄 알았습니다."

그 선배다운 수상소감이다.

안방극장에도 출연을 하기 시작하더니 최근에는 넝쿨당으로 제법 인기가 높은가 보다. 이제는 밥벌이를 좀하고 있는 듯해서 참 기분 좋다. 참고로 필자는 〈대장금〉 외에 20년 동안 드라마라고는 본 적이 없다.

김 상 호. 그의 이름이다. 이 선배를 보면 필자의 열정은 열정 축에도 못 든다는 생각이 들곤 한다. 골프든 생활이든 힘들어 하시는 분들에게 이 선배의 열정과 용기를 소개해주고 싶었다.

열정이 우선이다. 기술은 나중이다. 여러분의 열정은 무엇인가? 좀 보여주면 안 되겠니?

티를 꽂고 스윙을 하게 되는 드라이버 스윙을 제외하고, 대부분 잔디에 묻혀있는 볼을 맞추기 위해서는 클럽헤드가 잔디를 파면서 볼을 친다. 일명 다운블로로 볼을 맞춰야 한다. 그런데, 이게 잘 안 된다. 왜 그럴까.

다운블로 연습을 하기 위해 볼 5cm 뒤에 동전을 놓고서 스윙 연습을 하기도 한다. 뒤땅을 치게 되면 동전이 날아가 버리기 때문에 최대한 볼과 가까이 치려고 노력하게 된다. 이 방법도 괜찮은 방법이다. 이왕 할 바에야 능률을 좀 더 높이기 위해서는 500원짜리 동전을 사용하기 바란다. 절대 뒤땅 없다.

이런 방법은 형편이 넉넉한 분들이나 하도록 하자. 우리 같은 소시민은 절대 하지 말기를 바란다. 더군다나 이 방법은 도끼질 연습이기 때문이다. 비싼 돈 들여서 도끼질 스윙 연습을 해서야 되겠는가. 다운블로가 잘 안 되는 분들의 특징을 살펴보면 아래와 같은 특징이 있다. 다운블로에 대해 오해를 하고 있는 경우가 많다.

첫째, 찍어 친다.

세상에나, 도끼로 장작 패듯이 클럽을 내리치고 있다. 곧 죽어도 이게 다운블로라고 우기는 분들을 가끔 본다. 이래야 땅을 팔 수 있다고 한다. 잔디는 떠야 하는 것이지 파는 게 아니다. 파는 것은 삽이나 곡괭이에게 맡겨야 한다. 이렇게 되면, 당겨치게 되는 아웃인 궤도가 나올 수밖에 없다. 탄도가 낮아지고, 볼이 깎여서 맞기 때문에 비거리도 손해를 보게 된다.

탄도가 낮아지고 많이 깎이면 좋은 게 아니냐고? 의도대로 탄도를 낮추는 것과 잘못된 스윙으로 탄도가 낮아지는 것이 어떻게 같을 수가 있겠는가. 아웃인 궤도로 찍어 치는 스윙은 골프 스윙이 아니다. 이런 스윙은 없다. 그러니 절대 이런 식으로 찍어 치지 말자.

둘째, 잔디 공포증 때문이다.

잔디에 클럽이 박혀버리는 것이 두렵기 때문이다. 샤프트가 울려서 손목이 아프기 때문이다. 샤프트가 울려서 손목이 아픈 경우는 다운블로 스윙에서는 절대 없다. 오히려 볼이 덜 깎여 맞았을 때 손목이 울린다. 연습장에서는 뒤땅이 나도 헤드 바닥의 솔(바운스)이 잘 미끄러지기 때문에 거리 손해가 없어서 스윙에 문제가 없는 걸로 착각하는 경우가 많다. 초보 골퍼의 경우, 대부분이 뒤땅을 치고 있다. 그것도 아주 심한 뒤땅을 치고 있다. 손목이 아픈 이유가 바로 뒤땅을 치고 있기 때문이다.

셋째, 올려치는 스윙을 한다.

뒤땅을 방지하기 위해서 올려치려고 한다. 뒤땅을 방지하기 위해서는 절대 내려치는 스윙이어야 한다. 올려치면 무조건 뒤땅이 난다. 올려쳐서 볼만 싹 걷어내는 스윙을 하곤 하는데 절대 이런 연습을 하면 안 된다. 필드에서는 볼만 싹 걷어내는 스윙을 해야 할 때도 있다. 하지만 연습장에서 연습을 이런 식으로 하다니, 세상에나!!

이번 시간에는 다운스윙을 잘못 오해해서 생기는 유형을 살펴보았다.

왜 이런 스윙이 나오게 될까? 정답을 얘기하자면 볼을 맞추기 위한 연습을 하기 때문이다. 비싼 돈 내고 연습장에서 해야 하는 연습은 볼을 맞추는 연습이 아니다. 스윙연습을 해야 한다. 자연스럽고 리드미컬한 스윙 연습을 해야 한다.

다음 시간에는 자연스러운 다운스윙을 하기 위한 방법을 살펴보자.

저번 시간에 이어 다운블로를 하는 방법을 알아보자. 또한 다운블로를 방해하는 동작을 짚어보자. 정답은 맨 마지막에 있다. 장문의 글이기 때문에 시간이 없는 분들은 맨 마지막만 보면 된다. 독자 분들을 배려해주는 필자의 마음이 이 정도다. 스스로 생각해봐도 대견하다. 그러나 필자의 정성을 봐서라도 차근차근 읽어주기 바란다. 정답을 이해하기 위해서는 그만큼 과정도 중요하지 않겠는가.

다운블로를 방해하는 동작의 으뜸은 찍어 치는 동작이다. 찍어 치는 동작을 피하기 위해서는 팔을 어깨와 분리시켜야 한다. 다운블로의 시작은 백스윙이다. 왜냐하면, 백스윙 하는 궤도로 다운스윙이 되어야 하니까. 백스윙에서 중요한 동작은 클럽을 위로 번쩍 드는 것이 아니라 우측으로 최대한 큰 원을 그리는 것이라고 언급한 적이 있다. 큰 원을 그리라고 해서 몸통이 따라가서는 안 되고, 골반이 삐죽 나와서도 안 된다. 그렇다면 어떻게 큰 원을 그릴 수 있을까?

우측 팔꿈치를 겨드랑이와 분리시켜야 큰 원을 그릴 수 있다.

1라운드 〈고정관념을 깨라〉에서 언급했듯이, 백스윙 때 오른쪽 팔꿈치를 옆구리에 딱 붙이게 되면 번쩍 들어 올릴 수밖에 없다. 백스윙의 올바른 순서는 하체의 턴과 어깨의 턴이 우선이다. 팔을 들어 올리는 것은 나중이다. 그리고 우측 팔꿈치는 백탑에서도 90도 이상 꺾여서는 안된다. 숙달이 되면 좀 좁혀도 원심력을 최대한 살릴 수 있지만 입문자들은 절대 지켜야 한다. 큰 원을 그려야 다운스윙 때 가속도를 낼 수 있다.

다운스윙할 때도 마찬가지다. 큰 원을 그리고 백스윙했으면 큰 원을 그리고 다운스윙 해야 한다. 손목 코킹을 최대한 유지한 채 끌고 내려오라고 해서 그냥 뚝 떨어뜨리는 경우가 있는데 절대 그래서는 안 된다. 우측 팔꿈치가 옆구리에 다시 붙는 시점은 체중 이동이 거의 다된 시점이라야 한다.

백탑에서부터 붙어 있으니 다운스윙 때 상체의 회전에 의해 팔이 따라 돌아버린다.

여기서가 중요하다. 체중 이동이 되는 동안에는 골반을 비롯한 상체의 턴이 없어야 한다. 즉, 다운블로의 시작은 상체의 턴 이전에 시작되어야 한다는 의미다. 이 동작이 진짜 어렵다면 체중 이동 시점과, 상체 턴 시점과 팔을 다운하는 시점을 같이 해라. 절대 상체의 턴이 먼저 되어서는 안 된다. 즉, 양 어깨는 임팩트 되는 시점에 정면을 바라봐야 한다. 어깨가 먼저 회전이 되면 임팩트 순간 타깃 쪽으로 볼 수밖에 없다. 그렇게 되면 아래에 소개할 다운블로를 불가능하게 만든다.

자, 어드레스 동작에서 출발한 백스윙이 다시 임팩트 동작까지 왔다. 양 어깨는 처음 어드레스 동작처럼 정면을 보고 있고, 골반과 무릎은 약간 타깃 방향으로 향해있다. 그 다음은 어떻게 해야 할까?

모든 동작이 정지한 상태에서 손목만 아래위로 돌려주어야 한다. 즉, 5라운드 〈80타 깨기 - 임팩트〉에 언급한 것처럼 손목의 릴리스를 해주어야 한다. 아주 중요하다.

그렇다면 정지 상태인 모든 동작들은 언제 다시 움직여야 할까? 움직이지 마라.(으잉?) 절대 움직이지 마라. 어깨와 상체와 하체의 역할은 거기까지다. 나머지 동작은 클럽과 손목이 알아서 하도록 내버려둬라.

사람이 기계가 아닐진대 어떻게 멈췄다가 순간적으로 다시 움직일 수 있겠는가. 그냥 멈춰라. 그냥 멈춰서 손목으로만 스윙을 하게 되면 어떻게 되겠는가? 어느새 완벽한 피니쉬 자세를 취하고 있는 당신을 발견하게 된다.

그렇다. 다운블로는 양 팔이 자연스럽게 원을 그리고 내려오면서 손목을 이용한 릴리스로 이루어진다. 철저하게 릴리스로만 이루어진다는 것을 알아야 한다. 절대 어깨와 상체가 아니다. 손과 팔이 멈추어줘야 손목이 돌 수 있다. 손과 팔이 휙 돌아 버리면 릴리스는 벌써 물 건너갔다는 점을 알아야 한다. 이 릴리스를 방해하는 동작은 예전에 적어놓은 글이 있어 인용한다. 반전이 있을 수 있으니 차근차근 읽어보기 바란다.

테이크어웨이는 왼손을, 왼팔을 이용해서 밀어준다. 그래야 정확한 백스윙 궤도로 진입하게 된다. 그래야 우측으로 쭈욱 뺄 수 있어서 궤적이 커지게 된다. 퍼팅에서도 백스윙은 왼손으로 밀어주고 양손으로 다운스윙한다고 했지 않은가.

왼손으로 밀어준 그립이 오른발쯤에 오게 되면 드디어 코킹이 시작된다. 이때부터 백탑까지는 오른손으로 위로 올린다. 그래야 스윙아크가 줄지 않고 쭈욱 펴지게 된다. 오른손을 쓰지 않으면 양손이 절대 어깨 위로 올라가지 않는다.

다운스윙할 때는 다시 왼손이 리드를 해준다. 그래야 올바른 다운스윙 궤도로 진입하게 된다. 오른손을 쓰게 되면 릴리스가 빨리 풀리게 되고, 엎어 치는 스윙이 된다.

볼을 히트해주는 릴리스 타이밍에는 다시 오른손이 주축이 된다. 그래야, 임팩트를 강하게 해주고, 타깃방향으로 쭈욱 밀어주면서 크게 회전을 시켜줄 수가 있어서 직진성이 향상된다.

피니쉬 초반에는 다시 왼손이 주도권을 잡는다. 왼 팔꿈치를 굽히게 되는 동작에 의해 자연스럽게 회전력을 감소시킨다. 그리고 마지막에는 다시 오른손을 사용한다. 왼손가락을 살짝 풀어주는 동작에 의해 클럽이 목을 감싸게 되어 스윙이 마무리된다.

즉, 처음 어드레스 때는 왼손이 리드해주고, 그 다음은 오른손, 다시 왼손, 다시 오른손, 다시 왼손, 다시 오른손으로 마무리한다. 이해하겠는가? 이해가 안 된다고??? 이건 어느 정도 정석이 되어있다고 봐야 한다. 이해가 안 된다고 틀렸다는 의미가 아닌 것이다. 웬만한 골퍼는 이 원리를 안다. 다는 아니더라도 최소한 리드는 왼손이 하고, 힘은 오른손으로 하고 정도는 안다.

하지만 필자도 이해가 안 간다. 이해가 안갈 뿐만 아니라 이렇게 복잡할 바에야 안 하고 말란다. 하물며 왼손이든 오른손이든 힘의 비율을 도대체 얼마를 줘야 주도한다고 볼 수 있는지도 모른다. 80대 20? 아니면 70:30? 그것도 아니면 100:빵?

이건 정답이 아닐 것 같다. 설사 이론상으로 정답일지라도 실천을 못하는 이론이라면 무슨 소용이란 말인가.

이것도 아니라면, 진짜 아니라면, 양팔의 힘으로만 한 번에 휘익 돌리는 게 맞는다는 얘기일까?

흔들어라. 어떻게 해서든 흔들어라. 그 반동으로 백탑까지 가야한다. 그 힘만으로 백탑까지 못 가겠다면, 안 가도 괜찮다. 가는 곳 까지가 바로 백탑이다. 체중 이동을 해서 흔들든, 무릎과 골반을 돌려서 흔들든, 절대 어깨의 힘으로 클럽을 뒤로 빼서는 안 된다. 다운스윙도 마찬가지다.

흔들어서 치려면, 테이크어웨이부터 피니쉬까지 양손의 회전력을 절대 똑 같이 줘야한다. 다운스윙할 때 왼손으로 리드하고 오른손으로는 힘을 주고… 다 거짓말이다. 똑같은 회전의 힘을 주기위해서 그립조차 양손을 포개서 잡을 정도다. 똑같은 힘을 주고 휘둘러도 스윙 구간별로 조금은 힘의 변화가 생길수도 있다. 그것은 자연스러운 힘의 변화이다. 이걸 굳이 위에서 나열한대로 왼손, 오른손, 다시 왼손, 오른손, 구분해서 힘쓸 필요가 없다. 오히려 힘을 빼야 자연스러운 힘이 들어간다.

이런 스윙을 해야 당기거나 밀거나 때리거나 퍼 올리는 스윙을 방지할 수 있다. 구심점을 가지고 원운동 회전을 하는데 어떻게 퍼 올릴 수 있겠는가. 왼팔로 걷어 올렸다는 얘기다. 여기까지다.

다운블로를 위해 오른손으로 눌러주어야 한다는 분도 있는데, 어떻게, 무엇으로 눌러야 하는지 아시는 분이 있으면 좀 알려주기 바란다. 로리 맥길로이가 180m 7번 아이언 칠 때 눌러주던가? 시속 100킬로로 헤드가 돌아가고 있는데 언제 눌러줄 시간이 있는가?

드라이버는 밀어치고, 아이언은 당겨 쳐야 한다는 분도 있는데, 묻고 싶다. 뭐로 밀고, 뭐로 당기나? 팔로 당기나? 설마 손목으로 당기지는 않겠지. 그럼 어깨로? 아니면, 몸통으로?

밀고 당기는 밀땅은 연애에서나 하는 거지 골프에서는 하면 안 된다. 힘으로 밀고 당기고 하기 때문에 왼쪽 어깨와 팔꿈치가 견뎌내질 못하고 파스의 도움을 받게 되는 것이다.

참고로, 통증이 온다고 해서 침을 맞는 분들이 계시는데 침은 전혀 도움이 안 된다. 침은 통증을 없애는 것이지 근본적인 치료는 아니다. 어깨나 팔이나 늑골의 통증은 인대가 늘어났거나 근육에 염증이 생겼거나 심하면 끊어지거나 부러져서인 경우인데, 통증만 없애면 무리한 동작을 계속하게 되어 더 악화시키기만 한다.

물리적인 치료방법을 알려주자면 얼음찜질을 하는 게 낫다. 양약으로는 소염제를 먹기 바란다. 일주일 만에 낫지 않으면 염증 때문이 아니기 때문에 쉬어야 한다. 그보다 더 근본적인 예방법은 아프게 하는 스윙을 하면 안 된다. 올바른 다운스윙은 무리한 근육을 쓰지 않는다. 물리력을 이용한다. 중력의 힘, 만류인력을 회전력으로 바꾸는 물리력을 이용한다.

밀고 당기는 스윙을 방지하고, 자연스러운 릴리스에 의한 다운블로를 위해 한 가지 팁을 소개하겠다.

양손을 포개서 그립을 잡고 스윙을 해보길 바란다. 먼저 왼손을 잡고 오른손으로 왼손을 완전히 감싸 쥐어야 한다. 이렇게 스윙을 하게 되면 절대 힘으로 밀고 당길 수 없다. 하체 턴, 몸통 턴에 의한 회전에 의해서만 백스윙이 가능할 것이고, 회전에 의해서만 다운스윙이 가능할 것이다. 스윙 방법은 위에서 제시한 대로 어깨를 어드레스 자세처럼 정면을 바라보는 상태에서 손목의 릴리스에 의해서만 임팩트 시키면 된다. 손목이 자연스럽게 팩 돌아간다. 이게 릴리스다.

이 방법은 이 세상에서 필자가 최초로 소개하는 방법이다. 10번을 스윙한 후, 바른 그립으로 똑같은 리듬과 궤도로 스윙을 해보기를 바란다. 그러면 자연스러운 릴리스로 바닥에서 헤드가 팩 돌게 된다. 이게 릴리스다. 이게 앞으로 독자 분들이 익혀야 할 리듬과 템포다.

스윙 궤도는 3라운드 〈볼의 위치〉에서 설명했듯이 하나다. 또한, 스윙 궤도는 좌우, 인 아웃 스윙, 인 인 스윙이 아니라 위아래에 가깝다. 이러한 이유로 어드레스에서 양팔이 아래로 향해 있지 않은가? 양팔이 아래에서 출발해서 위로 가서 다시 아래로 가서 임팩트 후 다시 위로 간다. 즉, 클럽헤드도 위 아래로 움직인다. 좌우가 아니다. 상체와 어깨의 힘을 쓰게 되면 좌우 스윙이 되어, 위아래 스윙과 릴리스를 방해하게 된다.

이번 시간에는 릴리스에 의해 다운블로가 되어야 한다는 것과, 상체에 의한 스윙은 다운블로를 방해한다는 것과, 자연스러운 다운블로의 궤도를 연습할 수 있는 방법을 살펴보았다. 내일 연습장에서 연습해보길 바란다. 릴리스에 의한 다운블로를 이용해서 볼을 정확히 히트시키는 방법은 다음 포스트에 살펴보자.

초속 5센티미터….

일본 애니메이션 영화다. 아름다운 영화다. 토오노와 아카리의 애절했던 사춘기 시절과, 떨떠름한 성인 시절을 사실적으로 그려낸 역작이다. 보신 분도 있고 안 보신 분도 있을 텐데 꼭 봐야한다는 얘기가 아니다. 안 봐도 된다.

오늘 얘기할 주제가 5센티미터이기 때문에 갑자기 이 영화가 생각이 났을 뿐이다. 유치하게시리 무슨 어린애도 아니고 만화영화를 좋아하고 있네, 라고 생각하시는 분께는 당장 밖으로 나가서 하늘을 한번 올려다보기를 권한다.

저번 시간에는 릴리스에 의해 다운블로가 되어야 한다는 것과, 상체에 의한 스윙은 다운블로를 방해한다는 것과, 자연스러운 다운블로의 궤도를 연습할 수 있는 방법을 알려드렸다. 그렇다면 이렇게 해야 하는 이유가 무엇이겠는가? 볼을 정확히 히트시키기 위해서다. 그런데 이게 참 어렵다. 왜 그럴까. 이유가 뭘까.

그 이유는 볼을 치기 위해서 볼을 보기 때문이다.(으잉?) 볼을 맞추려면 볼을 봐야지 뭘 봐야 돼요? 결론적으로 말하자면, 볼을 치기 위해서는 볼을 보면 안 된다. 아이언일 경우, 클럽헤드가 히트해야 하는 곳은 볼이 아니라 볼 앞 5cm이다. 왜 그래야 하는지 예를 들어보자.

모래를 쳐야 하는 벙커에서는 어디를 보는가? 당연히 모래를 봐야 한다. 모래를 쳐야 하는 벙커에서도 볼을 보고, 잔디를 쳐야 하는 페어웨이에서도 볼을 보고, 이래서는 안 된다는 얘기다. 다운블로로 정확히 볼을 히트시키기 위해서 볼 앞 5cm의 잔디가 왜 타깃이 되어야 하겠지 필자도 이유를 정확히 모르겠다.

얼추 짐작해보면 사람의 심리상, 볼을 보게 되면 볼을 히트하는 데 집중이 되기 때문에 볼을 히트시킨 후 바로 스윙이 끝나버려서 더 이상의 스윙을 하지 않으려는 경향이 있기 때문이다. 더 이상 다운블로를 하지 않으려는 경향이 있기 때문이다. 예전 글에 언급한 적이 있다.

'Golf is Swing, not Hit'

볼을 히트하는 순간은 릴리스가 진행되고 있는 동안이어야 한다. 즉, 다운블로가 계속 진행되는 동안이라야 한다. 릴리스가 끝나버리고 다운블로가 끝나버리는 순간에 볼이 맞기 때문에 둔탁하게 맞게 되어 손가락이 찌릿하게 울린다는 얘기다.

즉, 이 말은 볼 앞 5cm까지 다운블로가 되는 동안 상체가 정면을 바라봐야 한다는 의미이기도 하다. 이게 어렵다면 최소한 클럽헤드의 리딩에지가 타격해야 하는 목표는 볼 앞 5cm 잔디여야 한다. 그 잔디를 푹 떠야 한다.

이런 스윙을 하기 위해서는 볼의 위치를 너무 왼편에 두면 안 되겠다. 지금보다 볼을 살짝 오른쪽으로 놓고, 볼 앞 5cm 잔디를 목표로 다운블로를 해보기를 권한다. 반드시 목표는 5cm 앞이어야 한다. 칩샷도, 우드도, 심지어 퍼팅도….

훅을 예방하는 방법을 물어오는 골퍼들이 너무나 많았다. 골퍼마다 이유가 다를 수 있기 때문에 예방하는 방법도 천차만별이다. 그래서 필자, 훅이 나는 이유를 주우욱 적어봤다. 훅이 나는 이유와 훅 방지법을 수없이 적다보니, 도대체 내가 뭘 하고 있나 싶은 생각이 들었다. 이건 아니다 싶어서 다 지워버렸다. 아까워라.

골퍼마다 스윙이 다 다르고, 훅이 나는 이유도 참 여러 가지구나 싶었다.

골프 초기에는 대부분 슬라이스가 난다. 이게 정상이다. 슬라이스를 고치는 방법은 최경주 프로가 작년에 TV에서 언급한 적이 있다.

"그냥 계속 슬라이스를 내면서 스윙하세요." 이렇게 말했다. 이해가 가는가? 필자는 이해가 간다. 충분히 간다. 훅이 나는 이유를 다 지워버린 이유다.

스윙이나 자세나 궤도나 모든 것이 완성되지 않은 상태에서는 당연히 나타날 수밖에 없는 슬라이스를, 인위적으로 손목을 돌려준다든지, 당긴다든지, 민다든지 해서 슬라이스를 잡게 되면 더 큰 문제가 발생된다는 의미다. 정상적인 스윙이 되도록 노력하게 되면 자연히 슬라이스가 잡힌다는 의미이고, 또 그런 방법으로 슬라이스를 잡아야 한다는 의미이다.

혹도 마찬가지다. 혹이 왜 나는가? 슬라이스가 나는 이유는 클럽헤드를 당겨쳐서 난다. 그렇다면 혹이 나는 이유는 반대로 클럽헤드를 밀어쳐서 나는 것일까? 천만의 말씀 만만의 콩떡이다. 또한, 아이언의 슬라이스와 혹이 나는 이유는 드라이버와는 다른 이유가 있다. 내려치는 아이언과 올려치는 드라이버만큼이나 다른 이유가 있다.

입문 초기에 드라이버 슬라이스가 나는 것은 당연한데도, 이걸 고치기 위해서 혹을 내는 방법을 모든 수단을 동원해서 수집하고 익힌 결과 정작 중요한 자연스러운 리듬이 망가져 버린다. 인위적이고 억지스럽고 부자연스러운 스윙이 되어 버린다. 인위적인 스윙으로 슬라이스를 고칠 때쯤 되면 이번에는 혹이 난다. 혹을 방지하는 방법, 즉, 슬라이스 내는 방법을 또 억지스럽게 익히려고 노력하게 된다. 그야말로 악순환이다.

혹이 나는 이유는 릴리스의 타이밍이 빨리 끝나버리기 때문이다. 릴리스를 하라니까 손목을 돌려서 클럽헤드를 닫아버린다. 릴리스는 손목을 열었다 닫았다 하는 것이 아니다. 손목을 크로스시켜야 한다는 말을 철석같이 믿고 따라하는 골퍼들 참 많이 본다.

손목은 스윙웨이트에 의해서 자연스럽게 교차되는 것이지 교차시켜버리는 것이 아니다. 그 말이 그 말 아니냐고? 자연스럽게 교차되는 스윙을 하라는 의미가 어떻게 억지로 교차시켜버리는 것과 같을 수가 있는가. 자연스럽게 교차되는 스윙을 익혀야 하는 것이지 억지로 꼬우는 스윙을 해서는 안 된다는 얘기다. 필자는 레슨할 때, 손목을 꼬우라는 얘기를 한 번도 한 적이 없다.(꼬다가 맞겠지만 이해를 위해 '꼬우다' 를 쓴다)

릴리스는 헤드 무게에 의해 자연스럽게 손목이 펴지는 것이지 손목을 교차하는, 즉 크로스 시켜버리는 걸로 오해를 하고 있다. 그것도 무

리하게 힘을 써서 크로스 시켜버린다. 당겨치고 엎어치는 스윙 궤도로
는 절대 자연스러운 크로스 스윙이 나오지 않는다.

이런 이유로 드라이버 헤드의 무게가 전혀 없다. 즉, 클럽헤드의 스윙
웨이트 전혀 없다. 악성 훅이 나는 이유는 클럽헤드의 무게를 느낄 수
있는 스윙웨이트가 부족해서다. 이런 이유로 볼을 히트 후 클럽헤드가
순간적으로 꽉 돌아버린다.

또한, 스윙웨이트를 느낄 수 없게 만드는 동작은 내려치는 스윙을 하
기 때문이기도 하다. 클럽헤드로 볼을 히트시키기 전부터 볼을 히트한
후에도 클럽헤드의 무게를 느끼면서 자연스럽게 올려 치는 스윙 궤도
가 되어야 한다.

정리하자면, 훅이 나는 이유는 클럽헤드의 무게감, 즉, 스윙웨이트가
없는 스윙이 원인이라는 점과, 이 스윙웨이트를 방해하는 이유는 첫째,
손목을 교차해서 클럽헤드를 엎어서 닫기 때문이고, 둘째, 스윙 궤도
가 올려 치는 스윙이 아니기 때문에 스윙웨이트를 충분히 살려주지 못
하기 때문이다.

훅을 방지하려면 다시 슬라이스가 나도록 치면 되지 않나요?

미안한 얘기지만, 슬라이스가 나는 원인은 클럽헤드가 열려서이고,
훅이 나는 원인은 클럽헤드가 닫혀서 맞는다는 것을 제외하고는 근본
적인 원인은 같다. 즉, 자연스럽게 스윙웨이트를 느낄 수 있는 스윙이
아닌, 억지로 끼워 맞추는 스윙으로는 훅 아니면 슬라이스가 날 수밖
에 없다는 얘기다.

장타자들의 비결을 보면 볼이 날아가는 쪽으로 클럽헤드가 쭈욱 가
는 것을 볼 수 있다. 절대 당기거나 밀거나 때리거나 돌리거나 엎어치
지 않는다. 사람이 기계가 아닌 다음에야, 매번 스윗스팟에 볼을 히트

시킬 수는 없다. 필자의 훅은 볼이 우측으로 출발해서 좌측으로 날아간다고 언급한 적이 있다. 스윙웨이트가 목표지점으로 향하기 때문에 설사 클럽헤드의 토우 쪽에 맞더라도 헤드 앞면의 둥근 모양, 즉 벌지 기능에 의해 페어웨이 중앙으로 간다는 얘기다. 놀라운 과학의 승리다. 이걸 이용해야 한다.

드라이버 헤드면을 자세히 보면, 평평한 아이언과는 달리 약간 둥그스름하게 생긴 것을 알 수 있다. 스윗스팟에 볼이 맞지 않았을 경우를 대비해서 수많은 전문가들이 고안해 낸 모양이 바로 이 모양이다. 이러한 벌지 기능에 의해서 볼이 똑바로 간다.

문제는 우측으로 출발해서 목표 방향으로 휘어지는 훅이 아닌, 중앙으로 출발해서 좌측으로 휘어져버리는 악성 훅이 나버리기 때문에 문제가 된다.

이번 시간에는 훅이 나는 근본적인 원인이 스윙웨이트라는 것을 짚어보았다. 즉, 스윙웨이트를 방해하는 스윙이 되면 훅이 난다는 사실을 짚어보았다.

다음 시간에는 스윙웨이트를 최대한 살릴 수 있는 스윙을 살펴보자.

저번 시간에는 훅이 나는 이유가 인위적인 손목의 턴에 의해 클럽헤드가 닫혀서 맞기 때문이며, 또한, 스윙웨이트가 적은 스윙이 그 원인이라고 했다.

이번 시간에는 위와 같은 현상이 일어나는 이유와 대처 방안을 짚어보자.

〈필자가 직접 그림판에서 그렸다. 하아~ 엄청 어려웠다〉

미셸위의 스윙을 자세히 보기 바란다. 클럽헤드의 궤도는 회전에 의해 둥근 모양이 된다. 즉, 빨간 화살표대로 하나의 원이 된다. 백 탑에서 출발한 궤도가 마지막 피니쉬에서 만나게 된다. 그래야 함은 물론이다. 그런데 대부분의 골퍼들은 검은 화살표대로 나사 모양으로 안쪽으로 휘어지는 것을 볼 수 있다. 이렇게 되는 시점은 골퍼마다 다르다. 다운스윙할 때 휘어지게 되면 당겨지고 엎어치게 되어 아웃 인 스윙이 된다.

임팩트 시점이나 팔로우 시점에서 맞게 되면 헤드 면이 엎어지게 되어 토우 쪽에 맞을 가능성이 많아지게 된다. 절대 검은 궤도로 스윙이 되면 안 된다. 미셸위 선수의 예쁜 얼굴조차 가리고 있으니 아주 나쁜 궤도다. 백탑에서 시작한 손과 클럽헤드의 궤도는 피니쉬에서 반드시 만나는 일관된 스윙 궤도여야 한다.

이런 현상이 일어나는 이유는 한 가지다. 상체의 턴이 스윙 궤도와 맞지 않기 때문이다. 목표 방향 쪽으로 일찍 턴이 되기 때문이다. 스윙웨이트, 즉 헤드무게를 고스란히 살리는 스윙을 위해서는 양팔이 클럽헤드가 가는 방향으로 스윙이 이루어져야 한다. 아주 중요하다. 그렇게 되면 어깨로 대변되는 상체도 위 스윙을 받쳐주는 동작이 나오게 되어 자연스럽게 우측으로 기울어지게 된다. 즉, 스윙웨이트를 고스란히 살리기 위해서는 다운스윙되는 궤도대로 동그란 원을 그리는 스윙이 되어야 한다. 즉, 볼을 히트 후 다시 위로 가야 한다는 얘기다. 왼편으로 당겨지는 스윙을 해서는 안 된다는 의미다.

프로들의 스윙을 보게 되면 이러한 원의 궤도를 그대로 지켜주는 스윙을 하기 때문에 팔로우가 아주 커지는 것을 볼 수 있다. 당겨버리면 팔로우가 커질 수가 없다. 여기까지 이해하겠는가? 무수한 연습을 하기 바란다. 그런데 연습하다 보면 이게 잘 안 될 것이다. 왜냐하면 백스윙에서 벌써 원의 궤도를 이탈하는 스윙이 되기 때문이다. 상체나 하체의 턴에 의해 손과 클럽헤드의 궤도가 일관성 있는 원이 되지 않기 때문이다.

여기서 아주 중요한 팁을 소개하겠다. 칩샷이든, 아이언이든, 드라이버든 공통적으로 적용시켜야 하는 동작이 있다. 어드레스에서 손의 위치에서 출발하여 백탑에서 손의 위치로 가는 궤도는 최단거리여야 한다는 점이다. 이 말은 정면에서 봤을 때는 둥근 원이어야 하지만, 뒤쪽에서 봤을 때는 비스듬한 직선이어야 한다는 의미다. 모든 훅과 슬라이스의 원인이 바로, 상체 턴이나 하체 턴에 의해 발생되는 굽어진 백스윙에서 비롯된다고 필자는 확신한다.

어드레스 자세에서 백탑까지 가는 백스윙 동작은 최대한 지름길이어야 하고, 손목도 그대로 올려야 한다. 뒤로 쭉 빼서도 안 되고, 손목 턴도 있어서는 절대 안 된다. 이 사실을 인지하고 나서 TV에 나오는 PGA 프로 선수들의 백스윙을 유심히 살펴보기 바란다. 어드레스 자세에서 백탑까지 가는 과정을 유심히 살펴보기 바란다. 손목 턴 없이 일사천리로 후다닥 올라가는 것을 볼 수 있다.

코킹을 인위적으로 해주어서는 안 된다. 코킹이 일찍 되거나 늦어야 한다는 의미는 클럽의 길이에 의해 자연스럽게 만들어진다. 이것을 인위적으로 힘을 줘서 꺾어버린다거나, 편다거나 해서는 안 된다는 의미이며, 그렇게 되면 일사천리 백스윙 궤도를 방해하게 되어 스윙웨이트를 잃어버리게 된다.

백스윙 때 스윙웨이트가 있게 되면 자연스럽게 몸의 꼬임을 느낄 수 있게 된다. 백스윙의 회전력에 의해서 몸이 꼬아지는 것이지 인위적으로 몸을 꼬는 게 절대 아니라는 얘기다. 이 무게감을 그대로 다운스윙으로 이어가야 함은 물론이거니와, 볼을 히트 후에도 그 무게감을 그대로 가져가기 위해서는 인사이드 아웃 궤도를 그려줘야 한다는 의미이다.

혹이 나는 이유는 백스윙 때 클럽헤드를 열기 때문이다. 열린 클럽헤드를 다시 닫아주는 과정에 의해 볼이 히트되기 때문에 스윙웨이트가 감소되기 때문이다. 클럽헤드는 위에서 살펴본 대로 열었다 닫았다 하는 것이 아니다. 그냥 백스윙해서 그냥 다운스윙이 되어야 한다. 인위적으로 손목을 닫아주지 않으려면 백스윙에서부터 인위적으로 열어주지 말아야 한다.

당기면서 헤드가 엎어지면 악성 혹이 발생하고, 당기면서 헤드가 열리면 악성 슬라이스가 발생하고, 밀면서 헤드가 엎어지면 뚝 떨어지는 혹이 나고, 밀면서 헤드가 열리면 푸시볼이 난다. 이렇듯이, 스윙 궤도는 당기거나 미는 것이 아니다. 클럽헤드도 인위적으로 열거나 닫아주는 게 아니다.

드라이버의 특성상 올려치는 스윙 궤도가 나와야 한다. 올려치려면 상체가 우측으로 기울어져야 한다. 기울이지 않고 클럽헤드만 위로 올려치니 손목이 힘을 받치지 못하고 돌아버린다. 위에서 언급한 일사천리 백스윙을 토대로, 클럽헤드와 손이 가는대로 팔로우를 크게 하고 만세를 부르는 동작대로 스윙을 과감히 해보기 바란다.

볼의 위치를 너무 왼쪽에 두거나, 티를 너무 낮게 꽂으면 볼을 맞추기 위해서 스윙 궤도가 바뀐다는 사실을 염두에 두기 바란다. 볼을 양발 중앙 쪽에 가깝게 두어야 한다는 의미가 이 때문이다.

이번 시간에는 팔로우가 무엇인지 알아보자. 큰 원의 다운스윙으로 시작해서 작은 원의 팔로우를 해야 가속도가 증가한다고 했는데, 과연 작은 원의 팔로우는 무엇을 의미하는지 알아보자.

팔로우의 다른 말은 뤼코킹이다. 즉, 코킹의 반대말이다. 백스윙 때 코킹을 해주듯이 임팩트 후에는 다시 타깃 쪽으로 손목이 돌게 된다. 그렇게 되면 양손은 어깨를 중심으로 큰 원을 그리게 되지만, 클럽헤드는 타깃 쪽으로 큰 원을 그리는 것이 아니라 휙 돌게 된다. 이 동작에 의해 좌우 대칭 스윙이 된다는 의미다.

여기서 주의할 점은 클럽헤드도 양손도 동그란 원의 궤도를 이탈하면 안 된다. 어렵게 설명하는 것보다 이 한마디가 더 도움이 될 듯하다. 리코킹, 영어로는 뤼코킹. 이해하겠는가? 이게 바로 드라이버에서의 팔로우다.

TV에서 보면 초급자 중급자 별로 다르게 티칭하는 걸 자주 보게 된다. 예를 들어, "이 동작은 중 상급자에게 도움이 되는 방법입니다."

그렇다면 초급자에게는 도움이 안 된다는 얘기일까? 미안한 얘기지만 초급자는 따라 하기가 어렵다는 얘기다. 오해를 하기 쉽다는 얘기다. 기본이 되어있지 않은 상태에서는 엉뚱한 방향으로 스윙이 될 가능성이 크다는 얘기다.

이 책에서의 내용 또한, 이해하기 어렵거나 오해하기 쉽거나 따라 하기 어려운 동작들이 많다. 이걸 일일이 다 이건 초급자용, 이건 중상급 자용이라고 이름 붙이기가 어렵다.

골프 스윙의 가장 중요한 내용은 어쩌면 1라운드에 대부분 들어있을 수도 있다. 이걸 건너뛰어서는 안 되겠다. 연습하는 습관이 중요한 것이지 한 가지 동작이 중요한 것이 아니다. 어려운 내용을 머리 쥐어짜가면서 나름대로(?) 해석하려고 하기 보다는 기본에 좀 더 충실하다보면 자연스럽게 이해가 되리라고 본다.

1라운드에서는 이렇게 스윙해야 한다고 했다가, 7라운드에서는 반대로 스윙해야 한다고 설명할 수도 있다. 각 라운드의 핵심 내용을 강조하기 위해 그럴 수도 있다는 점을 알았으면 한다. 훅을 고치기 위한 방법과 슬라이스를 고치기 위한 방법은 정반대일 수도 있는 것이다.

훅을 고치기 위해서 스윙 궤도와 동작을 올바르게 고치기가 참 어렵다. 쉬운 방법 한 가지를 소개하면서 마치고자 한다. 볼의 위치를 조금씩 옮기면서 스윙을 해보기 바란다. 맨 좌측에도 놓았다가 중앙에도 놓았다가, 양 발과 최대한 멀리도 놓았다가, 아주 가까이도 놓았다가, 최소한 좌우 3개, 상하 3개, 아홉 번을 옮기면서 쳐 보게 되면, 볼의 위치에 따라 구질도 바뀐다는 사실을 알 수 있다. 놀라운 결과를 보게 될 수도 있으니 꼭 해보기 바란다.

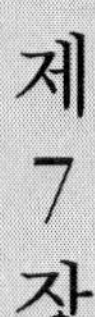

6개월 만에 싱글 골퍼로 가는 길

7라운드

필자는 100m 이내에서는 52도 웨지를 쓴다. 샌드웨지도 없다. 고로, 벙커샷, 어프로치 샷, 칩샷, 로브샷, 피칭샷, 범퍼&런샷 등, 모든 샷을 52도 웨지로 해결한다. 웨지를 여러 개 사용을 하든, 하나의 웨지로 해결하든, 각자 취향에 따라 하면 된다. 탄도를 높게 하려면 클럽페이스를 살짝 열어주면 60도 70도도 가능하게 된다.

필드에서나 스크린에서 홀까지의 거리가 100m가 남게 되는 상황이 올 때가 있다. 이때 필자는 속으로 이렇게 외친다. "와! 심봤다."

52도 웨지로 툭 치면 97미터에서 103미터 사이에 무조건 떨어지기 때문이다.(물론 약간의 과장은 있다) 프로 선수들은 이런 이유 때문에 웨지를 세 개 가지고 있는 경우가 많다. 각 웨지별로 정확한 비거리가 나오기 때문이다. 그런데 문제는 110m가 남게 되는 상황이다. 필드에서 100m 거리 목이 10m 앞에 놓여 있게 되면 혼란이 온다.

'앞 핀이라고 하니 100m밖에 안 될거야잉.'

'그린 앞이 벙커인데, 짧아서 벙커에 쏙 들어가는 거 아니야?'

'조금 힘을 더 줘서 치면 넘어갈까?'

'아니야. 힘을 더 줘봐야 스핀 때문에 탄도만 높게 되지 거리는 똑같잖아. 오히려 자세가 비틀려서 좌우로 휘게 될 거야.'

머리가 복잡해질 수도 있다.

독자 분들은 이럴 경우에 어떻게 하는가? 피칭 잡고 살살 치면 되지 않을까? 이런 묘안을 내놓은 분도 있을 것이다. 필자는 이럴 경우, 로프트 각도를 조금 줄여서 똑같은 힘으로 스윙을 한다. 그러면 110m만큼 날아간다. 52도를 50도로 살짝 숙여서 스윙을 한다.

여기서 얘기하고 싶은 내용이 바로 힘을 더 주는 스윙을 해서는 안 된다는 점이다. 힘을 쓰게 되면 모든 스윙 동작이 틀어지게 되어 있다. 조금 틀어지거나 많이 틀어지는 차이가 있을 뿐 무조건 틀어진다. 좀 심하게 얘기하자면, 힘 빼고 스윙해도 볼이 이리 삐뚤 저리 삐뚤 날아가는데, 힘까지 줘서 스윙을 해버리면 어떻게 되겠는가. 스윙 연습을 할 때에도 힘으로 하는 스윙을 해서는 안 된다. 클럽헤드의 속도를 좌우하는 회전력이 어깨 힘, 팔의 힘에 의해 좌우 되어서는 안 된다는 얘기다.

경제 용어로 〈효용 가치〉라는 말이 있다. 골프에서도 그대로 적용된다. 어쩌면 골프 스윙은 가장 적은 힘으로 최대한 멀리 보내는 스윙이어야 한다.

이 사실을 깨닫는 데 2년이라는 시간을 허비했다.

예를 들어보자.

입문 초기에 52도 웨지를 가지고 쎄리 치면 100m가 나왔다. 굳이 100m를 보내야 할 이유는 없었다. 단지, 100m의 거리가 왠지 마음에 들어서였다.(으잉?)

곧 문제가 발생했다. 100m 비슷하게만 남으면 무조건 웨지로 쎄리 치는 습관이 들어버린 것이다. 그 이유로 실수가 자주 발생하게 되었다. 웨지 스윙이 피칭스윙보다 더 힘이 들었다.

'이건 뭐지? 내가 왜 이래야 하지?'

그러던 중 어느 순간 연습장에서 52도 웨지로 힘 빼고 툭 쳐보았다. 정확히 볼이 100m 지점에 떨어지는 게 아닌가.

'이건 또 뭐지?'

그날의 깨달음은 필자의 골프 스윙에서 일대 혁신을 불러왔다. 그동안 의심했던 모든 골프 이론들이 맞아 떨어지는 기분이었다. 더 이상 힘에 의한 스윙은 없었다. 그동안 써왔던 힘의 절반으로도 스윙이 될뿐더러, 비거리도 전혀 손실이 없었다. 오히려 헤드스피드를 더 증가시킬 수 있는 토대가 되었다.

드디어 하체로 힘이 분산되는 걸 느꼈다. 체중 이동이 저절로 되었다. 무릎으로 치는 느낌을 받았다. 헤드무게와 스윙웨이트를 느낄 수 있었다. 스윙에 여유가 있으니 드로와 페이드를 자유자재로 할 수 있었다. 드라이버가 250m 나가게 되었다. 특히나 숏게임이 훨씬 쉬워졌다. 그냥 툭 치니 볼 컨택이 좋아졌다. 모든 것이 바뀌었다. 농담하는 거 아니냐고? 위 사실이 사실이라는데 필자가 요즘 제일 아껴서 먹고 있는 홍삼 한 뿌리를 걸겠다.

비거리는 회전력에 의한 가속도에 좌우되는 것이지 힘에 의해 좌우되어서는 안 된다. 어깨에 힘을 주는 순간 회전력은 없다.

홀을 지나가지 않으면 퍼팅은 안 들어간다? 맞는 말인가?

얼마 전 아는 분이 이렇게 넋두리를 하셨다.

"퍼팅 했다 하면 쓰리퍼팅이야. 미치겠다. 한 홀에 퍼팅 한 타씩만 더 쳐도 18오버잖아. 하 프로. 우짜면 좋노?"

"퍼팅 한 번 해보시죠."

5미터 퍼팅 5개를 하는 동안 전부 홀을 지나쳤다.

"왜 그렇게 세게 치십니까?" 물었더니

"일단 홀을 지나치도록 퍼팅하는 거 아니야?"

그분께 단호히 말했다.

"퍼팅은 홀을 지나치도록 치시면 절대 안 됩니다. 그래서 지나치는 연습을 하시면 안 됩니다."

백돌이 골퍼들의 특징을 살펴보면 드라이버 오비가 많다는 점과, 쓰리퍼팅을 밥 먹듯이 한다는 공통점이 있다. 참으로 안타까운 일이다. 왜 안타까울까? 드라이버는 오비를 줄이려는 노력을 해야 하고 퍼팅은 쓰리퍼팅을 하지 않도록 노력해야 함에도 불구하고, 드라이버는 장타 위주로 연습을 하고 퍼팅은 홀에 넣으려고만 연습을 하고 있는 현실이 안타깝다는 얘기다.

퍼팅은 홀을 지나쳐야만 들어갈 확률이 있다는 얘기는, 언뜻 보기에는 맞는 말인 것 같지만 수많은 골퍼들이 이 말에 현혹되어 쓰리퍼팅을 연발하고 있다.

필드에서 6미터 버디 퍼팅을 남겨놓은 상황이 있다고 치자. 연습 스윙을 세 번 한 후에 드디어 퍼팅을 했는데, 홀을 아슬아슬하게 빗나가서 2미터 지나쳤다고 치자. 골퍼는 안타까워서 풀썩 주저앉는 상황이 나왔다고 치자. 과연 그 골퍼는 왜 안타까워했겠는가? 운이 좋았다면 홀에 들어갈 수도 있었는데 아슬아슬하게 빗나갔기 때문이다. 대부분이 그렇다는 얘기다.

옆에서 지켜보고 있는 필자는 다른 이유 때문에 안타깝다. 이유가 뭐겠는가? 홀을 2미터나 지나쳐버렸기 때문이다. 2미터 거리의 퍼팅을 넣을 확률이 얼마나 되는가? 열 번 하면 한두 번 들어갈까 말까다. 안타깝겠는가, 안 안타깝겠는가. 6미터 버디 퍼팅 기회가 자주 오는가? 그걸 보기로 막아내다니….

도대체 연습 스윙 세 번을 왜 했는지 의심스럽다. 연습 스윙은 거리감을 위해서 해야 한다. 이 정도 스윙 크기면 저 정도 거리가 간다는 느낌으로 연습 스윙을 해야 한다. 그런데 대부분의 골퍼들은 똑바로 치기 위해서 연습 스윙을 하기 때문에 문제가 되는 것이다.

홀의 지름은 10.8cm이다. 홀을 살짝 지나치도록 퍼팅을 한다손 치더라도 9cm 안에 넣어야 홀에 들어간다. 하물며 2미터를 지나치게 되면 대략 6cm 안에 넣어야 홀에 들어간다. 그렇지 않으면 돌아 나오게 된다.

결론이 뭐겠는가? 첫 번째 퍼팅은 반드시 컨시드 거리에 붙이도록 해야 한다. 1미터 짧아도 괜찮다. 아슬아슬하게 2미터 지나치는 것보다는 훨씬 낫다. 프로들이 홀을 살짝 지나가도록 퍼팅을 하는 것은, 무수한 연습에 의해서 다듬어진 동물적인 감각이 있기 때문이다. 선수들조차 퍼팅의 목표점은 홀이다. 지나치는 게 목표가 아니라는 얘기다.

10미터 이내의 퍼팅이 남을 경우, 훅 라이인지 슬라이스 라이인지 신경 쓰지 마라. 오르막인지 내리막인지만 확실히 체크해서 거리감 위주의 퍼팅을 해주면 쓰리퍼팅 절반은 줄일 수 있다.

PS. 훅 라이인지 슬라이스 라이인지는 진짜 신경 쓰지 않아도 되는 건가요?

아, 진짜…. 말이 그렇다는 거다. 말이.

얼마 전 QPR과 첼시의 경기를 보았다. 꼴찌 팀과 최강 팀이 만났다. 연패를 끊기 위해 QPR 선수들이 얼마나 정신무장을 했는지 경기 내내 알 수 있었다. 또한 박지성의 존재감은 더욱 빛났다. 첼시의 토레스가 힘 한번 못 써보고 후반에 교체되었다. 결국 이기고 지는 것은 의지의 문제였다.

골프도 똑같다. 의지의 문제이지 요행의 문제가 아니다. 거저먹으려면 되겠는가. 하기사 끊임없이 거저먹는 방법을 연구하는 세상이 되었다. 정석이 아닌 예외만 연구하는 세상이 되었다손 치더라도 정석은 정석이고 예외는 예외다. 문제는 예외만을 바라는 사람은 정석을 무시한다는 것이다.

세상은 정석을 이해하고 정석대로 사는 사람들이 다수이기 때문에 움직이는데도 불구하고, 요행을 이용해서 성공하고자 하는 사람들은 예외가 남들과의 차별화라고 주장하고 성공의 지름길이라고 제시한다. 그런 거 없다. 없다고 믿는 편이 낫다. 한때 통했던 예외가 현재 통할 리도 없고 통해서도 안 된다. 예전에 유행했던 스윙이 오늘날에는 좀 더 업그레이드되어야 하지 않겠는가.

각설하고, TV 골프 중계를 보다보면 이런 재미있는 장면들을 볼 수 있다. 드라이버 스윙이나 아이언 세컨샷을 한 후, 피니쉬 자세에서 상체를 왼쪽으로 기울이거나 오른쪽으로 기울이는 장면을 자주 볼 수 있다. 흔히 몸을 쓴다고 표현하는 이러한 동작을 살펴보자.

피니쉬 자세에서 상체를 왼쪽으로 기울이는 이유는 볼이 우측으로 갔기 때문이다. 아무리 몸을 써봐야 우측으로 휘는 공은 좌측으로 돌아오지 않는다. 반대로, 상체를 우측으로 기울이는 경우는 볼이 좌측으로 휘거나 훅이 났기 때문이다.

LPGA 크리스티 커 선수는 세컨샷이 길 경우, "셋, 셋" 하면서 자세를 낮춘다. 우리말로 통역하자면, "서, 서, 그만 가" 정도 되겠다. 이런 동작들을 눈여겨보면서 TV 시합을 보는 것도 재미있을 것이다.

타이거 우즈는 드라이버 스윙 중에 순간적으로 채를 놓아버리는 경우가 자주 있다. 이런 경우 대부분은 심한 훅이 났다는 증거이다. 소 잃고 외양간 고친다는 속담처럼 잘못 치고 난 후에 아무리 몸을 써봤자 소용이 없는 일이다.

그런데 과연 그 선수들은 볼을 치고 난 후에야 잘못 쳤다는 걸 깨달았을까? 아니다. 릴리스를 하는 시점, 즉 다운스윙을 할 때 벌써 뭔가 잘못되었다는 사실을 인지한다. 릴리스 시점이 빠르다거나 늦었다던가, 또는 스윙 궤도가 틀어졌다던가, 또는 백탑에서 다운스윙하는 타이밍이 틀렸다던가를 이미 깨닫는 것이다. 수많은 연습을 통해서 동물적인 감각으로 알고 있다.

그렇다면 원하는 스윙이 나왔을 때 그들은 어떤 동작을 취하게 될까?

볼이 원하는 지점에 떨어질 때까지 피니쉬 자세를 유지한다. 한 가지 덧붙이자면, 피니쉬 자세를 유지한 채 날아가고 있는 볼과 떨어질 지점을 번갈아가면서 쳐다본다. 이럴 경우 대부분 홀 가까이 볼이 붙는 것을 볼 수 있다.

여기서 중요한 사실을 알 수 있다. 피니쉬 자세를 끝까지 지켜야만 볼이 원하는 지점으로 날아간다는 사실이다.

센스 있는 분들은 이런 질문을 할 수도 있다.

"피니쉬 자세를 끝까지 했기 때문에 볼이 원하는 지점으로 날아간 것이 아니라, 원하는 지점으로 스윙을 잘했기 때문에 피니쉬 자세를 끝까지 유지하고 있는 것 아닌가요? 원인과 결과가 바뀐 것 아닌가요?"

역시 날카로운 질문이다.

맞다. 그거다. 원하는 스윙이 잘되었고, 그 결과로 볼이 목표 방향으로 잘 날아가기 때문에 피니쉬 자세를 유지할 수 있는 것이다. 그런데 연습장에서 스윙을 하고 있는 골퍼들 중 볼이 바닥에 떨어질 때까지 편안한 피니쉬 자세를 유지하는 골퍼가 과연 몇 명이나 될까? 게다가 뒤땅이 났거나 탑볼이 났음에도 불구하고 피니쉬 자세를 유지하는 골퍼가 몇이나 될까?

피니쉬 자세를 유지하는 연습을 그렇게도 열심히 했는데도 불구하고 필드에서는 몸이 써지는데, 연습장에서조차 피니쉬를 빨리 풀어버리고 몸을 써버리는 습관이 들어서야 되겠는가.

3라운드 〈피니쉬〉에서 살펴본 대로 안정된 피니쉬는 전체 스윙을 좌우할 수도 있는 중요한 요인이다. 피니쉬가 편안하지 않고서는 스윙 자체가 곤욕이다. 편안한 피니쉬가 습관이 들게 되면, 힘만으로 휘둘러버리는 볼을 때려버리는 스윙이 나올 수가 없다.

독자 분들의 피니쉬는 편안한가?

피니쉬 때 상체가 기울어지는 스윙을 해서는 안 되겠다. 상체가 앞으로 쏠린다거나 어깨가 너무 틀어져서 척추가 배배 꼬인다거나 해서는 안 된다. 또한 편안한 피니쉬 자세를 유지한 채 3초간 움직이지 않아야 한다. 그러고 나서 상상해야 한다. 내가 친 볼이 똑바로 날아가는 상상을….

한 가지 팁을 소개하겠다. 편안한 피니쉬를 위해서는 스윙에 '강약'이 있어야 한다. 백탑에서부터 강하게 시작하여 피니쉬까지 강하게만 스윙을 하게 되면 상체가 심하게 꼬일 수밖에 없다. 유연하게 시작해서 강한 임팩트 이후, 다시 유연한 피니쉬로 마무리를 지을 수 있도록 연습이 되어야 한다. 이를 위해서는 힘을 쓰는 구간이 많으면 안 된다. 즉 임팩트 때만 회전의 힘을 써야한다. 그래야 가속도를 느낄 수 있다. 몸을 주체할 수 없을 정도로 힘을 써서는 안 된다는 얘기다.

자신만의 편안하고, 부드럽고, 우아한 피니쉬를 먼저 만들자. 그렇게 되면 볼도 주인을 닮아서 우아하게 날아간다.

라운드가 거듭될수록 흔히 고급 동작이라고 불리는 쉽지 않은 동작들을 살펴보고 있다. 이번에는 레이트 히팅에 대해 살펴보고자 한다. 레이트 히팅이 어려운 이유는 기본 동작들이 갖추어져야만 나올 수 있기 때문이다.

레이트 히팅이 무얼까? 왜 해야 할까? 살펴보자.

사전적 의미는 늦은 스윙이라는 의미다. 아래 네 가지의 의미를 살펴보자. 늦은 late, 일찍 early, 빠른 fast, 느린 slow. '늦다'의 반대말은 '일찍'이다. '빠르다'의 반대말은 '느리다'이다. 장황하게 늘어놓은 이유는 이해를 돕기 위해서이다. '늦다'는 의미는 비교할 대상이 있어야 한다는 의미이다. 그것보다 나중에 발생해야 한다는 의미이다. '느리다'와 혼동하지 말아야 한다.

흔히 '레이트 히팅'이라 하면, 코킹된 손목을 오른 무릎까지 내려오는 동안 릴리스 시키지 않고 끌고 내려오는 동작을 말한다. 즉, 릴리스는 비교 대상이 되는 손목을 끌고 내려오고 난 후에야 발생해야 한다는 의미이다.

왜 이래야 할까? early 코킹은 들어봤어도 early 릴리스는 들어보지 못했을 것이다. early 릴리스를 하게 되면 나타날 수 있는 여러 단점들이 있기 때문이다. 대략 60가지가 된다. 피곤하더라도 모두 나열해보자.

- 임팩트 때 헤드스피드가 나지 않는다.
- 헤드의 가속도가 없다.
- 엎어 친다.
- 체중 이동을 방해한다.
- 터닝 포인트가 일찍 끝나버려 다운블로를 방해한다.
- 뒤땅과 탑핑을 유발한다.
- 상체 스윙이 된다.
- 당연히 어깨에 힘이 들어간다.
- 스윙에 강약이 없어 편안한 피니쉬를 방해한다.
- 폼이 참 없어 보인다.

위에서 나열한 한 가지 한 가지 이유가 또 다른 대여섯 가지의 단점들을 유발한다. 그래서 대충 60가지의 단점들이 발생하게 된다.

다른 건 이해하겠는데 마지막 '폼이 참 없어 보인다'는 단점은 무슨 단점을 유발시킨다는 거지?

폼이 참 없어 보일 때의 단점을 살펴보면,

누가 자꾸 곁눈질 하는 것 같아 불안하다.

내가 봐도 폼이 한심해 보여 절망감이 든다.

의욕이 안 난다.

딴 사람과 비교되어 초라해진다.

스윙할 때마다 남의 눈치를 보게 되어 자신 있는 스윙을 방해한다.

옆에서 자꾸 폼에 대해 지적을 해서 짜증이 난다.

지적을 피하기 위해 자리를 이리저리 옮기게 되어 피곤하다.

모든 게 귀찮아져서 '내 폼이 어때서' 자포자기하게 된다.

이러한 이유로 실망감만 가지고 조기 귀가한다.

마누라와 자식에게 짜증을 낸다.

마누라는 골프 때려치우라고 버럭 화를 낸다. 밥도 안 준다.

점점 야위어간다.

하아, 너무 갔다. 이 정도면 치명적인 단점 아닌가?

위의 60가지 단점들이 전부 레이트 히팅을 하지 않아서 발생된다니 놀랍지 않은가? 이게 바로 언어의 함정이라는 거다. 사실은 골프 스윙은 모든 동작이 연결되어 있기 때문에 한 가지 동작이 잘못되면 모든 동작이 틀어지게 되어 있다. 반대로 한 가지 동작을 고치면 나머지 동작들도 그에 맞게 변하게 된다.

레이트 히팅은 릴리스가 자연스럽게 되는 동안 어깨로 대변되는 상체가 정면을 보도록 유지시켜 줌으로써 릴리스에 의해 임팩트가 되도록 하는 동작을 말한다. 그렇게 되면 스윙에 여유가 생기고 임팩트와 방향성에 대한 감각이 발달하게 된다. 골프 스윙은 결국 감각이 얼마나 좋으냐에 달려있기 때문이다. 감각을 달리 말하자면 샷감이라고도 할 수 있다.

다운스윙에서 릴리스를 무릎까지 끌고 와서 늦추어 주는 레이트 히팅은 아이언일 경우에는 가능하지만, 릴리스가 일찍 되는 드라이버일 경우에도 위와 같은 레이트 히팅 동작이 적용될까? 드라이버일 경우에도 무릎까지 끌고 와야만 할까?

단적으로 말하자면, 레이트 히팅을 해야 하는 가장 중요한 이유는 코킹된 손목을 무릎까지 끌고 내려오는 것이 아니다. 이 동작은 레이트 히팅을 할 수 있게 하는 여러 가지 방법 중 하나의 방법일 뿐이다. 이 단순한 동작이 목적이 될 수는 없다.

레이트 히팅의 가장 중요한 목적과 방법은 다음 시간에 살펴보자. 궁금한가?

궁금하면 500원!

레이트 히팅 2부가 아니고 웬 애정남이냐고? 1부 뒤에는 꼭 2부가 와야만 되는가? 꼭 그래야만 하는가? 고정관념을 좀 깨면 안 되는가? 독자분들은 한 점 부끄러움 없이 정도의 길만 걸어왔다고 자부할 수 있는가? 그렇다고? 미안타. 다음 글에 있다. 조금만 기다리자.

애정남 - 애매한 것을 정해주는 남자.

그립을 강하게 잡아야 할까? 아니면 힘 빼고 부드럽게 잡아야 할까? 입문 초기에는 강하게 잡아야 한다고도 했다가, 상체는 무조건 힘을 빼야 하기 때문에 그립도 병아리를 쥐고 있는 느낌으로 살살 잡아야 한다고도 했다가 중구난방이다.

여기 정답을 알려줄 테니 더 이상 왈가왈부하지 말기를 바란다. 그립을 잡은 양손 악력의 기준은 임팩트 때의 힘이 기준이 되어야 한다. 즉, 이 말은 너무 약하게 잡으면 안 된다는 의미다.

더욱 중요한 것은 한 번 잡은 악력이 변하면 안 된다는 의미다. 더더욱 중요한 것은 어드레스 때 약하게 잡고 있다가 테이크어웨이 때 갑자기 꽉 잡으면 안 된다는 의미다.

그렇다면 힘 빼라는 얘기는 틀렸다는 얘기인가요? 손목과 팔꿈치의 힘을 빼라는 얘기다. 그래야 손목의 회전력을 살릴 수 있다는 얘기다.

모든 동작은 이 손목을 회전시키기 위해 존재한다고 할 수 있을 정도로 손목의 부드러움은 아주 중요하다. 손목에 힘을 꽉 주고서도 부드러운 회전이 가능하다면 굳이 힘을 안 빼도 된다. 그러나 손목에 힘을 꽉 주는 순간 팔꿈치와 어깨에 힘이 자동으로 들어간다. 프로 선수들이 어드레스 때 웨글을 왜 하겠는가? 손목 힘 빼려고 한다.

초보자들은 왜 그립의 악력이 강할까? 초보자들은 중급자보다 임팩트 때 그립의 악력이 강하기 때문이다. 고수가 되면 적은 악력으로 볼을 히트시킨다.

왜? 강하게 잡을 필요를 못 느끼니까.

왜? 초보 때보다 스윗스팟에 맞추는 비율이 높아 헤드가 비틀리지 않으니까.

왜? 리듬과 템포와 다운스윙 타이밍을 잘 맞출 수 있게 되어 샤프트의 반동을 최대한 이용할 수 있게 되니, 그립을 강하게 잡을 필요가 없게 된다. 고수가 될수록 자연스럽게 그립 악력이 빠진다는 얘기다.

그렇다면 초보자는 무조건 강하게 잡아야 할까? 부드러운 스윙, 큰 스윙을 하려고 노력하면 자연스럽게 임팩트 때 부드럽게 그립을 잡게 된다. 즉, 그립을 부드럽게 잡기 위해서는 부드러운 스윙, 큰 스윙이 먼저 선행되어야 한다는 얘기다. 강한 스윙을 하면서 그립을 약하게 잡을 수는 없다.

손에 물집이 생기는 이유는 그립을 강하게 잡아서도 아니고 약하게 잡아서도 아니다. 빠르고 강한 스윙을 하기 때문이다. 특히 스윙을 하는 동안 그립과 손바닥이 딱 밀착되지 않고 틈이 생기기 때문이다. 빈틈이 있으면 안 된다는 의미다.

그립을 잡는 방법은 다양하다. 한 가지 공통점은 빈틈이 있어서는 절대 안 된다. 스윙하는 동안에도 절대 빈틈이 생겨서는 안 된다. 클럽은 따라올 생각도 없는데 손만 앞서가게 되면 빈틈이 생길 수밖에 없다. 이를 방지하기 위해서는 1라운드 〈부드러운 스윙의 무한한 파워〉에서 언급했다.

〈첫째, 그립을 쥐고 있는 손가락의 악력이 어드레스 할 때와, 임팩트, 피니쉬까지 일정해야 한다. 이것만 지켜줘도 부드러운 스윙에 엄청 도움이 된다.

둘째, 스윙의 처음과 끝이 같은 힘으로 회전해야 한다. 공을 맞출 때 힘을 더 줘야하는 것이 아니라는 말이다. 손목, 어깨, 허리, 무릎에 주어지는 힘이 세지거나 약해지지 않도록 주의하자. 위에 제시한 두 가지 '일정한 악력, 일정한 힘의 회전'을 염두에 두고 스윙을 하기를 간곡히 권한다.〉

이렇게 스윙을 하게 되면 자연스럽게 스윙웨이트에 의해 헤드스피드가 증가하게 된다.

레슨 프로들이 "지금은 그립을 약하게 잡을 때가 아닙니다." "무조건 그립은 부드럽게 잡으셔야 합니다." 하는 말이 둘 다 맞는다는 것을 이해하겠는가? 골퍼의 현재 수준에 맞추어 주기 때문이다. 그렇다면 그립 악력을 줄이기 위해 부드럽고 큰 스윙을 꾸준히 연습해야겠는가, 아니면 있는 힘 다하여 꾹 잡고 계속 쳐야겠는가. 오늘 이후로는 더 이상 그립 악력에 대해 왈가왈부하는 일이 없기를 바라면서….

레이트 히팅을 하는 목적과 방법에 대해 알아보자. 그전에, 레이트 히팅의 목적을 알아보려는 이유는 레이트 히팅을 하게 되면 나타날 수 있는 장점과, 하지 않았을 때의 단점이 얼마나 치명적일 수가 있는지 알아보고, 레이트 히팅을 쉽게 연습할 수 있는 방법을 찾기 위해서이다.

그런데 이론이 중요한 것이 아니다. 사실 레이트 히팅을 모르고 스윙을 한다손 치더라도 아무 문제가 없다. 왜냐하면 그냥 스윙을 하면 레이트 히팅이 자동으로 되기 때문이다. 그런데 이걸 굳이 이론으로 정립하다 보니 레이트 히팅을 하지 않으면 무슨 큰일이 일어나는 것처럼 걱정하게 만들어서는 안 된다는 뜻이다. 이론은 그야말로 이론일 뿐이다. 스윙 동작에 의해 이론이 만들어진 것이지, 이론을 근거로 스윙을 해야 하는 것이 아니라는 점을 미리 밝혀둔다.

더군다나 이 책의 모든 이론들은 수많은 초보 골퍼들을 현장에서 보고 가르치면서 얻게 된 필자의 경험과 느낌에서 얻은 지극히 주관적인 이론들이다. 혹시 '이건 아니잖아'라고 판단이 드는 독자 분들이 있더라도 그러려니 하고 넘어가 주는 아량을 베풀어 주기시를 바란다.

레이트 히팅의 목적이 무엇일까? 6라운드 〈힘 좀 빼주세요〉에서 효용 가치에 대해 언급했다. 적은 힘으로 멀리 보내는 스윙이 가장 좋은 스윙이라고 했다. 레이트 히팅의 목적도 같다고 본다. 빠른 헤드스피드를 내기 위해서는 빠른 릴리스가 필수이다. 클럽헤드와 양손이 같이 다운스윙하게 되면 가속도가 붙지 않는다. 이러한 이유로 양 손을 정면으로 끌고 내려와서 멈추어주어야 손목과 클럽이 팩 돌아가게 된다.

그런데 코킹된 손목을 유지한 채 양 손을 정면으로 끌고 오기위해 임의의 힘을 써야 할까? 그럴 필요가 없다고 본다. 볼을 치려는 급한 마음에 인위적으로 캐스팅하면서 손목에 힘을 주지 않는 한, 코킹된 손목은 펴지지 않는다. 즉, 레이트 히팅은 일부러 억지로 해주어야 하는 동작이 아닌 것이다. 크든 작든 자연스럽게 이루어진다는 의미다.

오히려 어드레스 자세 때의 위치에서 양손이 멈추어 주는 동작이 핵심이다. 그래야 릴리스가 이루어진다. 강하게 멈추어줘야 강하게 릴리스가 된다. 그런데 양팔이 계속 돌고 있는 상황에서 양손을 멈추어 줄 수 있는가? 불가능하다. 즉, 양손을 멈추어 주기 위해서는 양팔이 멈추어 줘야 한다.

또한 양 팔을 멈추어 주기 위해서는 어깨가 멈추어 줘야 한다. 즉, 어깨가 정면을 바라보는 순간 멈추어 줘야 한다는 의미이다.

또한 하체가 계속 돌고 있는데 상체를 멈추어 줄 수 있는가? 임팩트 순간에는 골반이 살짝 목표 방향으로 돌아가 있게 된다. 이 골반이 계속 돌게 되면 상체, 어깨, 팔, 손이 계속 돌 수밖에 없다는 결론이 나온다. 여기까지 이해하겠는가? 거의 다 왔다.

강하게 회전하고 있는 골반을 멈추어 주기 위해서는 어떻게 해야 할까? 강하게 멈추어야 한다. 강한 스윙을 위해서는 강하게 멈추어야 한다. 이를 위해서는 체중 이동이 강하게 멈추어야 한다. 그래야 상체가 구심점이 되어 손목의 릴리스가 강하게 이루어지게 된다.

하체가 회전하고 체중 이동이 계속 진행되고 있는 상황에서는 레이트 히팅은 불가능하다는 결론이 나온다. 그립과 클럽헤드가 같이 다운스 윙되는 것도 문제이지만, 코킹된 손목이 릴리스 되지 않고 그냥 회전이 되어버리게 되면, 레이트 히팅의 보람이 없어진다.

하체와 상체가 회전을 하고 있는 상황에서 볼을 맞추는 것이 쉽겠는 가, 아니면 회전이 멈추고 체중 이동이 멈춘 상태에서 볼을 맞추는 것 이 쉽겠는가. 체중 이동이 멈추는 시점은 손목이 어드레스 자세로 돌 아오기 이전에 이루어져야 한다. 하체가 떡하니 버팀목이 되어야 강한 스윙을 할 수 있다는 의미다. 하체가 튼튼해야 한다는 의미는 견고하 게 버텨주어야 한다는 의미이지, 회전을 하는 힘이 있어야 한다는 의미 가 아닌 것이다.

즉, 레이트 히팅의 궁극적인 목적은 임팩트 존에서 손이 이동하는 구 간을 줄이고 클럽헤드의 이동구간을 많게 하여 헤드스피드를 높이는 데 있다. 이를 위해서는 체중 이동이 강하게 멈추지 않으면 불가능하다. 즉, 레이트 히팅은 코킹, 릴리스와 관계가 있는 것이 아니라, 체중 이동 과 밀접한 관계가 있다는 것을 알 수 있다. 겉으로 보이는 게 다가 아 니라는 얘기다.

볼의 방향성이 일정하지 않거나 상체의 힘을 무리하게 쓰는 골퍼들 의 특징을 보면, 임팩트 순간까지 계속 체중 이동이 진행되고 있는 경 우가 많다. 체중 이동, 하체 상체의 회전이 계속 되는 동안에 볼을 맞추 다 보니 스윙에 일관성이 떨어지고 볼의 방향성이 일정하지 않게 된다.

일찍 캐스팅이 되어버리는 스윙의 특징을 보면, 체중 이동이 계속 된 다는 점과 상체가 계속 턴이 된다는 점이다. 반대로 얘기하면 왼발을 발 구르기 하듯이 쿵하고 멈추면서 상체를 어드레스 자세로 딱 멈추게 되면, 양 팔의 회전이 멈추게 되고 손목의 턴이 이루어진다. 이렇게 해야지만 스윙에 여유가 있어 볼을 원하는 방향으로 보낼 수 있다. 레이트 히팅의 또 다른 중요한 장점은 다운스윙의 여유다.

코킹을 인위적으로 해주지 말아야 하듯이 릴리스도 인위적으로 손목 힘을 쓰면 안 된다. 이 의미는 코킹된 상태를 유지하기 위해 인위적으로 힘을 주어서도 안 된다는 의미이다. 이를 위해서는 스윙에 여유가 있어야 한다. 백스윙에 여유가 있어야 다운스윙에 여유를 가질 수 있다. 즉, 스윙에 강약이 있어야 한다는 의미다.

레이트 히팅을 도와주는 방법은 앞 포스트에서 언급한, 손목에 인위적으로 힘을 줘서 릴리스를 하지 말아야 하며, 스윙의 강약이 있어야 하며, 자연스러운 팔로우에 의한 좌우대칭 스윙이어야 한다. 그 핵심은 체중 이동이다.

다시 한 번 언급하자면, 레이트 히팅의 근본적인 목적은 헤드스피드의 증가를 위해서다. 체중 이동에 의해 발생된 무게감을 헤드에 싣기 위해서이다. 그러려면 체중 이동이 다 된 상태에서 볼이 임팩트 되어야 한다. 즉, 체중 이동이 끝난 후에 임팩이 되어야 하기 때문에 레이트 히팅인 것이다.

엄밀히 얘기하자면, 이런 이유 때문에 체중 이동이 없어도 되는 퍼팅 이외의 모든 스윙은 체중 이동이 멈춘 후에야 볼이 히트되어야 한다. 드라이버도 똑같이 적용된다. 오히려 드라이버는 아이언보다 더 강하게 체중 이동이 멈추어져야 한다. 강하게 멈추어야 강하게 올려치는 스윙을 할 수 있기 때문이다.

손목을 많이 꺾는 것은 중요하지 않다. 아이언은 릴리스가 늦고 드라이버는 일찍 일어난다는 차이가 있을 뿐, 터닝 포인트에서 모두 풀어

저야 한다는 공통점이 있다. 이를 위해서는 강하게 왼발이 받쳐줘야만 하는 것이다.

스윙하는 방법은 다운블로의 이해 2부에 소개한 양손을 포개 잡고 스윙하면 된다. 다운스윙 때 인위적인 캐스팅을 하려야 할 수 없는 연습방법이다. 헤드무게에 의한 자연스러운 릴리스와 레이트 히팅이 저절로 된다. 왼발에 체중을 싣지 않고서는 스윙이 이루어지지 않는다. 위 연습 방법은 체중 이동, 레이트 히팅뿐만 아니라 리듬감, 좌우 대칭 스윙, 여유 있는 스윙, 스윙의 강약, 임팩트와 방향성 감각을 익힐 수 있는 연습 방법이다. 이렇듯이 한 가지 동작은 다른 여러 가지 동작들과 연결되어 있다.

레이트 히팅의 근본적인 목적은 스윙의 여유이며, 이렇게 해야만 스윙의 감각을 키울 수 있다는 것을 알아보았다. 위 방법대로 한번 해보기를 권한다. 리듬이 엄청 좋아진다. 잘 안 된다고? 최소한 백 번은 해보자.

애정남 2부 - 스탠스 무게중심

필드에 갔을 때의 일이다. 필자의 지인 한 분과 그분이 아는 지인 두 분과 동행했는데, 그중 한 분은 입문 6개월 정도 되는 분이었다. 그분은 5홀을 가는 동안 아이언과 어프로치를 100% 탑볼을 쳤다. 심한 탑볼이었다. 그분보다 조금 실력이 나은 듯싶은 분이 옆에서 조언을 해주셨다. 그럼에도 불구하고 조금도 나아지지 않았다. 생면부지인 필자가 나서기가 곤란하기도 해서 꾹 참았었는데 도저히 참지 못하고 5번 홀쯤에 한마디 했다.

"목표 방향으로 스윙하지 말고, 왼발을 딛고 바닥을 향해 스윙한다는 느낌으로 스윙하세요. 잔디를 심하게 파버리세요." 딱 한마디 했다. 그 다음부터는 거의 탑볼 없이 잘 맞아나갔다.

〈왼발을 딛고 바닥을 향해 스윙한다〉

필드에서는 체중 이동이 되지 않으면 어떤 레슨도 먹히지 않는다는 것을 다시 한 번 절실히 느낀 라운딩이었다. 송구스럽게도 그분은 헤어질 때 고맙다고 90도 인사를 해왔다. 골프를 더욱 재미있게 즐기실 수 있기를 진심으로 바랐다. 레이트 히팅, 체중 이동, 다운스윙, 릴리스는 밀접한 관계가 있다. 이 점을 알았으면 좋겠다.

애정남 2부다.

어드레스 때 스탠스에 대해 알아보자. 무게 중심을 앞꿈치에 두어야 한다고도 했다가, 뒤꿈치에 두어야 회전력이 좋아진다고도 했다가 혼란스럽다. 독자 분들은 어디다 두고 있는가. 본인이 느낀 것과 실제는 다를 수가 있다. 체중은 앞꿈치도 아니고, 뒤꿈치도 아니고, 중앙이어야 한다. 예외는 없다.

중앙에다 두는 방법을 알아보자. 첫 번째 방법은, 어드레스 자세에서 최대한 앞으로 기울여보고, 곧바로 최대한 뒤로 기울여보고를 반복해 보면 그 중심을 찾을 수 있다. 두 번째 방법은, 학창 시절 전교생 조회시간을 떠올려 보면 된다. 열중쉬어! 자세에서 교장선생님의 "에, 또, 마지막으로…" 20분 동안 연설을 듣는 동안 최대한 오래 버틸 수 있는 무게 중심이 올바른 자세이다. 교장 선생님은 학생들이 앞으로 골프를 배울 것을 예견하시고 미리 훈련을 시켜주신 것이다. 고마운 분들이다.

경험상으로 대부분 앞쪽으로 기울이고 있는 경우를 많이 본다. 볼을 치겠다는 의욕이 앞서기 때문이다. 이렇게 되면 스윙을 한 후 피니쉬 자세에서 앞으로 쏠리는 현상이 발생한다.

"나는 중앙에다 무게중심을 두고 있는데요."

이런 분들 중에서도 너무 앞으로 쏠리는 분들이 많다는 얘기다.

여기부터가 진짜 중요하다.

한번 잡은 무게 중심은 체중 이동에 의해 오른발 왼발로 무게중심이 옮겨지더라도 절대 변해서는 안 된다. 군대에서 군가를 부를 때 "전우의 시체를 넘고 넘어…" 이 노래에 맞춰서 뻣뻣하게 왼발 오른발로 발을 구르며 체중 이동을 한다. 완벽한 평형이동이다. 그래서 군 생활도 골프 실력 향상에 도움이 된다는 결론이….

"다운스윙 할 때 오른발은 엄지발가락의 굵은 뼈에 체중이 실려야 체중 이동의 추진력을 줄 수 있는 게 아닌가요?"

틀렸다. 실어야 하는 것이 아니고 자연스럽게 실려질 수밖에 없도록 해야 한다. 즉, 무게를 싣는 게 아니라 그냥 디디는 것이다. 오른발 엄지 발가락의 굵은 뼈로 디딜 때쯤에는 이미 왼발로 무게 중심이 옮겨져 있어야 한다는 뜻이다. 의도적으로 싣게 될 때 나타나는 나쁜 현상들을 무수히 보아왔다.

필자의 아픈 과거를 고백하자면, 이제까지 필자가 가르치다가 포기한 분들이 딱 세 분 있다. 공통점은 여성이라는 점과, 1년 이상 다른 곳에서 레슨을 받았다는 점과, 백스윙 탑에서 오른발 앞쪽에 체중이 가는 분들이었다. 저번 포스트에서 돌이킬 수 없는 재앙이라고 언급한 적이 있을 정도로 절대 이래서는 안 된다. 아무리 해도 안 되더라. 레슨 하는 동안에는 되었다가 10분만 지나면 제자리로 돌아갔다. 엎어치고 도끼질 스윙을 하게 된다.

백스윙 탑에서는 반드시 우측 발의 중앙에다 체중을 실어야 하며, 인위적으로 앞쪽으로 절대 싣지 말기를 바란다. 이상, 애정남이었다.

8번홀 애정남 3부 - 내기

돈을 걸면 돈내기, 밥을 걸면 밥내기, 소를 걸면 소나기….

라운딩을 하면서 내기를 유난히 좋아하는 골퍼가 있다. 네 명 중 이런 분이 꼭 한 분 있다. 내기를 해야 실력이 는다는 둥, 내기 없는 골프는 앙꼬 없는 찐빵이라는 둥, 인생 자체가 도박이라는 둥, 핑계야 어떻든 반 강제로 내기를 하게 된다. 뭐 우짜겠는가. 이런 분들조차 배려를 해주는 것이 미덕인 걸….

필자… 진정코 이런 글까지 쓸 줄은 몰랐다. 하지만 이런 고민을 하고 있는 분들이 있는 바에야 제대로 짚어볼 필요도 있다고 본다. 건전한 도박은 생활의 활력소가 될 수도 있다고 믿는다. 로또를 사는 모든 분들이 오로지 당첨만을 바라고 사지는 않으리라고 본다.

희망을 가진다는 것은 어쩌면 삶의 활력소가 될 수도 있다고 본다. 내일은 오늘보다 좀 더 나은 생활을 할 수 있다는 희망까지도 포기해야 한다면 얼마나 인생이 밍밍하겠는가. 내일은 좀 더 나은 샷을 날릴 수 있으리라 믿어 의심치 않는 외골수 믿음을 무슨 잣대로 거부할 수 있단 말인가. 좋다. 이게 인생이라면 앞으로 나아가자.

내기 종류도 참 다양하다. 매 홀마다 천 원짜리 왔다 갔다, 동네시장도 아니고, 정신 사나운 스트로크 내기도 있다. 라스베가스, 빼먹기, 하이로,

OECD 등등…. 내기를 하는 동안 본인의 스윙에 신경 쓰기도 바쁜데 동반자가 혹시나 타수를 속이지 않을까 감시하는 데 더 신경을 쓰게 되는 경우도 있다. 이거 문제다. 내기를 하더라도 깔끔한 내기는 없는 걸까?

필자가 만든 〈신 어니스트 존〉을 소개하겠다. 하수도 우승을 할 수 있다는 희망을 가질 수 있는 신페리오 방식을 내기에 도입시킨 방법이라고도 할 수 있다.

첫째, 오늘 목표 타수를 정한다. 몇 타를 칠 것인지 미리 정하는 것이다.

둘째, 목표 타수보다 잘 쳐버린 골퍼는 목표 타수보다 많이 치는 골퍼보다 무조건 진다.

예를 들어 A씨 80타, B씨 90타, C씨 95타, D씨 100타를 정했다고 치자.

라운딩 결과, A씨는 75타로 -5, B씨는 97타로 +7, C씨는 95타로 0, D씨는 102타로 +2. 목표 타수와 제일 가까운 C씨가 1등, D씨 2등, B씨 3등, 목표 타수보다 더 잘 쳐버린 A씨가 꼴찌다.

1등 공짜, 2등 2만 원, 3등 4만 원, 4등 5만 원 내서 캐디피 계산하는 방식이다. 이 방식의 장점은 꼴찌를 한 A씨는 목표 타수보다 잘 쳤기 때문에 기분 상하지 않는다는 점이 있다. 꼭 이런 분이 한 분은 있다. 라운딩 후 식사비는 1등이 기분 좋게 2만 원을 내고 2등이 만 원을 낸다. 결국, 2,3,4,5만 원을 지출하게 된다.

18홀에서 일부러 타수 조절하면 어떡하느냐고? 그런 경우는 잘 없다. 영 미덥지 않으면 후반 홀은 미공개로 하면 된다.

식사비가 많이 나오면 어떡하느냐고? 물론 배보다 배꼽이 클 수도 있다. 1등 했는데 기분 좋게 더 낼 수도 있지 않겠는가.

그늘집 값은 어떡하느냐고?

먹자고 한 ✕이 내라고 해라. 이상 애정남이었다.

9번홀 · 퍼팅 백스윙 크기 조절 방법

퍼팅 거리는 백스윙 크기로 조절한다.

예를 들면, 1m 거리는 백스윙을 10cm 하고 팔로우를 10cm 한다거나, 6m 거리는 백스윙 20cm 팔로우 30cm, 10m 거리는 백스윙 30cm 팔로우 45cm로 한다고 치자.

그런데 백스윙의 크기를 딱 맞추기가 어렵다는 것이 문제다. 오랜 연습을 통해 백스윙 크기를 딱딱 맞추는 방법 외에 좀 더 쉬운 방법은 없을까?

필자가 아는 분의 방법을 소개하겠다.

보통 퍼팅 스탠스를 서면 양발 새끼발가락의 거리가 대충 40cm라고 치자. 그러면 6m 거리의 퍼팅을 위해서는 오른발의 새끼발가락까지 백스윙을 하면 딱 20cm이기 때문에 기준을 세울 수 있다. 10m 거리의 백스윙 30cm를 맞추기 위해서는 스탠스를 60cm로 벌려주면 오른발의 새끼발가락이 똑같이 기준이 되는 것이다. 15m는 더 벌려준다. 20m쯤 되면 더 이상 벌리지를 못한다. 이유는 알 것이다. 가랑이 찢어진다. 그 때는 힘으로 조절한다. 물론 이 정도까지 거리에 대한 스탠스 폭이 차이가 나지는 않는다.

백스윙 크기를 조절하기 어려운 골퍼들에게는 아주 유용한 팁일 수 있다. 특히, 10m 내에서는 상당한 효과를 볼 수 있다. 연습 스윙을 통해 자연스럽게 백스윙 크기를 연습해야 하지만, 이런 방법을 통해서라도 백스윙 감각을 익힐 수밖에 없는 절박한 골퍼들이 있을 수 있기에 소개한다.

더욱 중요한 것은 이러한 방법이라도 연습을 하지 않으면 아무 소용이 없다. 발만 넓게 벌린다고 모든 게 자동으로 해결되지는 않는다. 흔히 남자들이 오해하는 것 중에 샤워할 때 머리만 감으면 머리 아래는 자동으로 씻길 것이라 믿어 의심치 않는 분들이 참 많다. 게으른 남자들의 희망사항일 뿐이다.

연습, 또 연습!

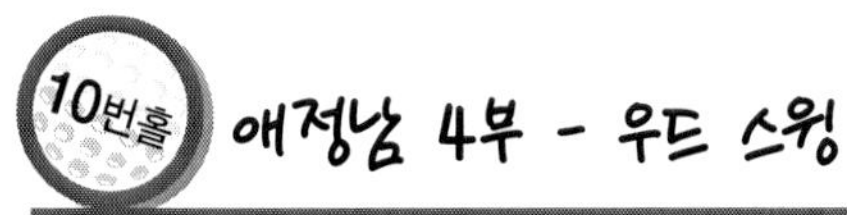

애정남 4부 - 우드 스윙

우드는 드라이버처럼 쳐야 할까? 아이언처럼 쳐야 할까? 리듬은 드라이버처럼, 궤도는 아이언처럼 스윙해야 한다고 언급한 적이 있다. 왜 이래야만 할까. 드라이버와 아이언 스윙은 무엇이 다른가부터 살펴보자.

첫째, 샤프트의 길이가 다르다. 드라이버 스윙을 아이언처럼 빠른 리듬으로 스윙을 하게 되면 그라파이트 샤프트의 특성상 클럽헤드가 스윙 궤도를 따라 갈 수가 없다. 리듬을 드라이버처럼 해주어야 하는 이유 중에, 우드의 샤프트도 그라파이트라는 특성도 있는 것이다.

둘째, 티를 꽂느냐 아니냐의 차이다. 티를 꽂는 드라이버는 어퍼블로 스윙을 해주어야 하고 티를 꽂지 않는 아이언은 다운블로 스윙을 해주어야 한다. 이런 이유로, 바닥에 있는 볼을 치기 위해서는 어퍼블로 스윙을 하면 안 된다.

우드는 바닥에 있는 공을 치기 때문에 아이언처럼 쳐야 한다. 즉, 다운블로 스윙이어야 한다. 다운블로 스윙 방법은 이전 글에서 언급했다. 그렇다면 왜 우드는 드라이버처럼 스윙해야 한다는 오해가 생긴 걸까.

첫 번째 오해는 우드 클럽 길이가 드라이버 다음으로 길기 때문이다. 두 번째 오해는 드라이버 다음으로 가장 멀리 볼을 보내야 한다고 믿기 때문이다. 드라이버 다음으로 길이가 길고, 드라이버 다음으로 가장 멀리 볼을 보내는 것까지는 맞다. 문제는, 멀리 보내기 위해 힘으로 스윙하기 때문에 문제가 발생한다. 드라이버 스윙은 가장 부드럽게 스윙을 해야 하며, 실제로 유연한 손목의 턴에 의해 스윙을 하는 골퍼에게는 아무 문제없이 우드 스윙을 한다. 우드 역시 부드러운 손목의 턴에 의해 스윙을 해주면 아무 문제가 없다. 클럽헤드는 따라올 생각도 없는데 어깨와 손이 먼저 가버리기 때문에 뒤땅이나 탑볼이 나는 등, 정타가 나지 않는다.

샤프트가 길기 때문에 큰 원의 궤도를 그려주면 자연스럽게 잔디를 쓸면서 볼이 히트가 되기 때문에 굳이 쓸어서 치려고 해서는 안 된다. 오히려 임팩트 존에서는 어깨와 양손을 쭈욱 펴주어야 한다. 즉, 당겨치는 것이 아니라 볼 쪽으로 뻗어주는 느낌이어야 한다. 그래야 큰 원의 스윙으로 만들어진 스윙웨이트를 임팩트까지 살릴 수 있다. 큰 원의 스윙을 위해서는 백스윙에서부터 큰 원을 그려주어야 함은 물론이다.

또한, 부드러운 다운스윙을 해주어야 한다. 아이언처럼 강한 다운블로 스윙이 아니다. 우드의 바운스(솔)가 넓은 이유는 이 바운스를 이용하라는 의미이다. 다운블로 스윙으로 바닥에다 툭 떨어뜨려서 바운스 시키라는 의미이다. 경험상으로, 우드나 유틸리티 스윙을 할 경우에 절대 비거리를 신경 쓰지 않는다. 멀리 보내려고 힘을 주지 않는다는 의미이다. 부드럽게 툭 쳐도 알아서 멀리 간다. 힘에 의한 스윙은 우드 스윙이 아니라는 의미이다.

스윙 궤도로만 보자면 우드클럽은 긴 아이언이지 짧은 드라이버가 아니다. 샤프트가 길어서 스윙이 어려운 단점을 보완하기 위해서 나온 클럽이 하이브리드 클럽인 것이다. 단, 볼의 위치를 아이언보다는 조금 좌측에 둠으로써 자연스럽게 쓸어치도록만 하면 된다.

우드클럽을 드라이버처럼 절대 휘두르지 말기를 바라면서…

11번홀 슬라이스 홀입니다

필드에서 캐디 언냐가 가끔 이렇게 외친다.

"이 홀은 슬라이스 홀입니다."

"아, 그렇구나. 슬라이스 홀인데 어떡하면 좋지?"

가뜩이나 드라이버 슬라이스가 나서 고생인데 홀까지 슬라이스 홀이라니, 주눅이 팍 든다.

슬라이스가 발생하는 빈도가 잦아서 골퍼들이 볼을 많이 잃어 먹게 되는 홀을 일명, 슬라이스 홀이라고 한다. 왜 다른 홀보다 슬라이스가 많이 나는지 알아보자. 알아야 예방을 할 수 있다.

첫 번째, 티박스가 페어웨이의 우측으로 향해 있을 경우이다. 티박스가 놓여있는 경우, 세로로 길게 패인 줄이 페어웨이 중앙이 아닌 우측으로 향해 있을 경우 목표 타깃을 잘못 에임을 하게 되어 똑바로 날아가도 OB가 나게 된다. 티박스 방향을 왜 이렇게 만들어 놓았느냐고? 그걸 필자에게 물어보면 안 되지! 티박스 앞 1m 지점에 페어웨이 중앙으로 임의의 타깃을 정한 후 샷을 해주면 된다.

두 번째, 골프장 특성상, 상시 바람이 우측으로 불 경우이다. 좌측에 언덕이 있어서 바람이 부는 걸 못 느낄 수 있지만, 볼이 뜨면 뜰수록 우측으로 바람이 많이 불 수가 있다.

세 번째, 눈으로는 잘 구별이 안 되지만 볼이 발보다 낮게 기울어져 있는 경우, 또는 왼발이 오른발보다 낮은 경우이다. 이럴 경우 통상적으로 슬라이스가 난다. 페어웨이에서도 같은 현상이 난다. 좀 더 좌측으로 에임을 해주든가, 드로 스윙을 해주어야 슬라이스를 줄일 수 있다.

이상 살펴본 세 가지 이유로 인해 슬라이스가 발생하게 된다. 대부분은 심리적인 착각에 의해 슬라이스가 난다. 자신의 구질이 확실히 안정되어 있다면 별 문제가 없다. 하지만 초보자의 경우 슬라이스 홀이라는 말만 들어도 불안하게 된다. 이런 홀일수록 페어웨이가 좁은 경우가 많으니 좀 더 부드럽게 손목이 돌아가도록 스윙해 주어야 한다. 초보자들은 페어웨이가 좁을수록 피니쉬를 끝까지 하지 않고 순간적인 힘으로 스윙하는 경향이 있다. 안정적인 코스공략을 위해서는 1번 홀부터 18번 홀까지 일정하고 부드러운 스윙을 해주어야 한다. 연습장에서 부드러운 스윙을 많이 연습해야 하는 이유 되겠다.

그린 읽는 방법

그린에 올린 볼을 퍼터로 퍼팅을 하기 위해서는 그린의 높낮이와 라이(정확한 표현은 브레이크가 맞다)를 살펴야 한다. 특히 홀 주변의 기울기를 정확히 읽어야 엉뚱한 퍼팅을 예방할 수 있다. 어떤 방법이 있을까? 그린을 읽는 방법은 여러 가지다. 골퍼마다 차이는 있지만, 대부분의 프로들이 공통적으로 권장하는 방법 한 가지를 알아보자.

그린에 볼을 올렸으면 무조건 가장 낮은 곳으로 가라. 일단 가서 살펴라. 비가 올 경우 배수가 잘 되게 하기 위해 그린에 경사를 준다. 대부분은 언덕이나 산 쪽의 그린이 높고 골짜기 쪽이 낮다. 오르막일 경우 그린 앞쪽이 낮다. 낮은 곳에서 그린을 보게 되면 높은 곳을 쉽게 확인할 수 있다. 즉, 낮은 곳에서 오르막은 잘 보이지만, 높은 곳에서 내리막은 잘 안 보인다는 의미이다.

아래 그림을 살펴보자.

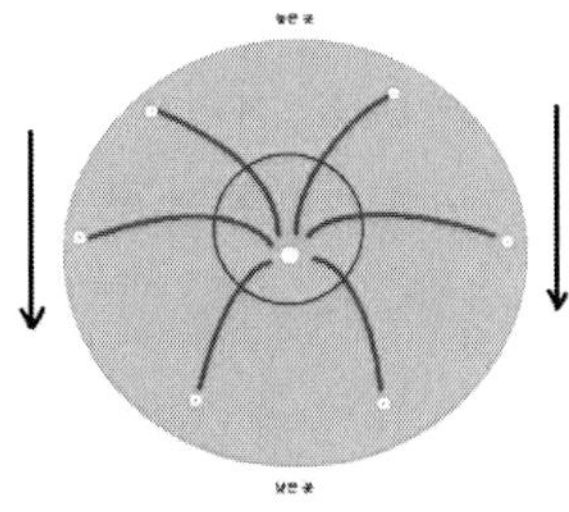

중앙의 원과 마주치는 지점은 볼의 속도가 줄어들면서 급격히 꺾이게 되는 터닝 포인트이다. 터닝 포인트를 이렇게 과학적으로 설명한 자료를 본 적이 있는가? 스스로 생각해봐도 대견하다. 흠!

오르막에서는 볼의 속도가 급격히 줄어드는 홀 가까이에서 꺾이고, 내리막에서는 미리 꺾이는 것을 볼 수 있다. 오르막보다는 내리막에서 그린 브레이크를 더 봐주어야 하는 이유 되겠다.

위 그림의 여섯 곳의 위치 중 본인의 볼은 과연 어떤 위치일지 미리 판단을 한 후, 어떤 쪽으로 얼마만큼 굴려야 할지 미리 마음을 딱 먹어야 한다. 그리고 동반자가 먼저 퍼팅을 할 경우, 홀 주위에서 어떻게 휘어지는지 유심히 살펴라. 동반자의 볼이 멈추는 30cm에서 어떻게 휘어지는지 살펴보고, 본인이 미리 짐작한 브레이크가 맞는지 확인하는 과정을 거치게 되면 거의 정확한 브레이크를 읽을 수 있다.

지피지기면 백전백승이다. 즉, 적군(?)을 이용해야 한다. 이런 장점이 있기 때문에 비슷한 거리에 볼이 놓일 경우, 누가 먼저 퍼팅을 해야 하는지 실랑이가 벌어질 수도 있다. 좁은 골목길에 마주 오는 차가 있을 경우와 비슷한 대치상태가 되곤 한다. 필자가 아는 독한 선배는 사이드 브레이크 걸고 의자 젖혀서 뒤로 누워버린다고 한다. 이러면 안 되겠기에 순서를 정해주겠다.

홀과 비슷한 거리에 놓이게 되면,

첫째, 그린에 볼을 먼저 올린 골퍼가 나중에 올린 골퍼보다 먼저 퍼팅을 하도록 하자. 좀 쉬었잖은가.(골프는 매너다)

둘째, 나이 적은 골퍼가 먼저 하도록 하자. 왜냐고? 동방예의지국…. 라운딩 끝나고, 뒤끝이 있을 수도 있다.(골프는 인생이다)

셋째, 하수가 먼저 퍼팅하도록 하자. 억울한가? 억울하면 빨리 고수되

라.(골프는 때론 잔인할 때도 있다)

　골프 상식 하나! 그린에 있는 볼이 러프에 있는 볼보다 멀 경우, 그린에 있는 볼을 먼저 퍼팅해야 한다. 이 외에 그린을 읽는 방법은 여러 가지가 있다. 한꺼번에 여러 가지를 알게 되면 머리 복잡하다. 오늘 설명한 방법대로 해보기를 바란다. 과연 위 그림대로 볼이 구를까 궁금한가? 궁금하면… 흠, 직접 필드에서 해보기 바란다.

약속시간을 지키자. 먼저 도착해야 한다. 이왕이면 프런트에서 반갑게 맞이하고 "카운트는 이쪽입니다." 하며 손으로 안내해 드려야 한다. 물론 카운트가 어디인지 그분도 잘 알고 있다. 사회적 지위가 있다는 것을 카운트 여직원에게 어필이 되도록 하기 위함이다. 그러면 벌써 50점 따고 들어간다. 골프장에서만큼은 대접받고 싶어 하는 것이 어르신들이다. 늙으면 주름과 주책만 는다.

앗! 나이를 곱게 드신 어르신들도 이 글을 읽을 수도 있구나. 말이 그렇다는 겁니다. 말이. 이해해주시기를….

라운딩 하는 동안 힘자랑을 해서는 안 된다. 그분이 드라이버 잡는 홀에서는 되도록이면 우드를 잡아서는 안 되고, 그분이 우드를 잡는 파3홀에서는 아이언을 잡으면 안 된다. 그분도 한때는 드라이버 250m 날렸던 시절이 있었다는 점을 명심하고, 나이 먹은 허탈함을 가지지 않게 해드려야 한다.

언덕에 올라가거나 깊은 러프에 볼이 떨어졌을 때에는 무조건 따라가서 찾아드려야 한다. 그분을 혼자 보내지 마라. 여자와 노인은 외롭게 해서는 안 된다. 여자는 삐치고 노인은 분노한다.

그분이 벙커샷이나 칩샷 숏게임을 할 경우에는 미리 나이스 샷 준비를 해두어야 한다. 오랜 연륜에서 뿜어져 나오는 잔기술의 대가들이다.

"나이스 샷! 그 어려운 라이에서도 이렇게 치시다니 대단하십니다."

이 말 한마디면 접대 골프의 반은 성공이다. 그러면 대개 이런 말이 나온다. "이 사람아, 나 아직 안 죽었어."

본인보다 어리거나 초보자일 경우에는 "대단한데! 소질이 있어. 6개월 배우고 이런 샷을 하는 골퍼는 보다보다 처음이야."라고 한마디 던져주면, 무한 존경을 받을 뿐만 아니라 골프를 더 열심히 할 수 있는 동기부여가 팍팍 될 수 있다. 필자가 자주 사용하는 멘트이다. 좀 과장된 표현이라 한들 어떤가. 들어서 기분 좋으면 그만인걸.

일부러 져주어서는 안 된다. 특히 일부러 져주는 걸 들켜서는 절대 안 된다. 그분도 자존심이 있는 남자다. 자존심밖에 남지 않은 남자라고 보는 게 타당하다. 그렇다고 해서 눈에 쌍심지 켜고 이기려고 해서도 안 된다. 열심히 치는 모습을 보여줌과 동시에 칭찬을 아끼지 않아야 한다는 말이다.

같은 맥락으로 오케이(컨시드)를 남발해서는 안 된다. 이왕 오케이 할 바에야 "오케이 드릴 테니 먼저 홀아웃 하시죠." 이래야 한다.

일부러 져주려고 힘 빼고 쳤더니 스코어가 더 잘 나와 버리는 황당한 경우가 종종 발생한다. 봐줬는데도 못 이기는 절망감을 상대방에게 주어서는 그날의 접대는 물 건너갔다고 보면 된다.

동료들 간에도 절대 하지 말아야 할 사항을 살펴보면, 티샷 중에 말을 해서는 안 된다. 드라이버 OB 났다고 하나 더 치겠다고 우기는 행위는 버릇없는 행동이다.

위에서 살펴 본대로, 상대방에 대한 배려만 있다면 굳이 굽실굽실하지 않아도 자연스럽게 접대가 된다. 굽실 골프는 접대 골프가 아니다. 또한, 접대골프는 나이 드신 분이나 지위가 높은 분에게만 하는 게 아니다. 어리거나, 동료거나, 부하 직원에게도 위와 같은 배려의 마음을 보인다면 누구나 같이 라운딩하고 싶은 골퍼가 될 수 있을 것이다.

그립 잡는 방법은 다양하다. 하지만 공통점이 있다. 살펴보자.

첫째, 튼튼하게 잡아야 한다. 즉, 스윙할 때 비틀어지지 않아야 한다. 그러기 위해서는 그립과 손 사이에 빈틈이 있어서는 안 되겠다.

둘째, 부드럽게 잡아야 한다. 즉, 매끄러운 스윙이 되도록 해야 하며, 스윙에 방해가 되지 말아야 한다.

셋째, 보기가 좋아야 한다. 즉, 보기가 좋은 그립이 스윙에도 도움이 된다. 지킬 사항을 지키면 보기가 참 좋다.

먼저, 왼손을 잡는 방법을 보자.

필자가 입문할 때는 손가락 둘째마디와 셋째마디 사이에 그립을 올려놓고 말아 쥐어야 한다고 배웠다. 하지만 필자의 경험상, 아래와 같이 손가락과 손바닥 사이에 그립을 올려놓고 감싸 쥐면 더 튼튼하다는 사실을 알았다. 손바닥과 그립은 직각을 유지한다.

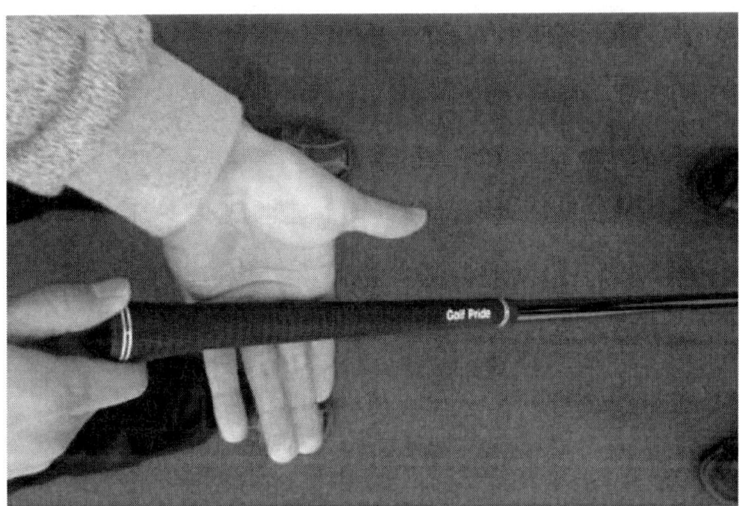

꽉꽉 말아 말아서 쥐는 분들이 있는데, 한번에 단숨에 잡기가 쉬운 이유도 있다. 스트롱 그립을 잡을 경우에는 손가락 둘째마디와 셋째마디 사이에 그립을 올려놓고 말아 쥐어도 무방하다.
왼손으로 그립을 쥔 모양이다.

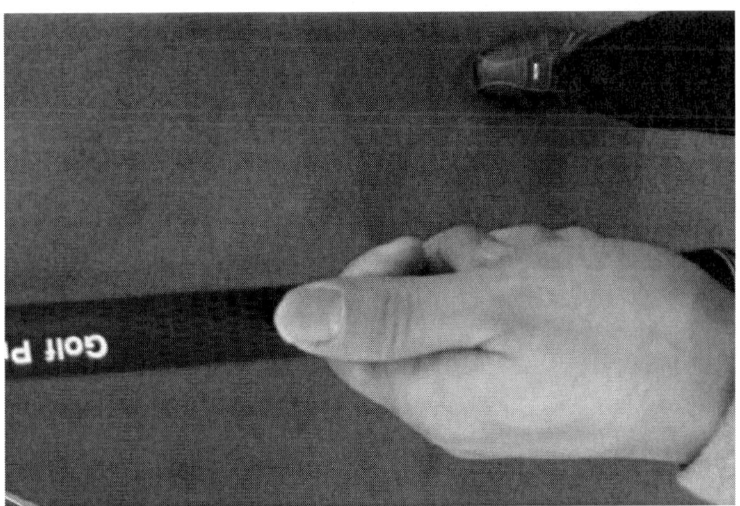

오른손을 잡는 방법을 보자.
아래와 같은 모양을 우선 만들어보자. 이때 주의할 점은 엄지의 첫째 마디와 검지의 셋째 마디가 붙어야 한다. 그리고 엄지의 끝이 검지보다 삐쭉 내밀어서는 안 된다.

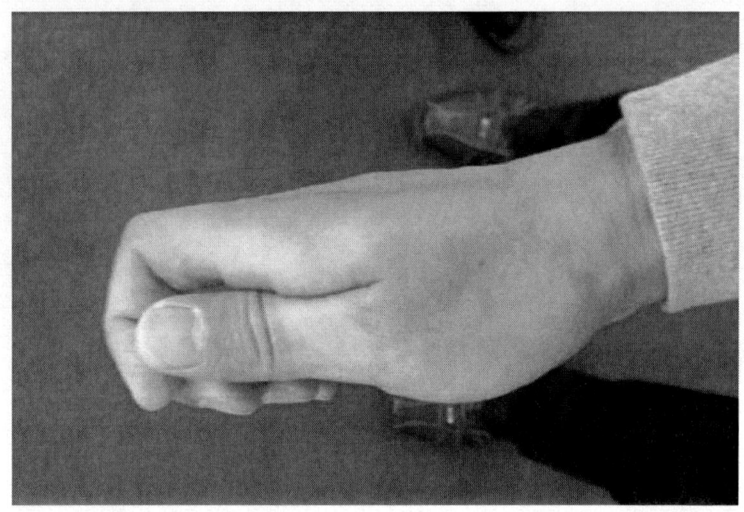

옆에서 찍은 모양이다. 엄지와 검지 사이에 그립이 들어간다. 쥐는 게 아니라 만들어진 모양에 들어간다는 표현이 맞다.

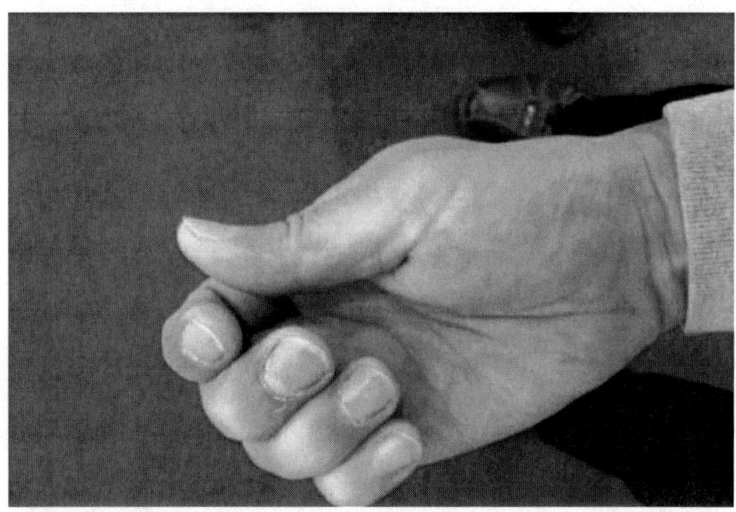

손톱 정리를 안 했다. 지저분한 모습 보여드려 죄송하다. 사진 찍고 깜짝 놀라서 바로 정리했다. 정리하고 다시 사진 찍으면 되었지 않느냐고? 필자, 한 번 간 길은 절대 뒤돌아보지 않는다. 흠!

오른 손바닥의 생명선이 왼손 엄지손가락을 덮어야 한다. 단, 드라이버는 스트롱 그립으로 잡을 경우, 왼손 엄지가 살짝 보여도 무방하다.

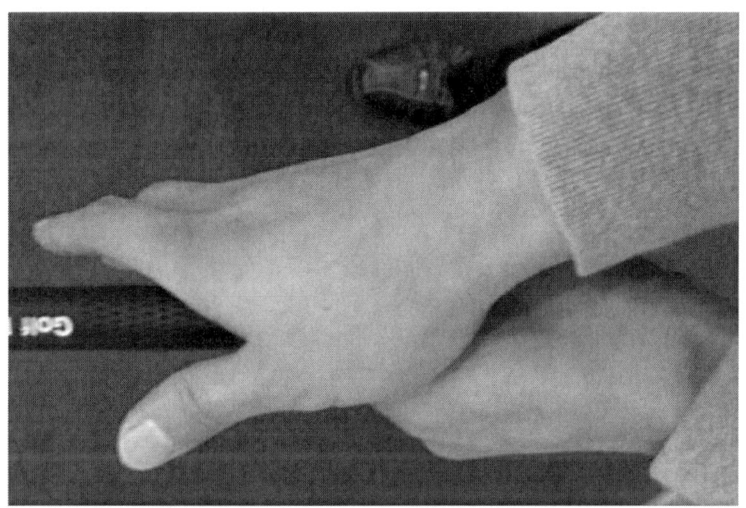

그립을 잡은 모양이다.

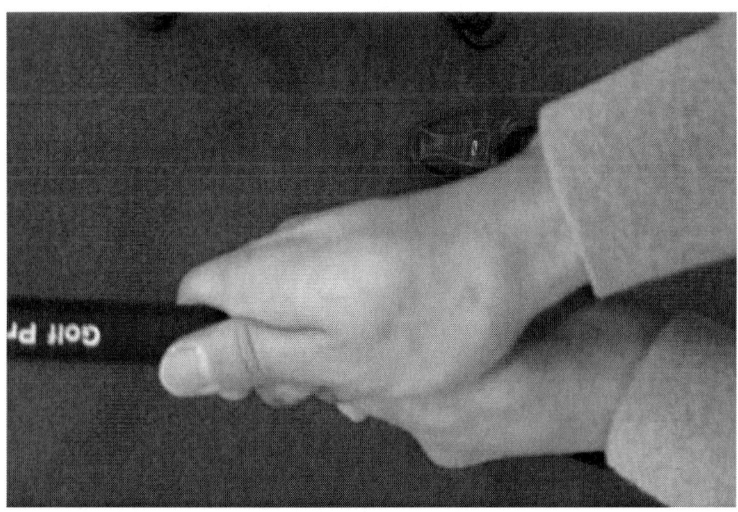

오른손의 생명선이 왼손 엄지를 다 덮은 모양이다. 양손의 엄지와 검지 사이의 골이
되도록이면 그립의 중앙에 놓이도록 한다. 주의할 점은 오른손의 검지 끝이 왼쪽으
로 넘어가 있어야 한다.
참고로, 양 손목을 최대한 가까이 붙이자. 스윙하는 동안에도 절대 떨어지지 않도록
스윙을 하게 되면 릴리스에도 도움이 된다.
아래 사진 중 어떤 그림이 정답일까? 정말 중요한 부분이다. 현명한 판단 바란다.

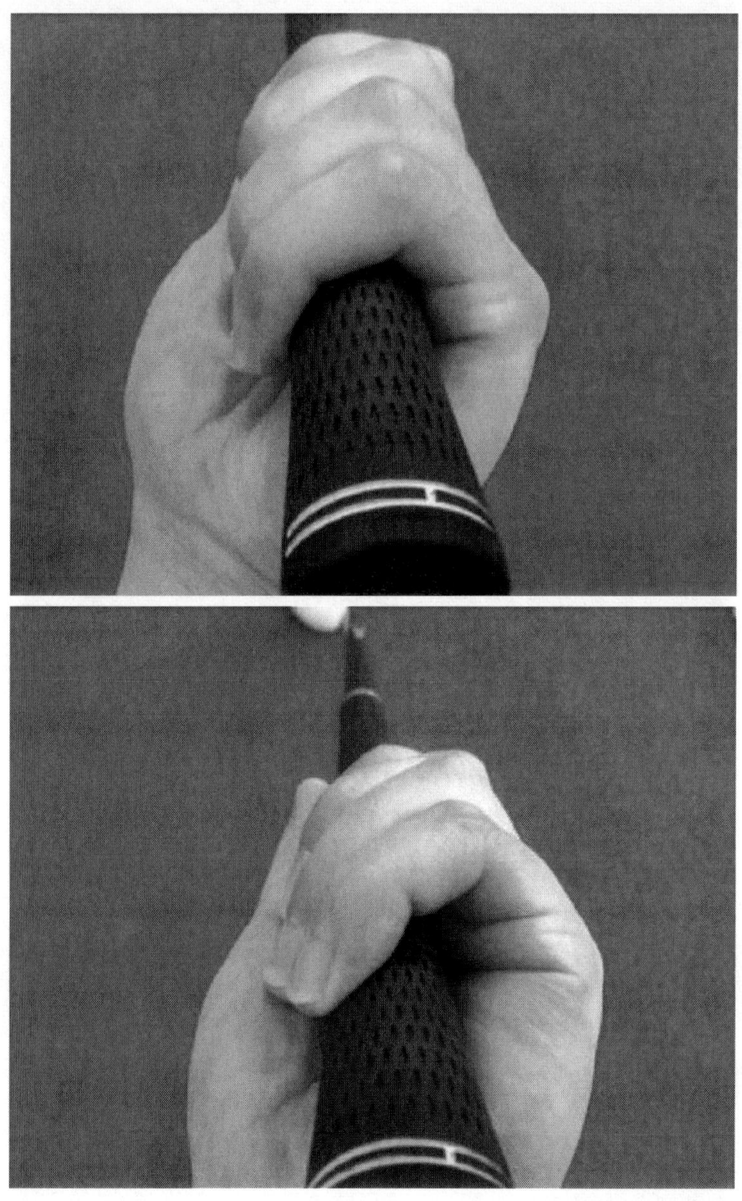

퍼팅 그립을 잡아보자.
왼손과 오른손 모두 손바닥의 생명선이 그립의 옆면을 잡아야 한다. 그래야 손목이
덜 움직인다.

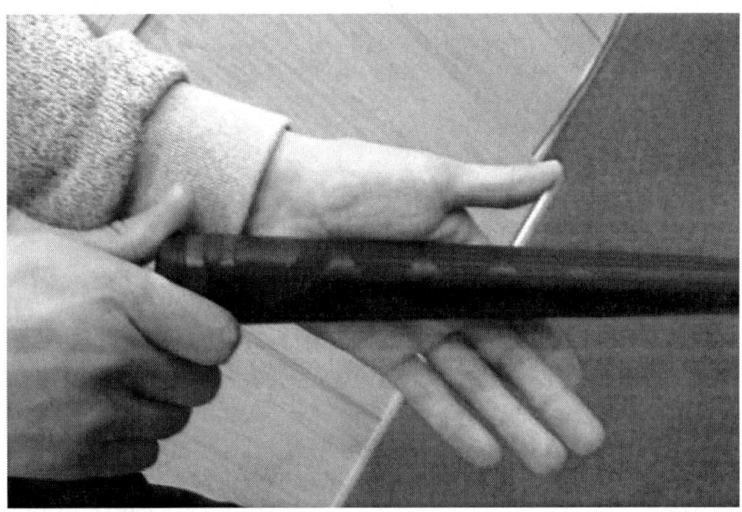

양손을 잡은 모양이다. 왼손 엄지가 보인다. 엄지가 아래를 향해 있다.

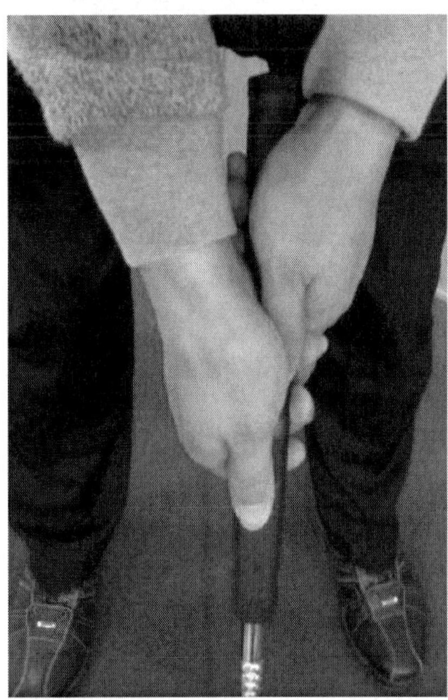

양손을 잡은 모양이다.
왼손 엄지가 보인다.
엄지가 아래를 향해 있다.

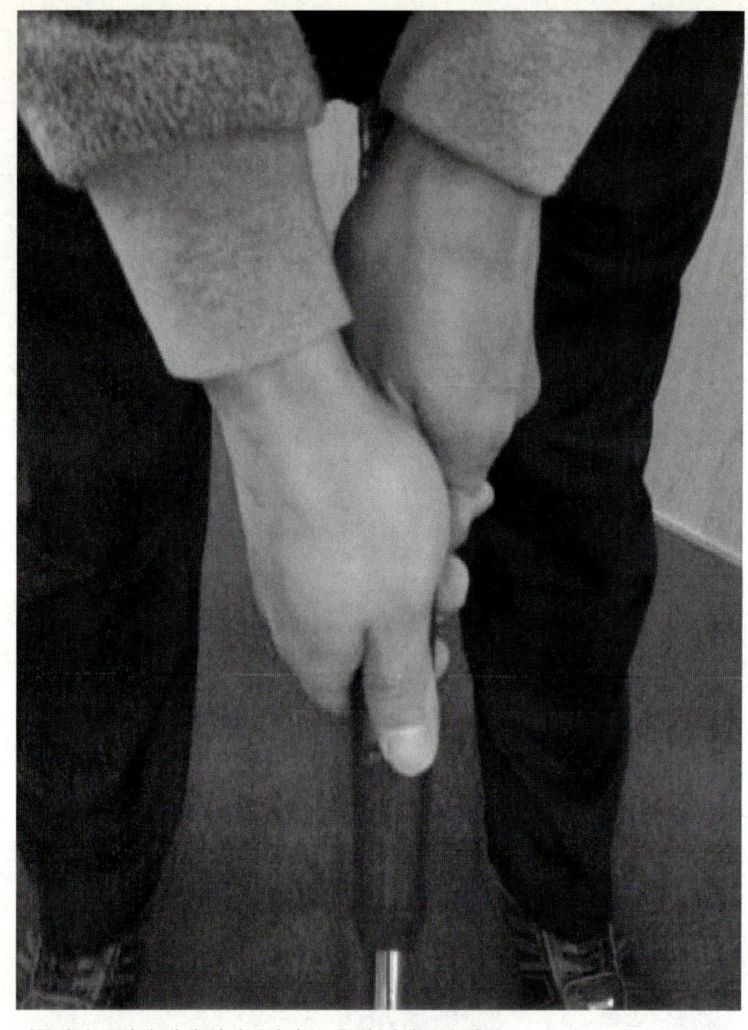

지금까지 그립에 대해 알아보았다. 도움이 되었으면 한다.
박수치듯이 잡으라는 얘기가 있는데, 위 그립을 먼저 잡아보고 익숙해지면 그때 박
수쳐도 늦지 않다.

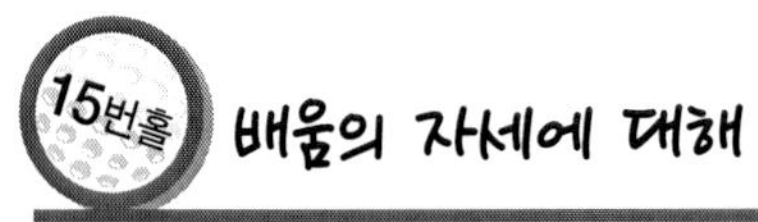

15번홀 배움의 자세에 대해

사실, 골프 레슨이라고 하는 것은 한 시간 동안 열강하는 강사와는 다르다. 일주일 단위로 한 가지씩 집중해서 잡아나가야 한다. 왜냐하면 배우는 입장에서는 여러 가지를 동시에 수용하기가 어렵기 때문이다. 답답한 마음에 여러 가지를 동시에 가르쳐 준다고 좋은 게 아니다. 한 가지 동작을 일주일 동안만이라도 집중적으로 익혀야 한다.

그럼 레슨 코치는 뭘 해야 할까. 감시자 역할을 해야 한다고 생각한다. 가르친 내용을 잘 받아들이고 있나 항상 지켜보아야 한다. 물론 틀린 스윙을 할 때도 있다. 그냥 내버려둔다. 그러나 다섯 번 이상 틀린 스윙을 할 때는 다시 지적해주어야 한다. 옆길로 새는 자동차의 핸들을 돌려서 올바른 길로 돌려주는 역할이다. 그러기 위해서는 일부러 자리를 피해준다. 레슨 코치가 옆에서 계속 있게 되면 아무래도 긴장을 하기 때문이기도 하다.

필자의 자랑질을 한번 하자. 몇 해 전 실외골프장에서 벌어진 일이다. 필자에게 레슨을 받는 분이 열 명 정도 되었는데 인근 대도시에서 한 분씩 찾아오더니 급기야 서른네 명으로 늘어났다. 서른네 명 레슨 해본 적이 있는가? 안 해봤으면 말을 마라. 처음에는 김 사장님, 홍 사장님, 길동 씨, 부르다가 나중에는 '회원님'으로 호칭을 통일할 수밖에 없었다.

레슨비가 15원이었는데 다른 곳에 비해 싼 것도 아니었다. 택시비도 아닌데 고맙다고 따블을 주시는 분도 제법 되었다. 왜 찾아왔냐고 물었더니 소문을 듣고 왔다고 조심스럽게 귀띔해 주는 분도 있었다. 필자에게 레슨 배우려고 40분 이상 차를 몰고 오시는 분들의 사연은 참으로 다양했다. 여기에다 모두 나열하기도 힘들다.

기억에 남는 분들이 있다면, 인근 지역에서 오신 분인데 같은 회사 같은 부서에 근무하는 직원 다섯 분이 몽땅 한꺼번에 쳐들어오기도 했다. 필자는 오히려 고마웠다. 한꺼번에 레슨을 할 수 있어서 목이 덜 아팠기 때문이다. 그 당시에는 목이 아파서 물과 사탕을 입에 달고 살아야 했다. 어떻게 한꺼번에 오게 되었는지 물었더니 팀 미팅을 해서 결정했다고 한다. 세상에나! 사장이 이 광경을 봤다면 기도 안 찰 노릇이다.

어떤 젊은 분의 사연은 좀 독특했다. 근육질 사나이였는데 프로를 바꿔가며 레슨을 여러 군데 받아 보아도 도무지 나아지지 않는 리듬이 문제였다. 심각했다. 걸음걸이로 예를 들자면, 차렷 자세에서 오른손 오른 무릎이 동시에 나가면서 걷는, 소위 엇박자 걸음이었다.

연습장 뒤편에 커다란 소화기가 있었다. 제법 컸다. 아마도 불을 끄기 위해 놓아둔 듯하다. 대충 10kg 이상의 무게였다. 그걸 양손으로 잡고 흔들라고 했다. 일주일을 흔들었다. 드디어 리듬을 찾게 되었다. 그러고는 연습 중간 중간에 소화기를 또 들었다. 그분은 아주 고마워했다.

"이제 됐죠? 이제부터는 혼자서 하세요." 하고 레슨을 그만두었다. 계속 레슨 받겠다고 떼(?)를 쓰길래 "레슨 받는 분이 서른 명이 넘습니다. 사장님께는 더 이상 레슨을 할 수 없습니다."라고 했다. 선생이 학생을 거부하는 사태가 벌어지기도 했다.

그전에는 여러 가지 동작을 한 번에 가르치기도 했었다. 하지만 서른

네 명을 그런 식으로 레슨 하기는 엄청 힘들었다. 그래서 한 가지 동작을 일주일 동안 익힐 수 있도록 레슨 방식을 바꾸었다. 놀라운 일이 벌어졌다. 한번 익혀놓은 동작이 다음 동작을 배울 때까지 변하지 않고 지속되었다. 확실히 익혀놓은 동작 때문에 여러 가지 동작이 저절로 발전하는 것을 보았다.

'급하다고 한꺼번에 가르쳐서는 안 되는구나. 급하게 먹는 밥이 체하는구나.' 급하다고 바늘허리에 실 매어 쓰지 못한다는 속담이 맞았다.

이제 여러분들 이야기를 해보자. 새로운 동작을 익힐 때는 아주 진지하다. 그러다가 딱 하루 지나서는 '어라? 제법 맞아나가네?' 한다. 그때부터는 익혀야 하는 자세는 거들떠보지도 않는 경향이 있다. 레슨 코치에게 "바로 그거예요. 느낌 좋죠?" 한마디 듣고서는 스윙이 완성된 것인 양 착각하고서는 스크린 골프장으로 달려간다는 얘기다.

어떤 동작이든지 최소한 한 주는 연습을 해주어야 한다. 그 동작이 얼마나 중요했으면 레슨 코치가 "다른 거 절대로 신경 쓰지 마시고 이 동작에만 집중하세요." 하겠는가. 요즘 다시 부활한 골프의 전설 타이거 우즈도 간단한 스윙 동작 하나 바꾸는 데 몇 달 걸렸다.

여러분들은 어떤가? 레슨 코치가 가르친 내용을 다음날이면 잊어버려야 하겠는가, 아니면 집에 가서도 그 동작만 계속 생각해야겠는가. 현명한 선택을 바라면서….

16번홀 드라이버는 올려치고 아이언은 내리쳐라

드라이버 스윙과 아이언 스윙의 가장 다른 점은, 드라이버는 티를 꽂고 올려치는 데 반해, 아이언은 잔디에 묻힌 볼을 내리쳐야 한다는 점이다. 이 사실은 누구나가 다 알고 있다. 하지만 실천을 하고 있지 않다. 이 당연한 사실을 왜 실천하지 않는지 가만히 살펴보니 이런 문제점이 있었다.

아이언 스윙의 경우, 볼이 바닥에 놓여 있으니 볼을 띄우기 위해 올려치려는 심리가 있기 때문이다. 볼을 띄우기 위해서는 반드시 내리쳐야 한다. 뒤땅이 두렵다고? 그래, 안다. 그러나 뒤땅이 안 나려면 완전히 내리쳐야 한다는 사실을 알아야 한다. 일반 골퍼들은 이게 안 된다. 내리치는 방법은 여러 가지 동작이 수반되어야 하지만, 여기서는 가장 중요한 한 가지만 소개하자. 내리치는 느낌을 가지고 스윙해라. 내리치는 느낌을 가지지 않고서야 어찌 내리칠 수 있겠는가. 마음을 딱 굳혀야 한다. 왼발에 체중 이동이 되지 않고서는 절대 내리칠 수 없다. 반면에, 드라이버는 올려쳐야 한다. 볼을 맞추기 위해서 스윙을 하게 되면 올려치지를 못하고, 내리치거나 당겨치게 되어있다.

올려치는 방법은 여러 가지지만 가장 중요한 한 가지만 소개하자. 올려치는 느낌을 가지고 스윙해라. 올려치는 느낌을 가지지 않고서야 어찌 올려칠 수 있겠는가. 드라이버를 딱 잡으면 일단 올려쳐야겠다는 마음을 딱 굳혀야 한다. 이래야 왼발에 체중이 쏠리지 않는다. 왼발에 체중 이동이 다 되고서는 올려칠 수가 없다.

"당연한 거 아닌가요?"

당연한 거 맞다. 하지만 실제 연습장에서 스윙을 하고 있는 일반 골퍼들의 89.2%는 이게 안 되기 때문에 모든 문제가 발생한다. 올려치는 방법, 내리치는 방법을 아무리 설명해봐야, 올려치거나 내리치는 마음이 없으면 아무 소용이 없다. 반드시 구분해서 쳐야 한다.

경험상, 입문 초기에 아이언 위주로 스윙 연습을 오래 했던 골퍼는 드라이버를 아이언처럼 스윙을 하는 경향이 있다. 반대로, 드라이버 장타 위주로 스윙 연습을 오래 했던 골퍼는 아이언을 드라이버처럼 올려치는 경향이 많다. 대부분의 경우는 올려치는 것도 아니고 내리치는 것도 아닌, 어중간한 스윙으로 드라이버나 아이언 스윙을 하는 것을 볼 수 있다. 오늘 이 글을 보는 순간부터는 반드시 구분하기를 바란다. 과연 나는 아이언은 내리치고, 드라이버는 올려치고 있는지 살펴보기 바란다.

살다 보면 마음만 살짝 바꾸면 술술 풀리는 일이 종종 있는데, 위에서 설명한대로 마음을 딱 굳히고 한 달만 스윙을 하면 필드에서 10타는 줄일 수 있다고 확신한다.

오늘부터는 드라이버를 딱 쥐면 무조건 올려친다는 느낌으로 스윙을 하기 바란다. 볼이 잘 안 맞는다고? 신경 쓰지 마라. 무조건 올려치다 보면 모든 것이 딱딱 맞아 나간다. 모든 드라이버 스윙 동작의 최종 목표는 볼을 올려치는 데 있다는 사실을 알아야 한다.

"저는 올려치고 있는데요?"

더 올려쳐라.

아이언을 딱 쥐면 무조건 내리쳐라. 피니쉬도 하지 마라. 피니쉬 동작까지 다 해버리면 무슨 수로 내리칠 수 있겠는가. 피니쉬 신경 쓰지 말고 내리치는 데에만 집중해야 한다. 그래야 스윙의 강약이 나온다. 그래야 피니쉬도 부드러워진다.

PS.
"정말로 일반 골퍼의 89.2%가 이렇게 치고 있는가요?"
음…. 하아….

필자, 코킹 참 싫어한다. 엄밀히 얘기하자면, 코킹을 싫어하는 것이 아니라 코킹에 대해 설명하기를 별로 좋아하지 않는다. 그 이유는 이전 글에서 몇 번 언급했다. 골프 스윙은 회전이다. 회전하다 보면 손목이 자연스럽게 회전방향으로 휘어져서 코킹이 되는 것이지, 인위적으로 꺾었다 풀었다 하는 게 아니기 때문이다. 하지만 이왕 시작했으니 이번 시간에는 코킹에 대해 뽕을 뽑기로 결심했다.

왼 손목의 코킹은 아래와 같다. 예외는 없다.

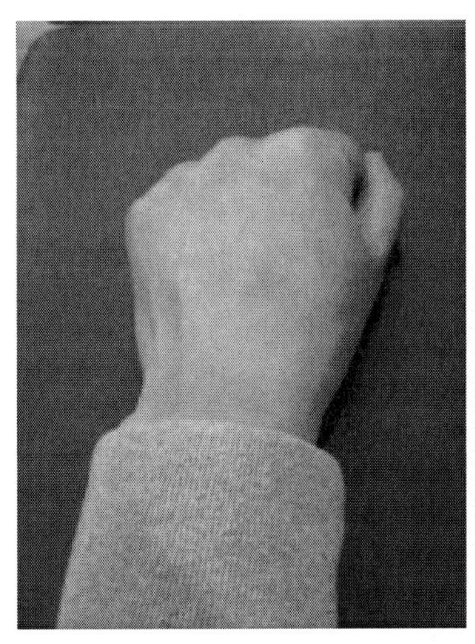 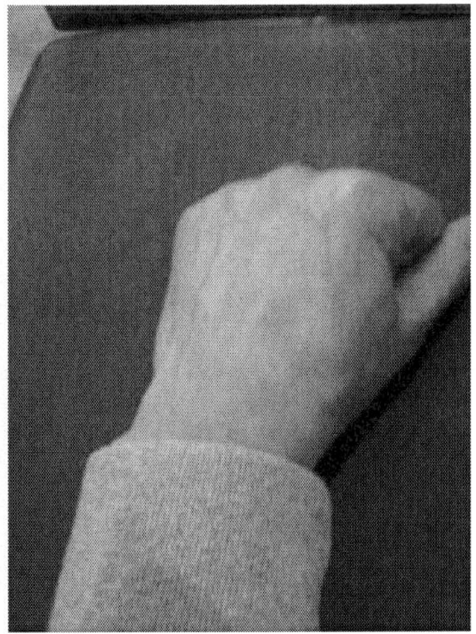

오른 손목의 코킹은 아래와 같다.

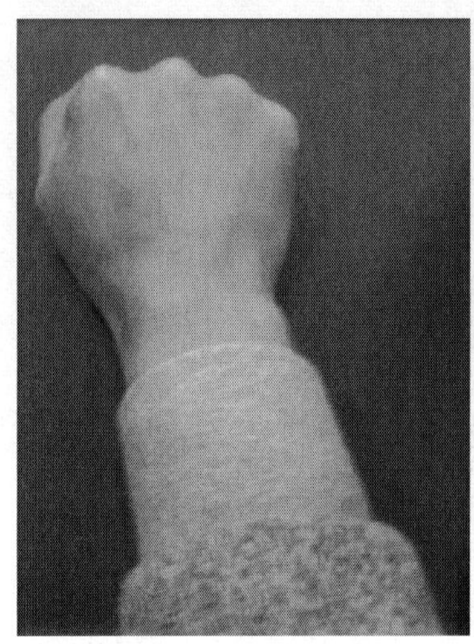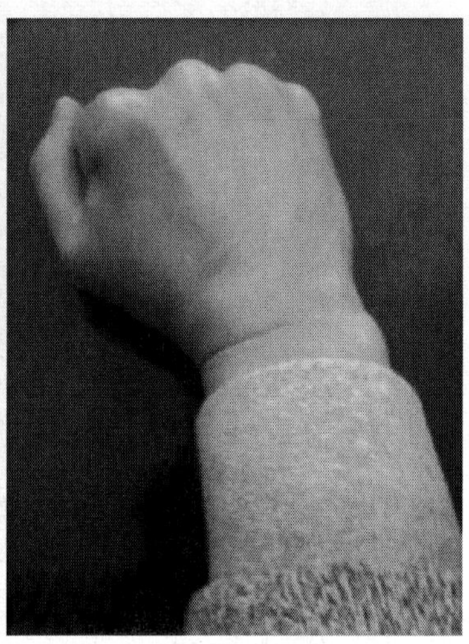

위 손목과 오른 손목의 차이점은, 위 그림은 팔꿈치가 바닥에 붙어 있고, 아래 그림은 팔꿈치가 바닥과 떨어져서, 즉, 왼 손목보다는 오른 손목이 바깥쪽으로 약간 꺾어진 상태에서 코킹이 된다.

일반 골퍼들이 가장 궁금해 하는 스윙 동작을 꼽으라면 백스윙이다. 가장 궁금해 하는 순간 동작을 꼽으라면 백탑에서의 손목 모양이다. 오른손은 쟁반을 받치는 모양이 되어야 한다고들 하는데. 꼭 쟁반을 받쳐야만 하는가? 받쳐서 뭐 하려고? 좋다. 굳이 이 동작을 했다손 치자. 백탑에서 받친 쟁반을 다운스윙할 때는 어떻게 해야 하겠는가. 앞으로 쏟아버리려고?

쟁반을 받치는 동작보다는 쟁반이 앞으로 쏟아지지 않게 허리 높이까지 내려오는 동작이 훨씬 중요하다. 이래야만 코킹된 손목을 유지한 채 다운블로가 될 수 있다. 그런데 놀라운 것은, 쟁반을 받치는 오른 손목의 모양은 위 그림처럼 어드레스 때 이미 만들어져 있었다는 점이다.

6라운드에서 언급한 내용을 다시 살펴보자.

〈백탑에서 쟁반을 받친다는 의미는, 독자 분들이 생각하는 의미와는 좀 다를 수 있다. 왜 쟁반을 받치는 동작이 나오게 됐느냐가 더 중요하다.

첫째 이유는, 오른손으로 쟁반을 받치는 동작이라야 양 팔꿈치가 멀어지지 않기 때문이다. 어드레스에서 피니쉬까지 양 팔꿈치의 간격은 같아야 한다. 그래야 스윙이 된다. 백탑에서 벌어지게 되면 왼팔로 당겨치는 일명, 도끼찍기 동작이 저절로 나오게 되기 때문에 쟁반을 받쳐야 하는 것이다.

둘째 이유는, 오른손으로 쟁반을 받쳐야만 왼 손목이 바깥쪽으로 꺾이지 않기 때문이다. 대부분의 초보 골퍼들은 백탑에서 오른 손목이 펴지고 왼 손목이 반대로 꺾이게 되어 슬라이스를 유발하기 때문이다.

셋째 이유는, 오른손이 바깥쪽으로 꺾인 상태에서 다운스윙이 되어야만 오른 팔꿈치가 좀 더 아래로 향하는 자세가 나오게 되어 자연스럽게 오른쪽 팔꿈치가 옆구리에 딱 붙어서 다운스윙이 되기 때문이다. 즉, 인사이드 아웃 스윙이 된다. 오른 손목이 풀려버리면 여지없이 아웃인 스윙이 되거나, 당겨치거나 엎어 치게 되기 때문이다. 프로들의 스윙을 보면, 백탑에서의 오른손목을 우측 허벅지까지 그대로 유지하면서 다운스윙 되는 동작을 볼 수 있다.〉

쟁반을 받치는 동작이 되어야 한다는 의미는 왼 손목이 올바른 모양으로 코킹이 되어야 한다는 점을 강조하기 위해서 지어낸 말이다. 즉, 쟁반이 앞으로 기울어지면 왼 손목이 코킹이 되는 것이 아니라, 바깥쪽으로 꺾이게 되어버린다는 의미다. 왼 손목이 올바른 코킹이 되게 되면 오른 손목은 자연스럽게 쟁반을 받치는 모양 비스므리하게 만들어질 뿐만 아니라 오버스윙이 나올 수가 없게 된다.

단, 여기서 주의할 점은 인위적으로 오른 손목을 바깥쪽으로 꺾으면 안 된다. 즉, 오른 손목의 코킹 또한 바깥쪽으로 꺾어서는 안 된다. 일부러 쟁반을 받치기 위해 오른 손목을 꺾으면 안 된다는 의미이다.

한 가지 더, 위의 그림을 자세히 보면 손목이 손등보다 낮다. 즉, 손등이 아니라 손바닥이 팔과 수평을 이루고 있다. 백탑에 가서도 이 모양이 유지되어야 한다. 백탑에서 손등과 손목이 수평이 되게 하면 미묘하지만 반대방향으로 휘어지게 된다. 이러면 안 되겠다.

스트롱 그립으로 잡을 때는 위크 그립으로 잡을 때보다 백탑에서 수평방향으로 더 높게 되는지 궁금하다는 분이 있었는데 크게 의식하지 말기를 바란다. 스트롱 그립으로 잡을 때는 아무래도 손목의 턴이 조금 줄어드는 만큼 백스윙이 간소해질 가능성이 있으며, 스윙 궤도가 약간 인사이드 아웃으로 바뀔지언정 손목 코킹의 방향이 바뀌는 것은 아니기 때문이다.

사실 필자도 잘 모르겠다. 무엇이 바뀔까 이미지 스윙을 아무리 해봐도 잘 모르겠다. 골프 채널 전문가에게 물어보기 바란다. 흠! 다만, 백탑에서 클럽헤드가 조금 더 닫혀 있을 뿐, 어드레스 자세에서 백탑을 거쳐서 다시 어드레스 동작으로 돌아올 때, 손목의 모양이 변하지 않아야 한다는 점이 중요할 뿐, 백탑에서의 손목 모양이 변하는 것은 아닐 것이라는 느낌이 든다. 결국 백탑에서는 왼손 엄지손가락으로 클럽을 받치는 모양이 되어야 한다.

좀 더 코킹에 대해 궁금한 점이 있으면, 4라운드 〈코킹의 눈물 1, 2부〉를 참고하기 바란다.

골프 용어에 스웨이라는 말이 있다. 아마도 일정한 궤도의 회전운동을 방해하는 불필요한 동작 정도 되지 않을까 한다. 예를 들어, 스윙하는 동안 고개가 좌우로 너무 흔들리게 되면 자동적으로 상체가 흔들리게 되고, 볼을 정확히 히트시키기가 어렵게 되는 동시에 회전운동을 방해한다.

또한, 양쪽 무릎이 너무 좌우로 흔들리게 되면 균형이 무너지게 되어 스윙을 방해한다. 또 양팔이 너무 건들거리게 되면 일정한 궤도가 되지 않아 스윙에 방해가 된다. 또 양발 뒤꿈치가 너무 들리게 되면 체중 이동에는 도움이 되지만 상체가 위아래로 요동을 치게 된다. 즉, 상체가 흔들리는 이유는 하체가 흔들리기 때문이기도 하다.

이런 이유로 혹자는 이렇게 말한다.

"백스윙할 때 왼발 뒤꿈치는 딱 바닥에 붙이시고요, 고개는 절대 움직여서는 안되고요, 오른쪽 팔꿈치는 옆구리에 딱 붙이시고요, 오른쪽 무릎은 절대 오른쪽으로 밀려서는 안 되구요, 왼쪽 팔꿈치는 절대로 굽혀서는 안 됩니다. 자, 스윙해 보세요."

"스윙이 안 돼요???"

스윙이 될 리가 없다. 움직이지 말아야 하는 동작만 강조하고 있기 때문이다. 아이러니하게도 골프 스윙은 움직여야만 가능하다. 위에서 나열한, 하지 말아야 한다고 주장하는 동작 중 한 가지만 제대로(?) 지키더라도 올바른 스윙이 되지 않는다. 이런 이유로 필자는 레슨 받는 분들에게 스웨이 좀 해달라고 부탁하고 있다.

"백스윙 때, 왼발 뒤꿈치 좀 떼 주세요. 딱 붙이고 있으니까 하체 턴이 안 되잖아요."

"백탑에서 왼 팔꿈치 좀 굽혀도 되요. 로봇이 아니잖아요."

"머리 고정하고 어깨만 돌아가니까 고개가 젖혀지고, 볼을 보기 위해 눈이 사파리가 되잖아요. 머리와 목이 같이 좀 돌아가도 괜찮아요."

"오른쪽 무릎을 딱 고정하고 골반만으로 체중 이동하려니까 골반 턴이 안 되잖아요. 같이 좀 돌아가도 괜찮으니까 돌리세요."

강한 스윙을 위해서는 회전의 축인 척추에 연결되어 있는 어깨와, 머리와, 골반과, 하체가 근육의 힘을 빌려 회전이 되어야 한다. 그래야 강력한 스윙을 할 수 있다. 이 모든 것을 딱 고정해 버리고 스윙을 하면 어떻게 되겠는가. 불행하게도 척추 자체가 꼬여버린다. 척추 자체에는 회전할 수 있는 아무 힘이 없다.

척추도 회전할 수 있다고? 뼈와 뼈 사이에 있는 연골의 힘으로 회전이 된다고? 왜들 이러시나! 우리나라에 척추 디스크 환자가 얼마나 많은 줄 아는가? 척추를 둘러싼 근육들을 튼튼히 해야 척추가 강해지는 것이지, 척추 자체를 비틀어버리면 곤란하다. 아주 곤란하다. 위에서 언급한 고정관념들을 충실히 지키게 되면 척추를 비틀어서 칠 수밖에 없다.

자연스러운 회전운동을 위해서는 위에서 언급한 스웨이가 반드시 필요하다. 스웨이를 줄여야 한다는 얘기는, 신체 각 부위를 정형화시켜서 일정한 스윙을 하는 데 도움을 주자는 얘기다. 정형화된 신체 각 부위의 힘을 한 곳으로 모아서 단순하고 파워풀한 스윙을 하는 데 쓰자는 얘기다.

골프 스윙의 목적은 회전이다. 회전의 힘으로 볼을 강하게 히트시키는 게 목적이다. 적은 힘으로 멀리 볼을 보내려면 모든 신체가 제각각 역할을 해주어야한다. 딱 고정시키는 게 목적이 아니라는 얘기다. 스웨이 피하려고 회전이 방해받아서는 안 된다는 얘기다. 구더기 무서워 장 못 담가서는 안 된다는 얘기다.

경험상, 스웨이 때문에 스윙을 못하는 경우를 본 적이 없다. 반대로, 스웨이를 못하게 해서 스윙을 못하는 경우는 무수히 봤다. 즉, 회전의 중심축인 척추를 기준으로 강력한 스윙을 하려면 그 이외의 신체를 활용해주어야 한다. 활용하지 않으면 척추를 쓰게 되어 스웨이가 발생한다.

타이거 우즈가 다운스윙 때 위아래 스웨이를 얼마나 하는 줄 아는가? 상체 전체의 무게를 이용해서 다운스윙한다. 일반인들은 흉내도 낼 수 없을 정도의 스웨이를 한다. 하지만, 일정한 스웨이를 한다.

김혜윤 프로가 드라이버 칠 때 좌우 스웨이를 얼마나 하는 줄 아는가? 아예 양 발을 지면에서 떼버린다. 그러나 척추 각은 그대로 유지한다.

LPGA 선수가 머리 스웨이를 얼마나 하는 줄 아는가? 좀 과장하면 평균 좌우 20cm 이동한다.(너무 갔나?)

왜 이러는 걸까요? 강하고 부드럽고 자연스러운 스윙을 위해서다. 강하면서 어떻게 부드럽게 스윙을 할 수 있냐고? 강한 것과 부드러운 것은 서로 반대말이 아니냐고? 왜들 이러시나? '강하다'의 반대말은 '약하다'이지 '부드럽다'가 아니다. 좀….

초보자일수록 앞으로는 스웨이 방지하는 데 집중하지 말고, 스윙을 어떻게 할 것인가 고민하기 바란다. 스웨이를 하지 않아야 한다는 생각을 아예 머릿속에서 지우기를 바란다. 대부분의 초보 골퍼의 경우, 스웨이가 많아서 문제가 되는 골퍼는 거의 없다. 대부분은 스웨이가 너무 없어서 뻣뻣한 스윙이 많다.

결론을 얘기하자면 스웨이가 좋다는 게 아니다. 스웨이는 아주 나쁜 놈이다. 하지만 이 나쁜 놈의 스웨이를 좀 이용하자는 얘기다. 크고, 부드럽고, 과감한 스윙이 되고 나면, 스웨이 하라고 해도 못할 테니까 걱정 붙들어 매라는 얘기다.